铁路信号设备故障典型案例分析

《铁路信号设备故障典型案例分析》编委会◎编

中国铁道出版社有限公司

2025年·北 京

内 容 简 介

本书共八章，内容涵盖道岔转辙设备、轨道电路、区间闭塞、信号机、车载设备、联锁、列控中心、CTC、电源等设备，先阐述各类信号设备故障处理方法，再按“故障概况—分析处置—问题研判—防范措施”的思路重点分析各信号设备典型故障案例，以指导信号设备维护人员在实际工作中迅速准确地应对各种突发信号设备故障，提高专业素质和应急处置能力。

本书主要作为铁路信号设备维护人员日常适应性培训教材和参考资料，亦可作为新职信号工作人员的培训及自学用书。

图书在版编目（CIP）数据

铁路信号设备故障典型案例分析 /《铁路信号设备故障典型案例分析》编委会编. -- 北京 ：中国铁道出版社有限公司，2025. 5. -- ISBN 978-7-113-32149-9

Ⅰ. U284.92

中国国家版本馆 CIP 数据核字第 2025AJ7687 号

书　　名：铁路信号设备故障典型案例分析
作　　者：《铁路信号设备故障典型案例分析》编委会

责任编辑：王　烁　　**编辑部电话：**(010)51873167
封面设计：郑春鹏
责任校对：刘　畅
责任印制：高春晓

出版发行：中国铁道出版社有限公司(100054，北京市西城区右安门西街 8 号)
网　　址：https://www.tdpress.com
印　　刷：北京联兴盛业印刷股份有限公司
版　　次：2025 年 5 月第 1 版　2025 年 5 月第 1 次印刷
开　　本：787 mm×1 092 mm 1/16　**印张：**11　**字数：**266 千
书　　号：ISBN 978-7-113-32149-9
定　　价：68.00 元

编委会

前　言

铁路的安全畅通事关总体国家安全，事关经济社会平稳健康发展，事关旅客生命财产安全。铁路信号设备是保证铁路行车安全、提高运输效率的重要技术装备。铁路信号设备种类繁多且制式多样，因产品设计制造质量、维护水平、外界影响，以及信号设备自身故障—安全的设计理念，信号设备发生故障的概率高于其他各项铁路技术装备。信号设备维护人员全面掌握快速、准确处置信号设备故障的方法是确保行车安全、提升运输效率的重要保障。

为了提高信号设备维护人员信号设备故障的应急处置能力，编写了本书。本书在阐述各类信号设备故障处理方法的基础上，重点对近年来电务系统发生的各类典型信号设备故障案例进行了全面细致的分析，涵盖道岔转辙设备、轨道电路设备、区间闭塞设备、信号机设备、车载设备、联锁设备、列控中心设备、CTC设备、电源设备等各个方面。每一个故障案例都详细阐述了故障概况、分析处置、问题研判及防范措施，帮助读者更好地理解故障发生的原理机制，掌握最简洁有效的处理方法，从而指导信号设备维护人员在实际工作中迅速、准确地应对各种突发信号设备故障，提高专业素质和应急处置能力。本书既可作为铁路信号设备维护人员日常适应性培训教材和参考资料，亦可作为新职信号工作人员培训教材及自学用书。

本书由蒋立生、盖永旗、刘业新担任主编。参加编写的人员有李强、张瑞强、陈希德、刘明溢、陈宇、郝明泽、周洪斌、贾兆斌、刘云飞、徐宁、闫兴龙、赵作鹏、柴克忠、高亮、段成波、王德华、甄尚霖、郭学涛、马文波、刘驰、张蕾、逯建勇、张东健、刘俊杰、吴海龙、赵添翼、乔尚升。全书经孙强、张德强、何郑立、徐永新、严频、董超、张凯、罗鹏、韩为民、张胜瑞、杨英、李庆元、王雪鹏、郎建锋、王晓开等集体审定。

由于编者水平有限，书中难免有遗漏和错误之处，诚请读者批评指正。

编　者

2024年12月

目　录

第一章　信号设备故障管理相关知识

铁路设备故障管理是问题管理的核心部分，是铁路运输安全的重中之重，是提高运输效率、延长设备使用寿命、保障运输安全、推动技术创新与智能化管理进步、提升铁路行业形象与竞争力的重要抓手。因此必须高度重视设备故障管理工作，不断加强研究、分析和防范。

第一节　信号设备故障管理基本内容

铁路信号设备是保证列车运行安全的关键设备，也是组织指挥列车运行、保证行车安全、提高运输效率、传递信息、改善行车人员劳动条件的重要设施。在设备维护过程中，因违反作业标准或操作规程、养护维修不当、设计制造质量缺陷等，造成电务设备损坏，影响正常行车时，构成设备故障。

一、故障报告及调查处理

故障报告及调查处理工作，应遵循下列流程。

1. 发生故障后，各级电务人员应逐级上报。工区应立即向电务（通信）段调度报告，电务（通信）段调度应及时向铁路局集团公司（以下简称集团公司）电务部汇报。

2. 对可能与电务有关的一般C类以上事故、动车组车载设备故障、影响专特运和重点列车的故障，集团公司电务调度应在1 h内报告中国国家铁路集团有限公司（以下简称国铁集团）电务调度；影响繁忙干线正线超过1 h的，集团公司电务调度应在故障发生2 h内报告国铁集团电务调度。

3. 影响专特运、重点列车以及影响较大的设备故障，由电务部负责组织调查；其他设备故障可授权电务（通信）段负责调查。必要时，国铁集团可以直接组织对故障进行调查。设备故障涉及外局、其他单位或两个及以上单位且故障责任不清、故障原因不明时，由电务部牵头组织调查。跨局的车载设备故障应急处置以车载设备配属局为主，地面设备配属局配合；网络设备以故障发生局为主，相关局配合。

4. 设备故障的调查处理，应通过检查测试故障设备，查阅有关作业记录、台账资料、管理制度等，查明故障原因，组织人员认真分析，确定责任，制定防范措施，提出对责任单位的考核处理意见。

5. 属于人为破坏造成的设备故障，按有关规定办理。

6. 对可能与电务有关的一般C类以上事故，须及时将事故详细情况逐级上报至国铁集团工电部。

7. 构成事故的故障，按照相关规定进行调查处理。

二、故障调查及责任判定

集团公司电务部负责设备故障的调查、处理、分析、定责。设备故障分为责任故障和非责任故障，责任故障的责任划分为全部责任、主要责任、重要责任、次要责任和同等责任。

1. 电务专业责任故障

（1）因违反作业标准、操作规程或养护维修质量不良造成的设备故障，定设备管理单位的责任。

（2）营业线施工中因设备管理单位的原因造成的设备故障，定设备管理单位的责任。

（3）设备故障发生单位隐瞒或查不清原因的，定该单位责任；协同隐瞒的单位追究同等责任。

（4）应采取防范措施而未采取，致使人为破坏造成的设备故障，定设备管理单位的责任。

2. 相关单位责任故障

（1）设备质量不良造成设备故障，属设计、制造、采购等单位责任的，定相关单位责任。

（2）营业线施工中因建设、设计、监理、施工等单位造成的设备故障，定相关单位责任。

（3）因软件缺陷、设计缺陷导致的设备故障，定相关单位责任。

3. 非责任故障

（1）凡经国铁集团批准或铁路运输企业批准，并报国铁集团核备后的技术革新项目、科研项目在运营线上试验时，在限定的试验期限内确因试验项目本身原因发生设备故障，定非责任故障。

（2）确非检修维护或设备质量原因发生的雷害故障，定非责任故障。

4. 根据调查情况定责的故障

（1）租（借）用其他单位的设备发生故障，定租（借）用单位责任；有合同约定的，按合同办理。

（2）涉及两个及以上单位，或在结合部发生的设备故障，不能判定主要原因时，定相关单位同等责任。

（3）未按国铁集团规定制定或自行发布的文电，违反规章制度、技术标准、作业标准，导致设备故障，列发文电部门（单位）主要责任，同时追究会签部门（单位）责任。

（4）未按规定采用行政许可、认证生产的产品，或采购不合格的产品上道使用，造成设备故障时，定采用、采购单位责任。

5. 安全信息

（1）路内其他单位设备原因等影响。

（2）使用单位操作不当。

（3）列车车载物体刮、砸及人为偷盗、拆卸、毁坏设备。

（4）道岔尖轨、心轨卡异物。

（5）无计划外界施工妨害。

（6）水害、冰害、雪害等自然灾害。

（7）未影响行车的设备不良反应。

三、故障管理及统计分析

发生故障后，工区应及时填写“电务行车设备故障记录簿”（运统 46），并长期保存。

集团公司电务部、电务（通信）段应建立健全事故、故障统计、分析、总结、报告制度，规范事故、故障管理，并专人负责统计、分析报告的日常管理工作。

事故、故障以及反映在电务设备上的不良信息，各电务（通信）段、电务部应分类统计、分析。

故障及事故按责任、非责任分别进行统计，填报故障发生时间，以实际时间为准。

行车一般D类事故，电务（通信）段应及时填写“电务行车一般D类事故统计表”“电务行车一般D类事故明细表”，连同事故分析报告一并报集团公司电务部。

电务（通信）段、电务部应对电务设备故障和事故进行认真分析总结，并填写信号故障分类统计表，信号故障原因分析表，通信故障分类统计表，电务设备、器材质量故障统计表，电务设备雷害统计表。电务（通信）段每月报电务部，电务部每月报国铁集团工电部。每季度末，各电务（通信）段将每季设备故障汇总统计后报电务部；每年电务（通信）段将全年设备故障情况统计分析、总结上报电务部，电务部报国铁集团工电部。

第二节　信号设备故障处置基本规定

一、故障原因及分类

铁路信号设备故障的主要原因包括环境因素、养护维修不当、设备老化、施工因素等。

常见的信号设备故障类型包括道岔转辙设备故障、站内轨道电路设备故障、区间闭塞设备故障、信号机设备故障、车载设备故障、联锁设备故障、列控中心设备故障、调度集中系统（CTC）设备故障、电源设备故障等。

二、故障报告

各电务（通信）段在故障发生后，向集团公司电务部、安全监察部门报送“铁路行车设备故障处理报告表”。

设备故障涉及其他集团公司时，本集团公司电务部应及时向相关集团公司的专业部门通报故障信息，将“铁路交通事故（设备故障）概况表”传送至相关集团公司的专业部门。涉及外单位（系指非集团公司直接管理或者受委托管理的合资铁路、地方铁路以及工厂、工程等单位）的设备故障，由电务部或有关电务（通信）段及时通知相关单位。

定其他集团公司、外单位责任的设备故障，故障发生集团公司电务部应填写“外转行车设备故障通知书”，经本集团公司安全监察部门会签后，向责任单位发出，并要求责任单位在接到“外转行车设备故障通知书”后，给予回执。未按时转出定发生单位责任。

集团公司电务部、电务（通信）段每月对管内设备故障进行综合分析，将设备故障分析情况纳入安全生产分析会或安全生产委员会会议，分析关键性、倾向性、苗头性问题，研究解决措施，做出考核决定，并进行通报。

接到外局集团公司转入的“外转行车设备故障通知书”后，电务部应督促责任单位认真组织分析，填报“铁路行车设备故障处理报告表”，并纳入设备故障考核。

三、故障处理基本程序

发生铁路信号设备故障后，应按照以下基本程序进行处置。

（一）确认

1. 接到故障通知后，值班人员确认通知时间后必须迅速出动。

2. 会同车站在控制台共同确认或试验故障现象，并在“运统 46”内签认到达时间。

（二）简要汇报故障信息

现场工区必须立即将故障处所、设备名称、故障现象、影响范围等汇报车间及电务段调度指挥中心。如发生与信号设备有关联的挤岔和机车车辆脱轨、冲突、颠覆等事故，应监视、保护事故现场，不得擅自触动设备，同时应将控制台道岔位置、光带表示、按钮状态、铅封情况、股道显示、计数器读数、室内相关继电器位置、监测数据等情况做好详细记录并备份（具备条件的应拍照或录像记录备查）。

（三）正确停用

按规定对故障设备正确登记停用。发生与信号设备有关联的挤岔和机车车辆脱轨、冲突、颠覆等事故时，应将控制台现象在“运统 46”内登记，与车站双方签认。

（四）判断

根据故障现象，通过试验、分线盘测试、信号集中监测分析等方法，准确判断故障范围，特别要区分室内外故障。

（五）处理

1. 携带齐全相关备用器材、工具、图纸、仪表、灯具、联系电台、手机、音视频记录设备等应急工具，及时出动进行故障处理。

2. 处理故障过程中，严禁违章作业、违章指挥，严防故障升级和次生故障。处理室外故障要加强人身自保意识，并与室内驻站人员保持联系。室内驻站人员要及时将设备、行车运用情况通知室外人员，确保人身安全。

3. 段调度、车间根据故障现象、设备类型和影响范围，及时启动应急预案，组织段、车间值班干部和应急队伍赶赴现场处理。段调度指挥中心先要利用信号集中监测和列车调度指挥系统（TDCS）/CTC 设备对故障现象回放，对各种数据全面分析、判断，及时将信息传达给现场单一指挥人员；电务段值班调度员应实时了解应急处理人员出动、到达情况（电务段、车间干部和工区处理人员），掌握现场处理故障的有关进展情况。

4. 段调度指挥中心负责指挥的领导（或技术人员）应根据故障现象立即制定处理方案并下达到现场故障处理负责人。现场故障处理负责人应根据现场情况明确处理方案或查找步骤（程序），不可盲目查找，在接到上级处理方案时，应严格按方案执行。

5. 段调度指挥中心指定专人负责指导，分步掌握处理情况，避免重复、盲目、多人打电话影响现场处理。当一时无法查找到故障原因时，应根据现场实际情况及时调整处理方案。

6. 车间明确单一指挥人员，减少对现场处理人员的干扰。发生故障后，由车间明确对现场的单一指挥人员。在值班人员处理故障的起始阶段，除明确的单一指挥人员，其他人员一律不得给现场人员打电话（包括段调度指挥中心），所有有价值的信息或指挥处理要求全部汇集到车间指定的单一指挥者，由单一指挥者向现场处理人员传达。

7. 现场故障处理负责人遇疑难或长时间不能恢复的故障时，应及时向调度指挥中心汇报情况并请求增援。值班调度员（或指挥人）接到现场负责人申请技术支持、调配器材或增援时，应立即通知增派人员赶赴现场，调配应急抢修器材，并确定支援方案。

（六）试验

故障处理完毕，应按规定进行相应的检查、试验，保证设备电气特性符合标准、联锁关系正确，并做好相关资料留存。

（七）开通

设备故障修复试验良好后，将恢复使用的时间、故障原因、试验结果在“运统46”内登记，与车站值班员双方共同签认。

（八）汇报分析

1. 故障处理完毕后，处理人员及时向电务段调度汇报故障处理情况（包括发生时间、信号人员接到通知时间、签到时间；处理人员姓名、职务；登记设备停用时间、停用范围、停用原因；联锁试验情况；故障或损坏器材的型号、编号、厂家、出所时间、上道时间；故障恢复时间、影响车次、时间），不得漏报、瞒报、假报。

2. 值班人员应将故障前后不少于30 min的信号集中监测数据做好备份；属器材故障的应保存好故障器材，以备检测分析。

3. 组织故障专题分析，本着“三不放过”原则，吸取教训，制定措施，追究责任，积极整改。特别要分析清在处理故障过程中有无违章作业行为，并做好记录。

第二章　道岔转辙设备故障处理方法及典型案例

道岔是实现列车、车列由一条线路驶向另一条线路的行车关键设备，存在运用频繁、维护难度高、易受外界影响等特点，故障易发。近年来，随着电务专业现场道岔转辙设备不断迭代更新，ZYJ7 型电液转辙机运用较为普遍。本章道岔转辙设备故障主要以 ZYJ7 型电液转辙机为例，同时涵盖 ZY4、ZD6 型转辙机常见故障的分析及解决方法。

第一节　故障处理基本方法

一、油路故障处理方法

油路系统工作原理：油路系统为闭式系统，当电动机带着油泵逆时针方向旋转时，油泵从油缸右侧腔内吸入油，泵出的高压油使油缸左腔为高压，此时油缸向左移动；当油缸动作到终端停止动作时，油泵从右边的单向阀吸入油，泵出的高压油经左边的滤油器和溢流阀回油箱。若电动机带着油泵顺时针方向转动，油缸动作方向与上述方向相反。为了改善交流电动机启动特性，与油缸并联了启动油缸。主机上一动调节阀和二动调节阀用于调节主机油缸与副机油缸在转换道岔时实现同步动作。ZYJ7 型电液转辙机油路系统如图 2-1-1 所示。

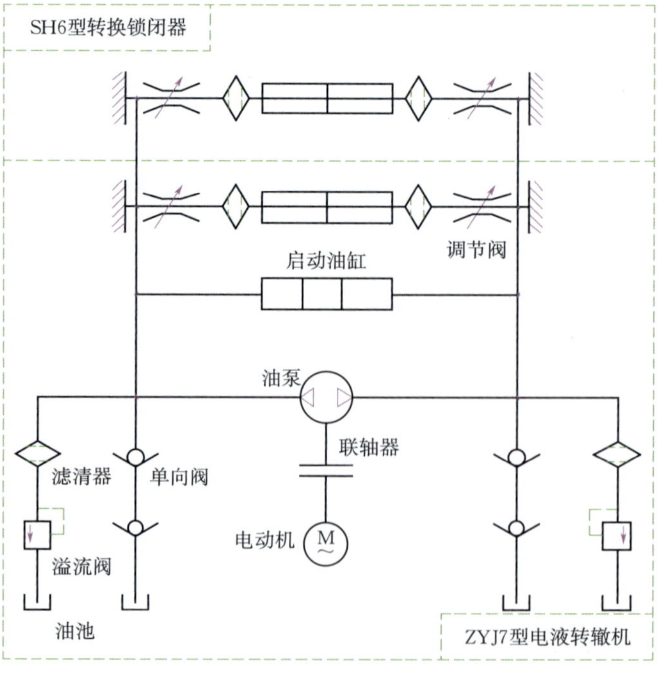

图 2-1-1　ZYJ7 型电液转辙机油路系统

（一）油质不达标

故障现象：道岔转换时间长、转辙机压力低、道岔转换不到位、转辙机溢流压力不达标而动作杆无输出力。

故障原因：

1. 液压油未使用专用液压油，油液温度适应范围差，油路系统油液高温时过稀，内泄增大，低温时过稠，吸油不畅，致使转换时间长或道岔转换不到位。

2. 不同油液混合后，造成油液内有可结晶物质，并对胶管总成有腐蚀，油液中结晶体或胶管腐蚀颗粒堵塞滤芯，转辙机有压力而无输出力，道岔无法转换到位。

3. 油液含水或杂质多，造成单向阀钢珠锈蚀，无法封闭油路。当温度较低时，油液内有冰碴，堵塞滤芯，严重时会使活塞杆和缸筒冻结，转辙机无法动作。

（二）油缸内空气较多，油缸反弹断表示

故障原因：当油缸内有一定空气时，道岔转换到位后，三相电动机又回转数圈（此时排除惯性轮抱死问题），使自动开闭器接点断开，也可造成道岔无表示故障。其原因是电液转辙机靠高压油推动油缸，由油缸带动转辙机动作杆使道岔转换，油的体积被压缩后体积不变化，而油缸里的空气压缩后体积变小；道岔转到位后切断三相电动机电源，压力消除，这时油缸内的油不膨胀，空气发生膨胀，产生一个反弹力，使电动机往回转，油缸内空气较多时造成的反弹量就可以切断道岔表示。

解决方法：打开溢流阀，电动操作道岔使转辙机处于摩擦状态，快速反复松紧溢流阀，让空气排出。

液压油杂质超标也会造成油缸反弹，则拆除主副机连接油管，先手摇道岔排出油箱内液压油，再用撬棍撬动油缸动作排出油缸内液压油，重新注入新液压油，即可解决反弹问题。

（三）惯性轮失效，电动机反弹断表示

故障原因：当道岔转换到底，道岔表示刚出来后又断表示，原因一般为三相电动机惯性轮抱死，无法将惯性力消耗掉，电动机停止后的反作用力造成三相电动机惯性轮反转，自动开闭器接点反弹切断道岔表示。

解决方法：使用专用扭矩工具，拉动惯性轮看是否符合规定扭矩。如扭矩过大可从弹簧孔处滴 2～5 滴润滑油使其转动达到规定要求，若达不到则更换惯性轮装置；将电动机轴加铜套，改用不锈钢轴，基本上能解决惯性轮抱死切断道岔表示问题。

（四）道岔油路故障不动作的应急处置

1. 断开转辙机的安全接点。

2. 松开溢流阀锁紧螺丝（拆下转辙机内的溢流阀）。

3. 使用专用油缸撬动工具在动作油缸侧慢慢撬动油缸，使机内解锁（条件允许时最好是主副机同时撬动）。

4. 机内解锁后，使用撬棍在各牵引点位置同时撬动尖轨，使斥离位尖轨与基本轨密贴。

5. 尖轨与基本轨密贴且锁钩与锁闭铁锁闭后，但接点组未打过来，检查动作油缸是否到位；当动作油缸未到位时，使用油缸撬动工具撬动油缸到位，自动开闭器自动打过去，临时给出道岔表示。

6. 合上转辙机的安全接点。

（五）主副机牵引道岔过车断表示故障

故障现象：转辙机在特定时间段（10:00—12:00）过车时断表示，再次操动后恢复表示。

故障原因：道岔长时间不扳动，当温度短时间内上升较快时，由于油管内油液受热膨胀，在油缸两侧形成压差，若油路系统有空气时压差更明显，在过车震动时的外力触发下，油缸反窜断开表示。

改进措施：在 SH6 型转换锁闭器加装空动缸，可在一定程度上缓解该故障。

二、电气故障处理方法

（一）道岔控制电路

双机牵引道岔控制电路（ZYJ7＋SH6）如图 2-1-2 所示。

ZYJ7 道岔控制电路与 ZD6、ZY4 道岔控制电路有所不同，其电路采用的是五线制，在操纵电路、启动电路和表示电路上都与四线制有很大的区别，室内外联系线路由 5 根电缆芯线组成，分别命名为 X1～X5，各线的作用如下：

1. X1：定反位动作、表示共用线；
2. X2：控制道岔向定位转换及沟通定位表示；

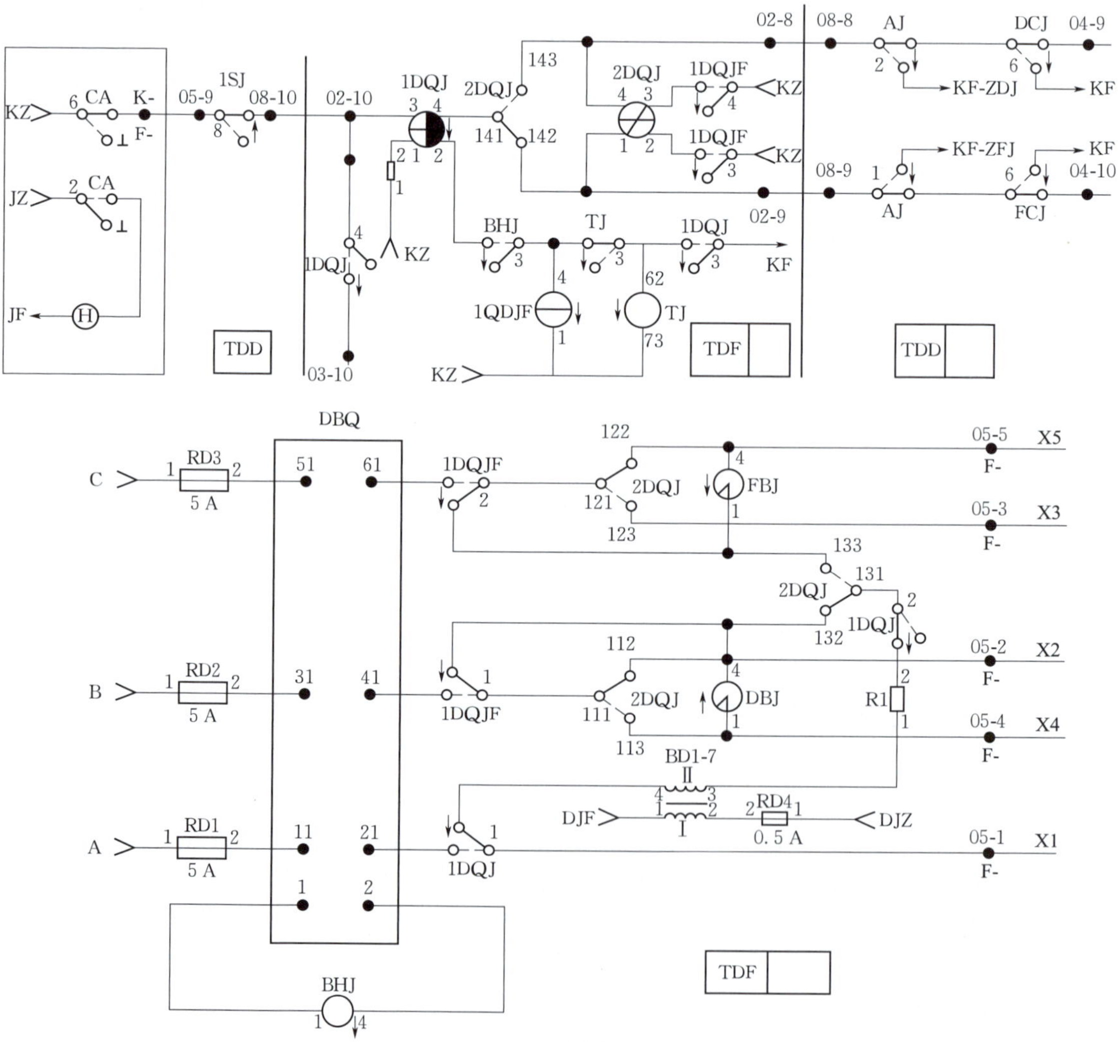

（a）室内部分

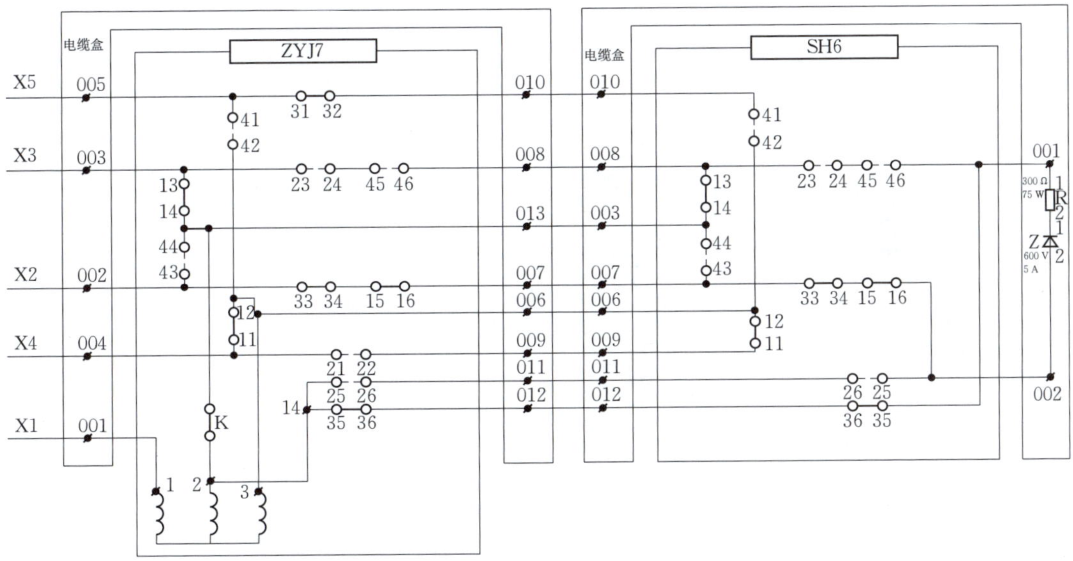

（b）室外部分

图 2-1-2　双机牵引道岔控制电路（ZYJ7＋SH6）

3. X3：控制道岔向反位转换及沟通反位表示；

4. X4：沟通定位表示及控制道岔向反位转换；

5. X5：沟通反位表示及控制道岔向定位转换。

各线作用也可用另一种方法叙述：

1. X1、X2、X5：控制道岔向定位转换；

2. X1、X3、X4：控制道岔向反位转换；

3. X1、X2、X4：沟通定位表示；

4. X1、X3、X5：沟通反位表示。

（二）道岔动作电路

ZYJ7 道岔动作电路如图 2-1-3 所示。道岔动作电源为三相交流 380 V 电源。其电路由主机接通电路和副机保持电路组成（以定位向反位扳动为例，1DQJ、1DQJF 吸起，2DQJ 落下）。

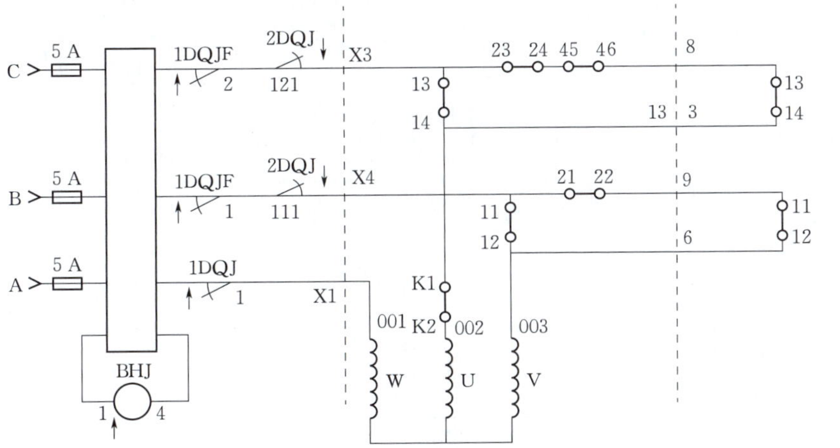

图 2-1-3　ZYJ7 道岔动作电路

（三）道岔表示电路

ZYJ7 道岔表示电路简化示意如图 2-1-4（以道岔定位第一、三排接点闭合为例）所示。

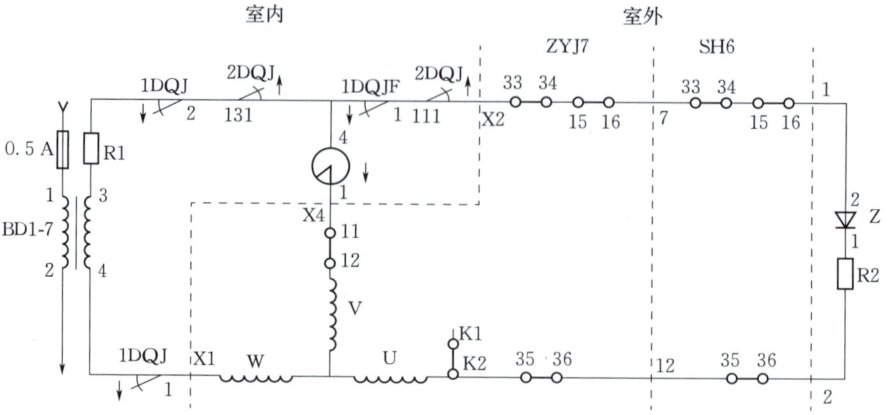

图 2-1-4　ZYJ7 道岔表示电路简化示意

（四）道岔故障应急处置流程

1. ZD6 道岔故障应急处置流程（图 2-1-5）

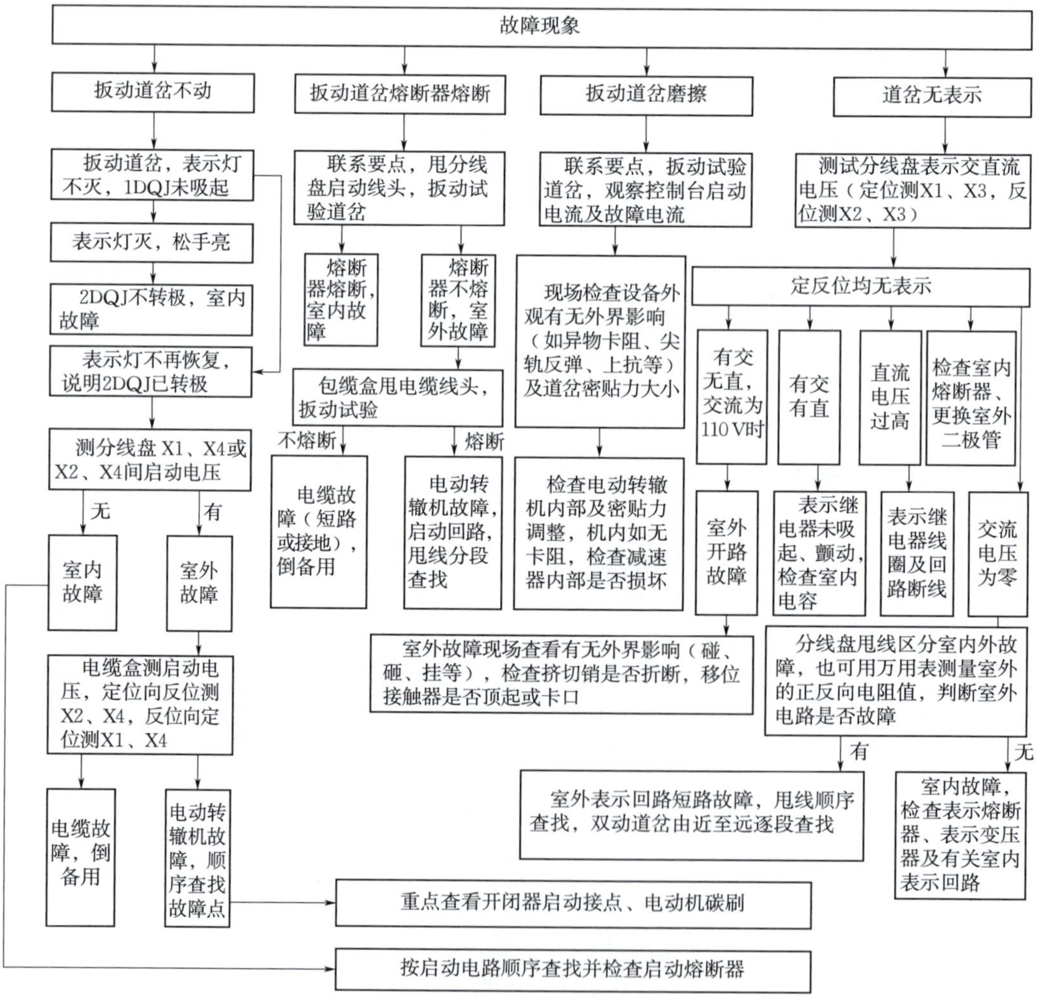

图 2-1-5　ZD6 道岔故障应急处置流程

2. ZY4 道岔故障应急处置流程（图 2-1-6）

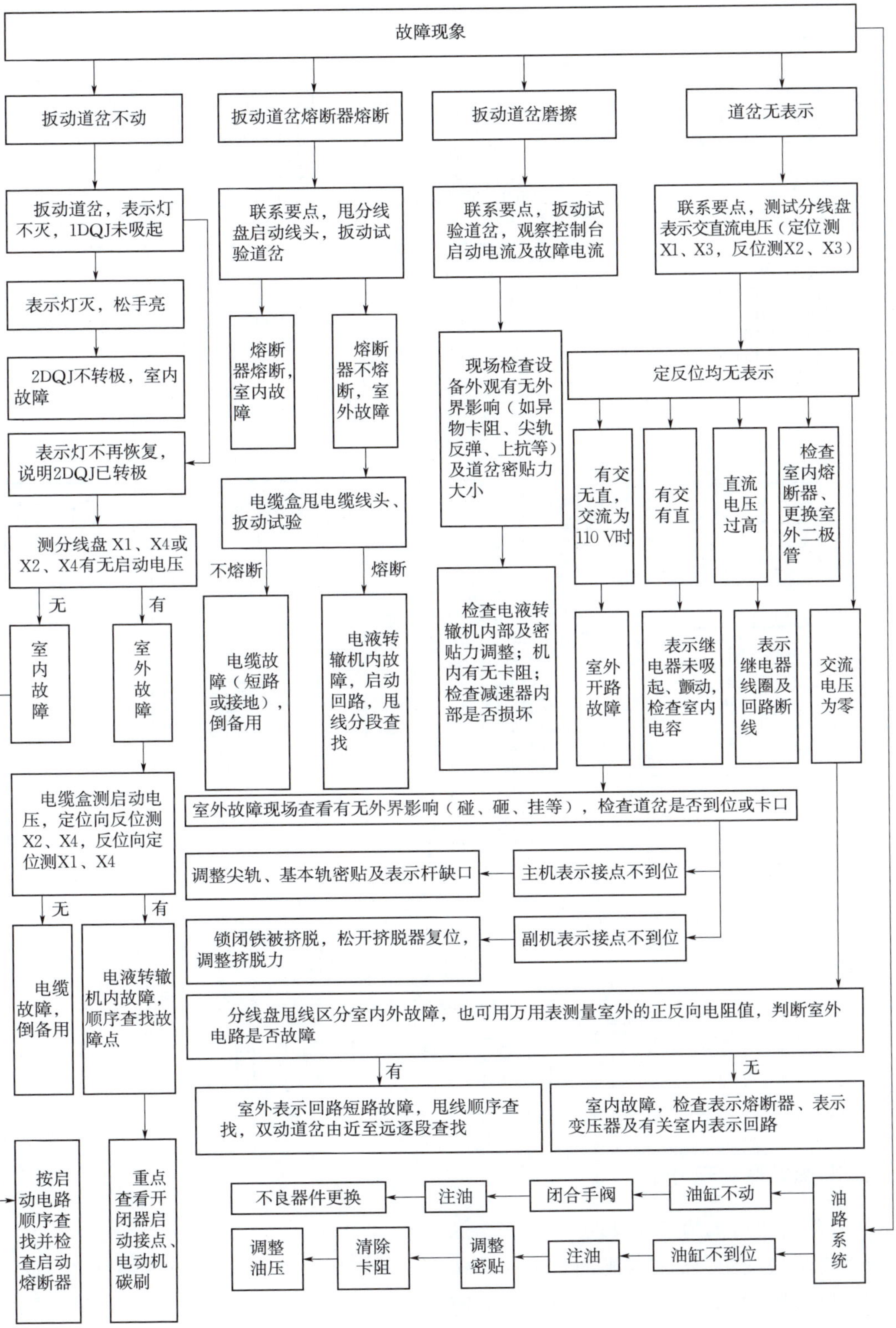

图 2-1-6　ZY4 道岔故障应急处置流程

3. ZYJ7 道岔故障应急处置流程（图 2-1-7）

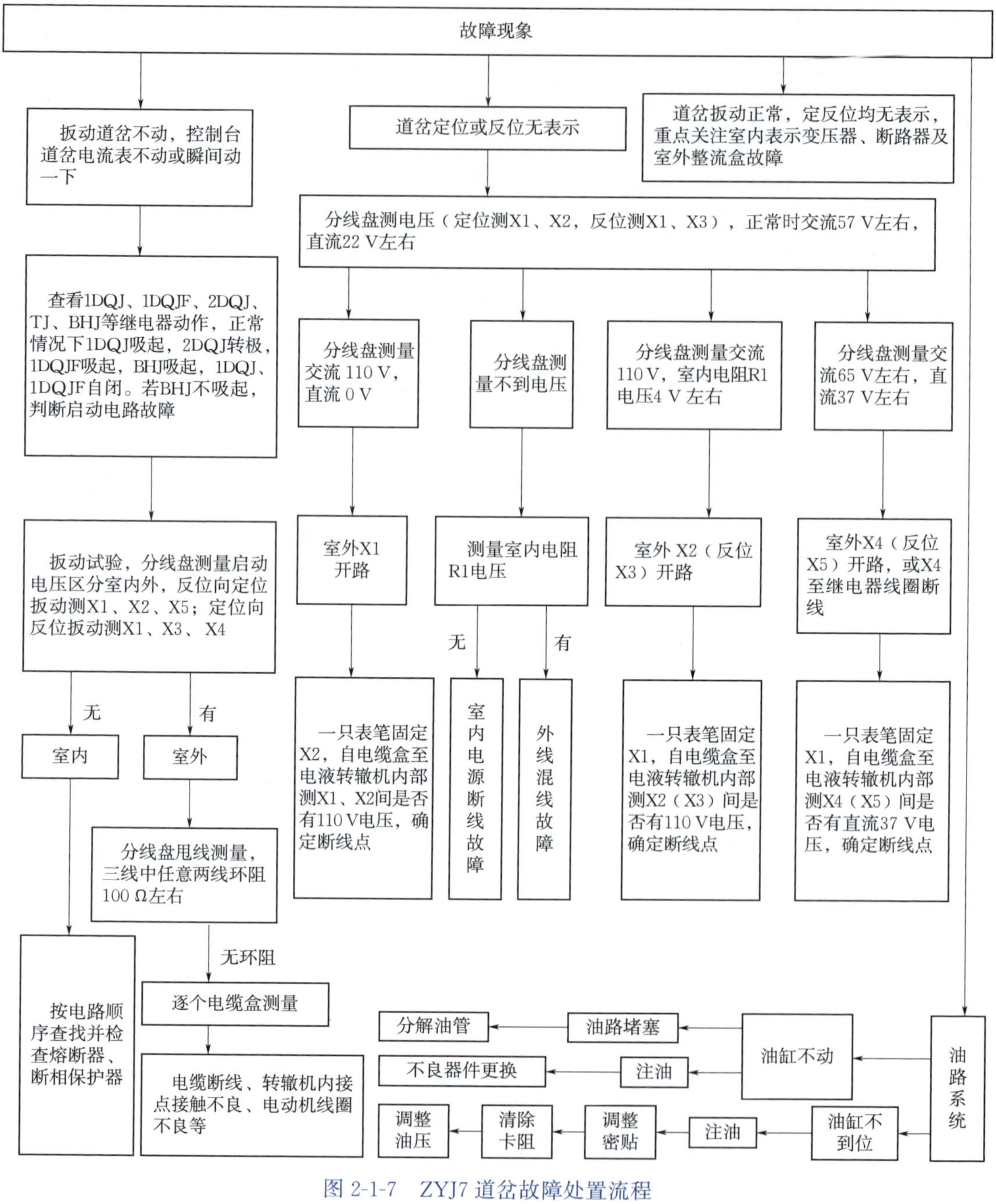

图 2-1-7　ZYJ7 道岔故障处置流程

三、机械故障处理方法

（一）转换锁闭机构动作原理

电动机经联轴器带动油泵顺时针方向旋转，由于活塞杆固定不动，使油缸向右动作；油缸侧面的推板接触反位锁块后，油缸继续向前移动时通过推板和反位锁块带动动作杆向右移动，同时定位锁块开始解锁；当油缸走完解锁动程后，反位锁块和定位锁块处于锁闭铁和推板的间隙内，油缸继续通过推板和反位锁块带动动作杆向右移动；当动作杆继续移动到反位锁块与锁闭铁的锁闭面将要作用时，开始进入锁闭过程，继续向右移动 15.2 mm，将反位锁块推入锁闭铁的反位锁闭面，反位尖轨密贴于基本轨，此时，动作杆的行程为 7.6 mm。因此，在尖轨密贴时，动作杆上的转换力可增加一倍，当尖轨密贴于基本轨后，油缸继续向右移动，动作杆不动作，油缸侧面的推板进入反位锁块的锁闭面，进入锁闭状态。

转换锁闭机构解锁、转换、锁闭过程如图 2-1-8 所示。

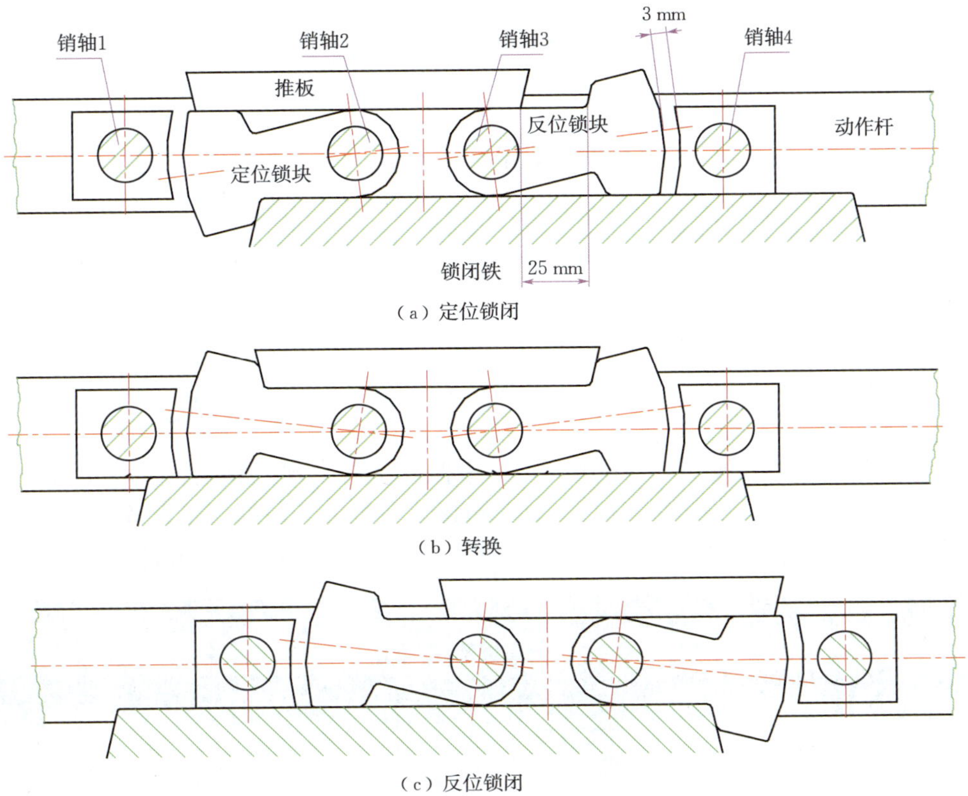

图 2-1-8　转换锁闭机构解锁、转换、锁闭过程

（二）道岔机械故障常见类型

1. 别：主要表现在外锁闭装置上，由于尖轨爬行、锁闭装置与基本轨不垂直，锁闭杆装置与其枕木位置不符合要求，该活动的部位不能正常活动。

2. 卡：主要指卡缺口、尖轨与基本轨间卡异物、防跳器卡尖轨、锁钩与锁闭杆摩擦部位卡异物、顶铁顶死尖轨、滑床板断裂等。

3. 松：转换设备、安装装置、锁闭装置未紧固，顶铁下垂顶住轨底斜坡面。

4. 涩：活动部位、滑动摩擦部位缺油润。

5. 旷：连接部位销轴磨耗量超限造成旷动，主要是锁钩、动作杆、表示杆连接部位等。

实际工作中，针对不同的故障类型，酌情分析处理。

（三）ZY 系列转辙机接点组故障分析

故障现象：卡簧脱落、长花键轴侧解锁力大、动接点无法转换到位或转换过程中有卡顿现象、滚轮不转或滚轮圆面有磨平现象。

故障原因：

1. 挡圈安装不到位，未完全进入挡圈槽；

2. 长花键轴侧解锁力大，挡圈易受到轴向力；

3. 启动片与动作板立面间隙调整不良；

4. 接点打入深度过深、锁闭柱缺油；

5. 滚针轴承润滑不良使滚轮不转，滚轮长期在一个位置。

实际工作中，针对不同的故障原因，酌情分析处理。

第二节　典型案例

案例 1　长期钉固道岔，油缸移位造成道岔无表示

（一）故障概况

某日 10 时 34 分，京广线平南站办理 K850 次列车Ⅱ道发车进路时 45 号道岔定位无表示，10 时 55 分经电务处理后恢复。

故障原因：K474 次列车通过时因油缸移位，导致 45 号道岔副机第三排接点顶起，造成该道岔定位无表示。

（二）分析处置

接故障通知后，车间值班人员通过信号集中监测查看发现，45 号道岔表示电压曲线从正常的交流 58 V 升至 110 V（图 2-2-1），初步判断为室外表示故障。根据故障现象立即向段调度申请临时上线命令后，电务应急人员携带工具、材料赶往现场处理故障。

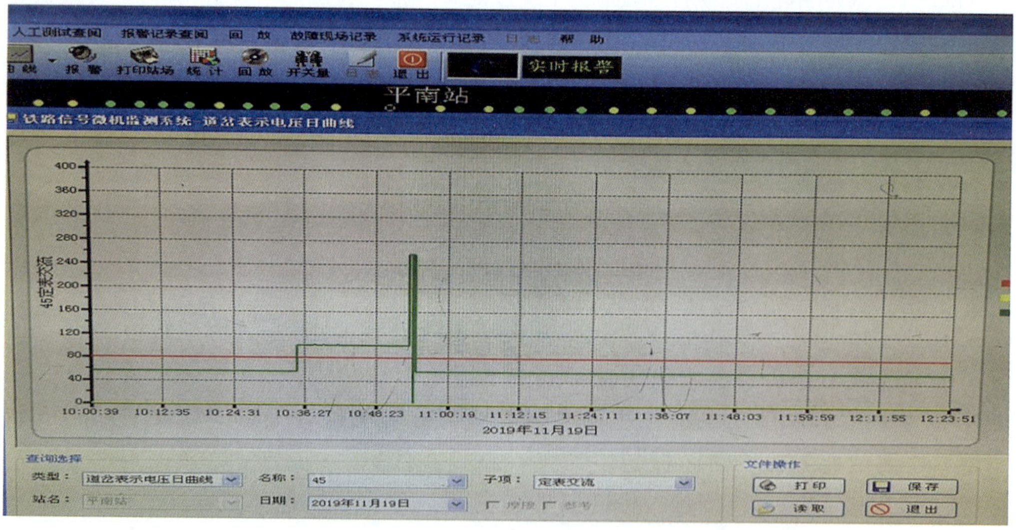

图 2-2-1　45 号道岔表示电压曲线

10 时 45 分，电务应急人员到达 45 号道岔处，经检查发现 45 号道岔副机第三排接点被油缸顶开（图 2-2-2），因油缸顶住滚轮导致接点无法闭合，立即联系车站进行扳动道岔。

因 45 号道岔室外工务加锁钉固定位，经与车站沟通，10 时 53 分扳动往返，第三排接点与静接点接触良好，45 号道岔定位表示恢复，经检查于 10 时 55 分登记开通使用。

（三）问题研判

1. 液压道岔运用风险研判不到位。对长期钉固使用的液压道岔风险研判不到位，盲目认为长期钉固使用的道岔不存在故障风险，也未采取有针对性的检查整治措施。

2. 长期钉固道岔扳动泄压不及时。45 号道岔由于被工务长期钉固在定位使用，班组未对长期钉固使用的道岔进行扳动泄压，转辙机油缸内部油压不平衡造成列车通过时油缸移位断表示。

（四）防范措施

1. 针对长期钉固、不常扳动的液压道岔，定期联系工务对道岔解锁并扳动，平衡油缸内部压力，防止发生油缸移位造成道岔断表示问题。

2. 采取技防措施，ZY4 型电液转辙机内部油缸加装平衡阀，平衡油缸内部油压，解决油缸反弹问题。

图 2-2-2　45 号道岔副机第三排接点被油缸顶开

案例 2　列车通过时油缸移位造成道岔无表示

（一）故障概况

某日 10 时 22 分，G7818 次列车通过高碑店东站Ⅱ道后遗留白光带，同时 6 号道岔定位失去表示，人工解锁白光带后，10 时 29 分 6 号道岔经扳动后恢复。12 时 08 分，0J5906 次列车通过高碑店东站Ⅱ道后遗留白光带，同时 6 号道岔定位失去表示，人工解锁白光带后，12 时 12 分 6 号道岔经扳动后恢复。

故障原因：列车通过道岔时受震动影响，6 号道岔尖 1 油缸移位导致道岔表示电路断开。

（二）分析处置

接故障通知后，信号工区值班人员到达运转室确认现象。联系 CTC 中心将白光带解锁后，对 6 号道岔扳动往返，定位表示恢复。

通过信号集中监测分析，发现两次道岔定位失去表示时，定位表示交流电压升高至 112.8 V，直流电压降为 0 V（图 2-2-3）。

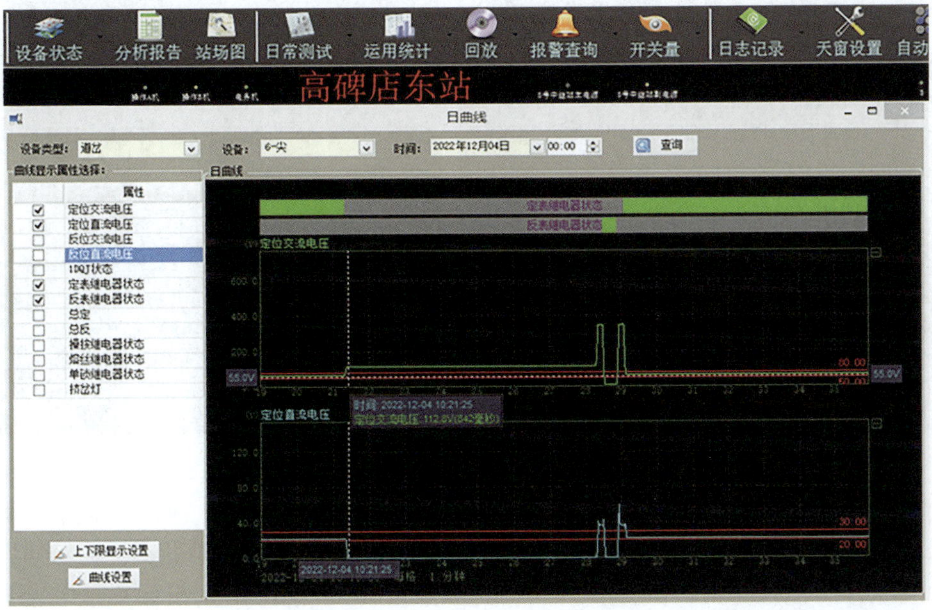

图 2-2-3　6 号道岔表示电压曲线

故障前，6 时 59 分 39 秒，道岔动作曲线显示 6 号道岔尖轨定位到反位动作时间为 10.48 s（图 2-2-4）。

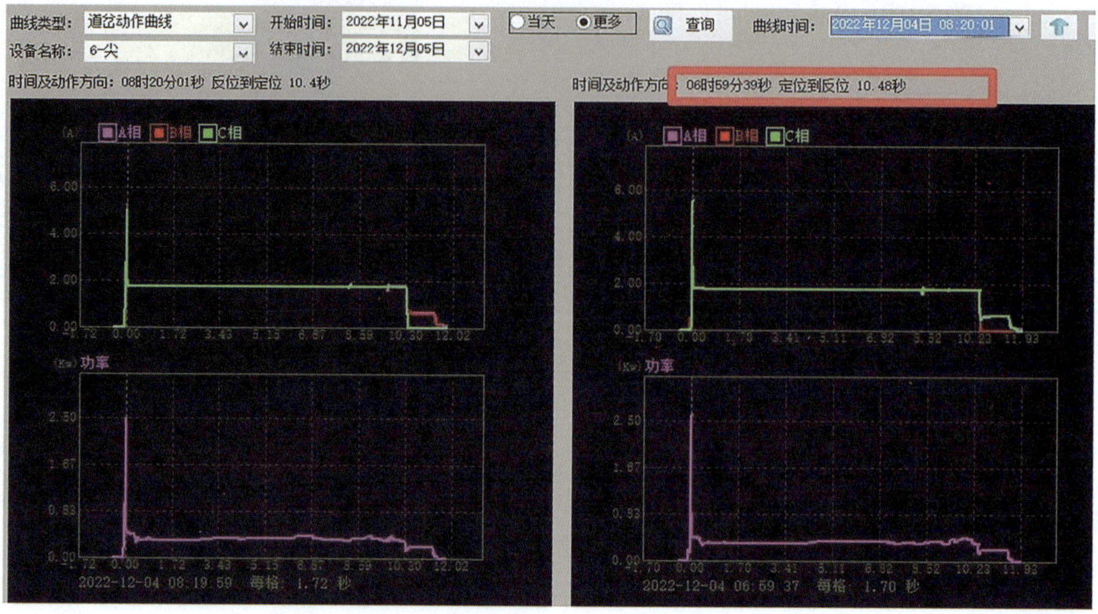

图 2-2-4　正常时 6 号道岔动作时间

10 时 28 分 16 秒，道岔动作曲线显示 6 号道岔尖轨故障位（定位）到反位动作时间为 10.08 s（图 2-2-5）。

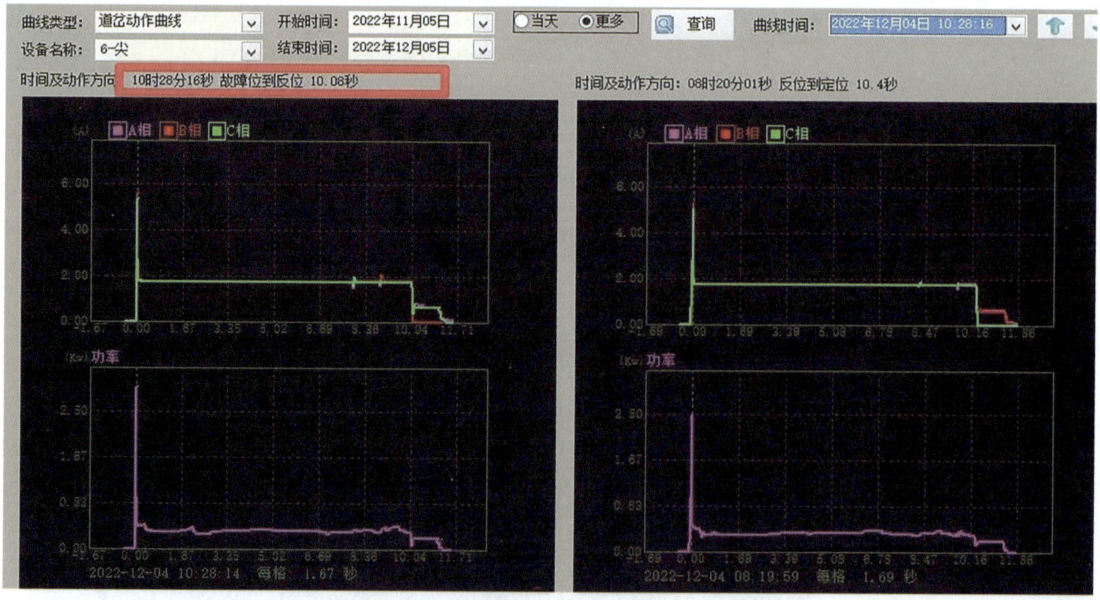

图 2-2-5　故障时 6 号道岔动作时间

通过对道岔动作电流曲线分析发现，6 号道岔定位失去表示后，由定位到反位的动作时间比故障前减少 0.4 s，分析判断为道岔油缸反方向窜动移位导致。

通过道岔缺口图像分析，故障前，10 时 21 分 03 秒，缺口监测图像显示 6 号道岔尖 1 定位表示口检查柱正常落下；道岔失去表示时，10 时 24 分 18 秒，检查柱抬起（图 2-2-6）。

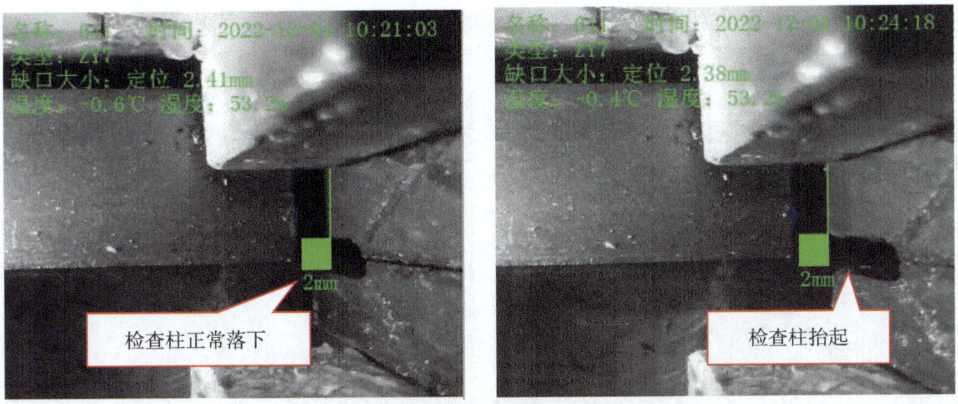

图 2-2-6　6 号道岔缺口监测图像对比

通过对缺口监测图像对比分析发现，6 号道岔定位失去表示过程中，尖 1 表示口检查柱存在异常抬起的现象，结合现场扳动往返表示恢复的情况，综合判断故障原因为 6 号道岔尖 1 油缸移位，更换转辙机。

（三）问题研判

1. 设备隐患排查不细。第一次道岔无表示故障，扳动后故障恢复，班组错误判断故障原因为转辙机自动开闭器接点接触不良，没有排查道岔油路系统。

2. 道岔设备集中检修质量低。班组道岔集中检修仅对道岔各部机械强度、表示缺口、密贴力进行检查，未能发现油缸反弹问题。

（四）防范措施

1. 组织对转辙机内部油路系统进行排查，通过扳动检查观察油缸动作情况及道岔缺口监测数据，及时发现并解决道岔油缸反弹隐患。

2. 采取技防措施，ZYJ7 型电液转辙机加装大容量空动油缸，解决 ZYJ7 型电液转辙机油缸反弹问题。

案例 3　油泵不良造成道岔不能正常转换

（一）故障概况

某日 14 时 55 分，北京西高速场触发 G89 次列车 18 道发车进路，1220 号道岔由反位扳至定位时无表示，16 时 02 分经电务处理后定位恢复使用；16 时 22 分至 16 时 25 分经电务处理后反位恢复使用。

故障原因：1220 号道岔转辙机油泵（轴向柱塞泵）内部不良造成道岔无法转换。

（二）分析处置

信号工区值班人员接到故障信息后，立即向车间、段汇报，确认故障现象后登记停用。值班人员通过信号集中监测分析，发现故障时 1220 号道岔动作电流及功率曲线显示三相电流完整，但 30 s 保护停转、道岔无表示（图 2-2-7）。

15 时 15 分，车间应急处理人员到达现场，对 1220 号道岔进行检查，发现扳动道岔时，道岔外锁闭装置稍有动作后，电动机空转无力，机内油缸不动作。检查转辙机内部、道岔外部无其他卡阻现象。

16 时 02 分，进一步分析后，判断转辙机启动油缸或电动机油泵组不良，随后由人工将 1220 号道岔锁定至定位，道岔定位表示恢复。

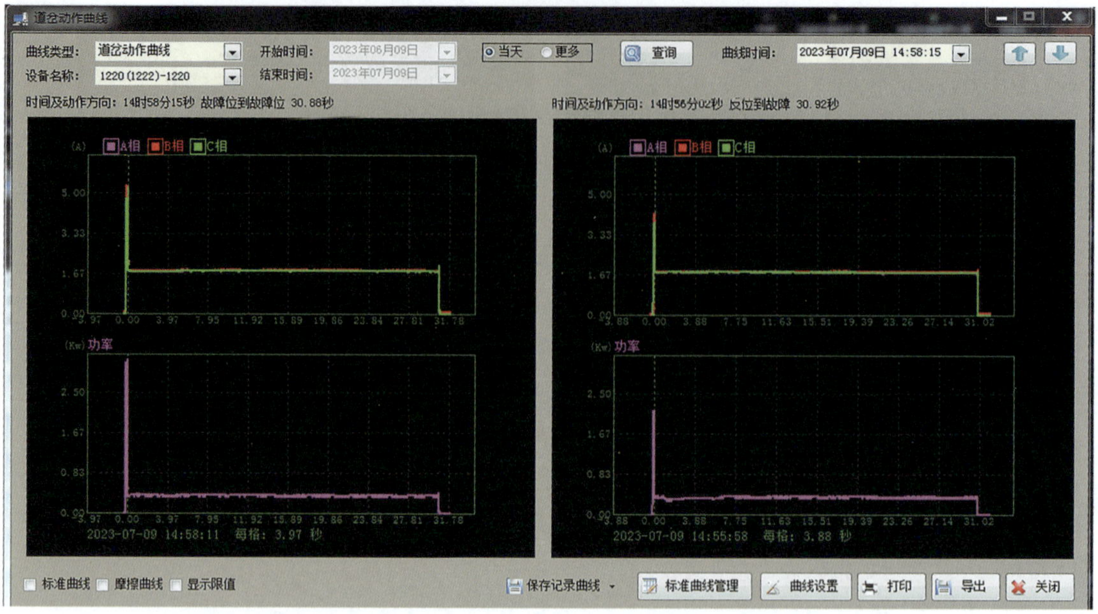

图 2-2-7　故障时 1220 号道岔动作电流、功率曲线

天窗点内由设备厂家技术人员现场指导，对 1220 号道岔的启动油缸和电动机油泵组进行了更换。

将电动机油泵组返厂后，技术人员将油箱注油后测试，手摇测试两方向溢流压力，压力表指针在 2 MPa～8 MPa 摆动，不保压。电操动测试溢流压力，压力表指针在 0 MPa～11 MPa 摆动。拆下油泵泵盖检查，发现其内有一个柱塞滑圈脱落（图 2-2-8）。由于油泵工作是靠滑圈带动柱塞运动使液压油从低压变成高压的，滑圈脱落后，柱塞不能正常运动，造成油泵效率降低，压力不稳定。

图 2-2-8　油泵内部柱塞滑圈脱落

（三）问题研判

1. 现场处理人员不清楚 ZYJ7 油路系统故障的处置方法，没有及时采取扳动道岔的方式恢复道岔表示。

2. 应急人员只是通过集中监测数据简单地判断故障点在室外，没有认真分析数据，工具材料携带不全，往返工区和现场准备启动油缸和电动机油泵组，延误故障处置时间。

（四）防范措施

1. 完善油路系统故障的应急处置程序，开展油路系统故障的应急演练。

2. 查看分析集中监测数据，根据道岔功率曲线、动作电流曲线及道岔转换时间的变化，及时发现消除道岔油路故障隐患。

案例 4　溢流阀不良造成道岔不能正常转换

（一）故障概况

某日 16 时 55 分至 17 时 14 分，双桥下行场 113 号道岔反位无表示。

故障原因：113 号道岔心轨第 3 牵引点转辙机溢流阀不良。

（二）分析处置

16 时 55 分，车站值班员通知电务值班人员双桥下行场 113 号道岔向反位扳动时反位无表示，电务值班人员接到通知后立即前往运转室查看故障现象进行确认，在“运统 46”内登记停用后立即通知车间及室外工区值班人员。故障时 113 号道岔心轨第 3 牵引点动作功率曲线如图 2-2-9 所示。

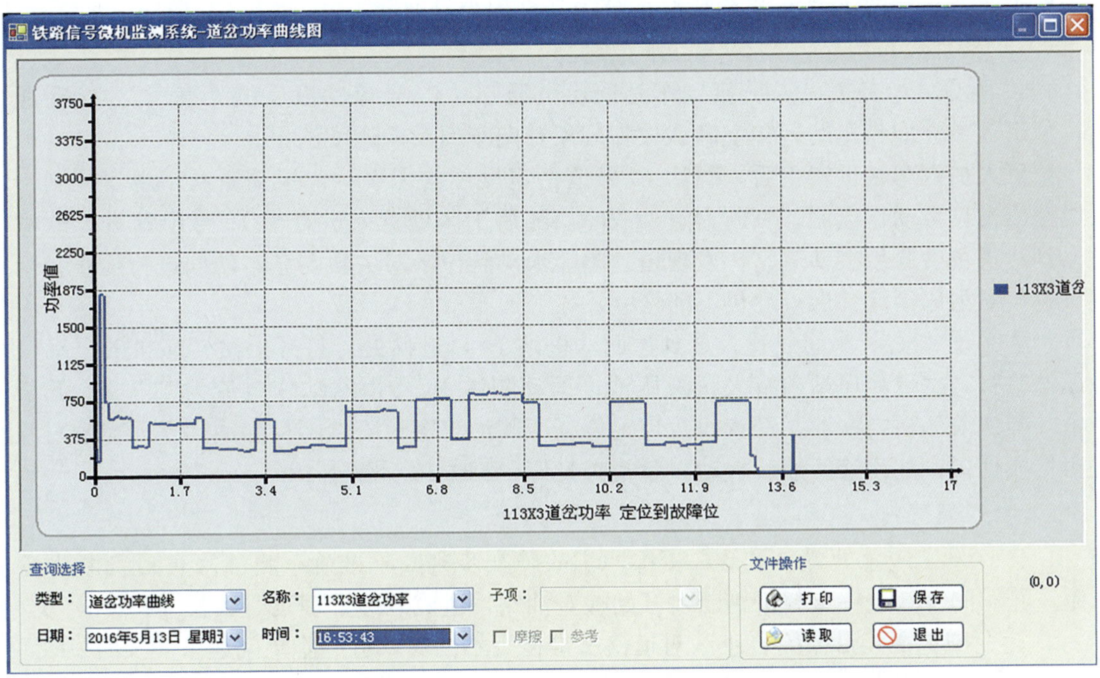

图 2-2-9　故障时 113 号道岔心轨第 3 牵引点动作功率曲线

故障处理人员到达现场后发现：113 号道岔向反位扳动时，113 号道岔心轨第 3 牵引点转辙机动作缓慢、转换无力。故障处理人员用工具对尖轨施加外力后转辙机转换到位，反位表示恢复。

故障处理人员测试该机定位到反位时溢流压力为 7.5 MPa，低于正常值，判断为溢流阀不良。后续要点组织更换备用溢流阀，更换后扳动试验良好，测试溢流压力为 10.2 MPa，定反位表示良好。

（三）问题研判

1. 双桥下行场 113 号道岔为连接京哈线和京承线的关键道岔，车间未针对关键道岔组织工区加强巡视检查，工区也未能主动加强对关键道岔的检查整治。

2. 溢流阀故障导致道岔动作时间延长、功率曲线下降，班组未能通过查看分析集中监测数据提前发现并消除设备隐患。

（四）防范措施

1. 溢流阀压力太高易导致密封垫圈损坏及接头处泄漏，要严格按照技术标准进行标调。

2. 溢流阀故障会导致道岔动作功率、动作电流下降，转换时间延长，要通过信号集中监测加强对关键道岔动作电流曲线、功率曲线查看分析，根据曲线变化及转换时间的变化，及时发现道岔油路隐患。

案例 5 液压油管密封不良造成道岔不能正常转换

（一）故障概况

某日 1 时 43 分，西八里站办理 33041 次列车 3 道接车进路时，19 号道岔定位扳至反位时定反位均无表示，2 时 50 分经电务处理后恢复。

故障原因：19 号道岔定位高压侧油管密封胶圈不良漏油。

（二）分析处置

1 时 44 分，电务值班人员接到车站值班员通知“19 号道岔扳反位无表示”。接到通知后，值班人员立即到车站运转室确认故障现象并向车间及段调度汇报。

值班人员到车站运转室后，确认 19 号道岔定反位均无表示，扳动道岔，观察控制台道岔电流表发现有动作电流，判断为室外故障。随后工区处置人员赶往 19 号道岔进行故障处理。到达现场后联系扳动道岔，发现道岔不能扳动到位，对尖轨与基本轨间进行检查，未发现异物，对滑床板涂油后扳动仍不能恢复。

2 时 30 分左右，车间处置人员到达西八里站 19 号道岔处，打开道岔转辙机的电动机及液压站检查，发现液压站内有大量液压油；扳动测试 19 号道岔动作电流为 1.6 A，低于正常值，确认液压站内漏油。经查找发现定位高压侧油管密封胶圈不良漏油，立即对密封胶圈进行更换处理，加注液压油后扳动试验检查良好，2 时 50 分销点。

（三）问题研判

1. 工区职工应急处置水平低，班组职工故障初步判断不准确，将故障盲目判断为道岔卡阻，经车间干部进一步分析判断才开始检查油路，造成故障处理延时较长。

2. 道岔成组更换后车间、工区对道岔平推检查不彻底，造成隐患问题未能及时发现。

3. 工区对道岔检修及道岔开盖检查标准落实不到位，未能提前发现电动机油管渗漏油问题。

（四）防范措施

1. 组织对液压道岔进行平推检查，重点检查道岔油路，发现油管、密封圈等关键部位有破损、渗油时应及时组织对该部件进行更换。

2. 充分运用信号集中监测设备，重点对 ZY4 道岔动作电流曲线进行查看，根据道岔动作电流及转换时间的变化，及时发现道岔油路隐患。

3. 新组装的道岔电液转辙机，其各种密封圈应保持清洁，不得沾有沙砾，紧固时不得用力过猛，防止挤坏密封圈。

案例 6 动作油缸反弹造成道岔无表示

（一）故障概况

某日 11 时 03 分，柳村线路所在办理 50182 次列车Ⅱ道通过进路时，518/520 号道岔由反位扳至定位时定位无表示，11 时 31 分经电务处理后恢复。

故障原因：518 号道岔转换到位后副机动作油缸反弹将动接点顶起，导致道岔无表示。

（二）分析处置

11 时 03 分，电务值班人员接到车站值班员通知“518/520 号道岔由反位扳至定位时无表示”。工长立即准备应急工具、材料并汇报车间及段调度，安排值班人员确认故障现象并做好防护工作。经查看信号集中监测，发现 518/520 号道岔由反位扳至定位时无表示，立即进行故障登记准备上线处理。

工区处置人员到达故障现场。经现场扳动试验发现 518 号道岔转换到位后副机动作油缸反弹将动接点顶起（图 2-1-10），导致道岔无表示。故障处理人员立即组织对 518 号道岔进行油路排气处理，后故障恢复，扳动试验良好后于 11 时 31 分销点。

图 2-2-10　动作油缸反弹顶起动接点

（三）问题研判

1. 车间、班组应急处置水平不足。车间、班组故障处理人员到达现场后，确认故障原因为油缸反弹后，处置措施不当，未第一时间进行油路排气，造成故障延时较长。

2. 段应急指挥作用发挥不到位。在现场汇报原因为油缸反弹后，段调度指挥中心未能指导现场处置人员及时采取拧开油标螺栓、松开溢流阀、用手摇把摇电动机排出油箱空气的处置措施，对现场的应急处置缺乏有效技术指导。

（四）防范措施

1. 采取技防措施，ZY4 型电液转辙机内部油缸加装平衡阀，平衡油缸内部油压，解决油缸反弹问题。

2. 电液转辙机油路系统内存在空气，应拧开油标螺栓、松开溢流阀、用手摇把摇电动机，让空气从油箱中排出。

案例 7　转辙机配线混线造成道岔不能正常转换

（一）故障概况

某日 12 时 37 分，讲武城站办理 21609 次列车 I 道通过进路，12 号道岔由反位扳至定位时定反位无表示，13 时 37 分经电务处理后定位恢复使用，14 时 33 分经电务处理后反位恢复使用。

故障原因：12 号道岔副机电缆盒端子 D9 至副机自动开闭器接点 11 与副机电缆盒端子 D7 至副机自动开闭器接点 43、33 间配线混线。

（二）分析处置

接故障通知后，电务值班人员通过信号集中监测查看发现：12 时 30 分，12 号道岔由定位扳至反位时，动作电流曲线在 6.9 s 时由 1.9 A 瞬间上升至 4.4 A 后反位表示正常（图 2-2-11）；12 时 35 分，12 号道岔由反位向定位扳动时道岔不启动。

12 时 45 分，段调度通知现场值班人员赶到机械室确认道岔启动断路器状态，经检查发现 1 排 4 架 1 层 12 号道岔启动断路器断开，闭合断路器后由反位向定位单操 12 号道岔仍不能启动，初步判断为 12 号道岔启动电路混线。

经进一步排查发现，12 号道岔副机电缆盒端子 D9 至副机自动开闭器接点 11 与副机电缆盒端子 D7 至副机自动开闭器接点 43、33 间配线混线，拆下转辙机配线管后检查发现两根配线存在破皮封连现象（图 2-2-12）。组织更换不良配线后故障恢复。

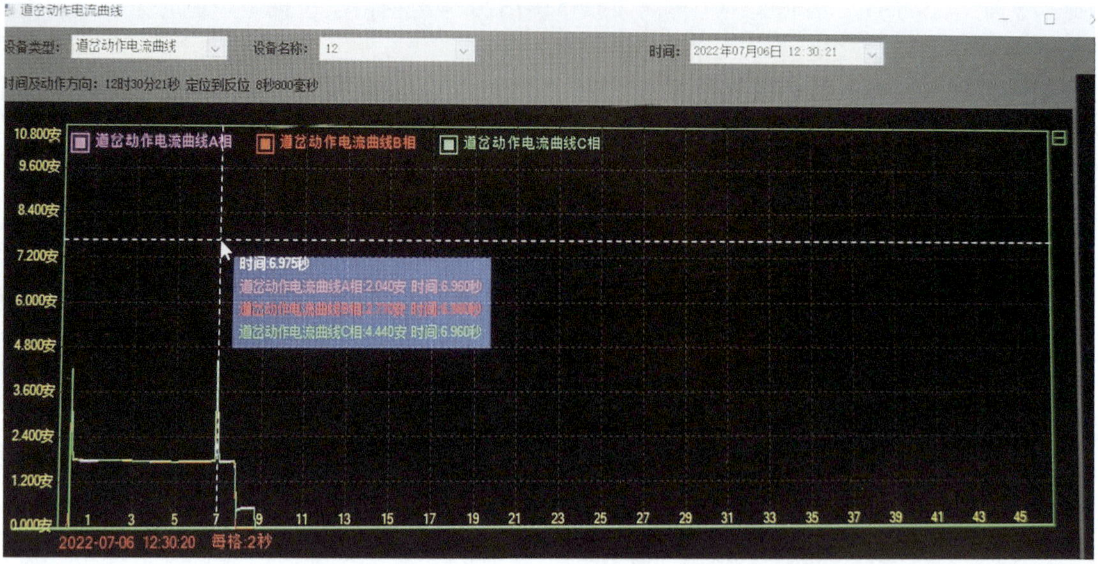

图 2-2-11 12 号道岔由定位扳至反位动作电流曲线

电路分析：ZYJ7 道岔室外部分控制电路（图 2-1-2）中，副机电缆盒端子 D9 至副机自动开闭器接点 11 与副机电缆盒端子 D7 至副机自动开闭器接点 43 间混线，道岔由反位向定位扳动时（使用 X1、X2、X5），副机机内解锁，第 1、4 排接点接通，其中 C 相电通过 X5、主机 41-42 接点、主机 12 接点至电动机 003 线圈；B 相电通过 X2、主机 43-44 接点、主机电缆盒 D13、副机电缆盒 D3、副机机内 44-43 接点、副机机内 11-12 接点、副机电缆盒 D6 端子、主机电缆盒 D6 端子，主机 12 接点至电动机 003 线圈。两相电造成转辙机电动机混线。

图 2-2-12 副机电缆盒至副机自动开闭器接点间配线管内两根配线封连

（三）问题研判

1. 故障部位隐蔽排查难度大。混线故障排查处理较为复杂，且本次故障混线点位于副机电缆盒至转辙机间的保护管内，混线点较为隐蔽，必须将保护管内配线抻出进行检查。

2. 行车运输影响处置延时长。临时恢复定位表示，道岔限定位使用后，车站经由该道岔定位办理接发车，应急处置人员无法及时上线处置，直至列车通过后，申请要点才恢复故障。

3. 混线故障应急处理方法不熟练。班组值班人员对道岔启动混线故障处理方法掌握不熟练，未采取将道岔放在反位位置，借表示电压，使用钳形电流表卡流测试或断开道岔启动、表示断路器后测试电阻的方法查找短路点。

（四）防范措施

1. 道岔转辙机的电动机配线采取防磨措施。针对道岔大修施工蛇管穿线过程中易造成配线外皮损伤的风险，电缆盒至机内配线在穿蛇管前应采取包扎防磨措施；配线过长时，应将配线余量留在电动机内并绑扎防护。作业完毕要对涉及的电动机配线进行核对导通、使用兆欧表进行线间及对地绝缘摇测，防止在蛇管穿线过程中抻拽磨蹭导致配线损伤遗留隐患。

2. 启动电路中电动机的三相电中任意两相混电，操纵道岔都会使道岔的启动断路器断开，应将道岔放在反位位置，借表示电压，使用钳形电流表分别在分线盘及表示变压器处对X1、X4进行卡流测试，区分室内外故障，缩小故障范围。

案例 8　电缆芯线断线造成道岔扳不动且无表示

（一）故障概况

某日 11 时 54 分，唐山普速场办理 57601 次列车 9 道接车进路，205/207 号道岔由定位扳至反位时定反位无表示，12 时 36 分经电务处理后恢复。

故障原因：尖轨 1 动电缆盒 5 号端子至道岔电缆盒（ZC1-HF4）5 号端子间电缆芯线断线（道岔动作表示控制线 5），造成 205 号道岔反位无表示，反位向定位扳动时电动机不能启动。

（二）分析处置

接故障通知，电务值班人员赶往运转室确认故障现象，登记停用设备后上报段调度及车间。

应急处置人员查看信号集中监测道岔动作电流曲线（图 2-2-13），发现 205 号道岔尖轨（ZYJ7 型电液转辙机 5 机牵引）定位向反位扳动电流曲线正常，反位向定位扳动电流曲线异常。判断为室内故障，立即组织对室内道岔断相保护器（DBQ）进行了更换，更换后故障未能恢复。段调度查看道岔表示电压曲线（图 2-2-14，采集 X3-X5），发现道岔定反位表示电压为交流 80 V、直流 8 V（正常交流 64 V、直流 20 V），立即通知现场处置人员。12 时 06 分，车间干部测量 205 号道岔 X1-X3 有交流 70 V、直流 10 V 左右电压，X1-X5 有交流 24 V 电压（正常 X1-X3 有交流 64 V、直流 20 V 电压，X1-X5 有交流 5 V 电压），结合信号集中监测表示电压曲线特征，判断室外小回路 X5 断线。

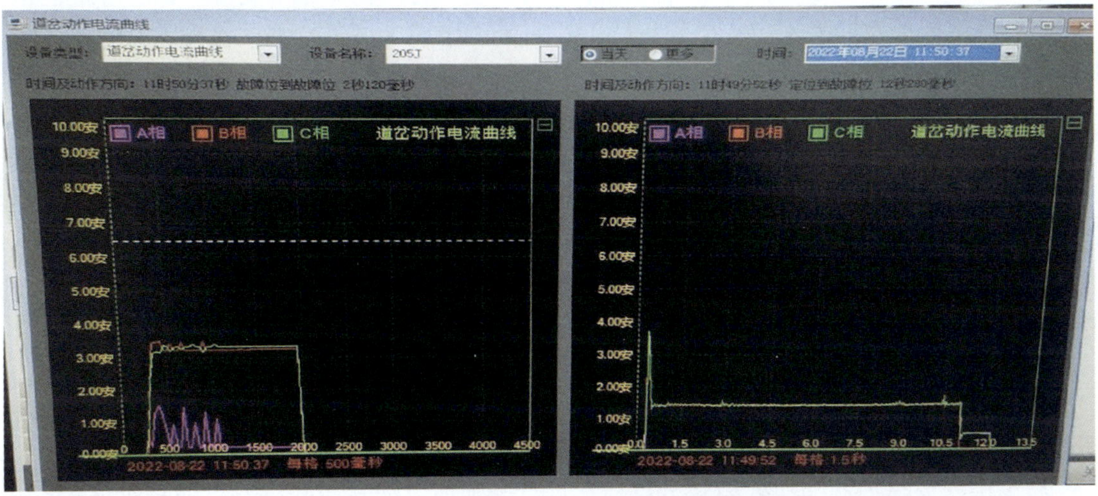

图 2-2-13　故障时 205 号道岔动作电流曲线

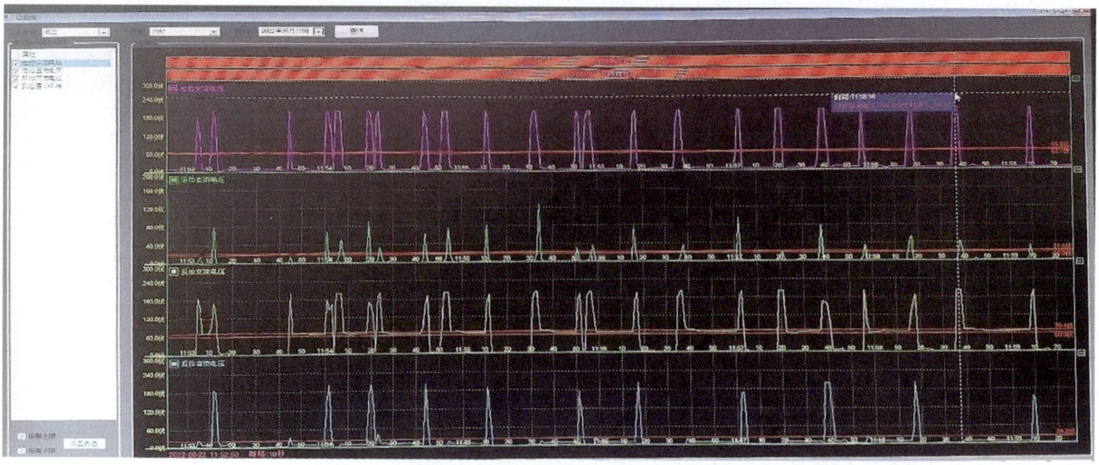

图 2-2-14 故障时 205 号道岔表示电压曲线

应急处置人员 12 时 14 分到达 205 号道岔处，检查发现 205 号道岔尖轨在反位，205 号心轨在定位。联系驻站员扳动 205 号道岔，205 号心轨能正常动作，且表示良好，205 号尖轨未动作。

应急处置人员组织更换 X5 电缆芯线。12 时 30 分使用备用芯线更换室内分线盘至 205 号尖轨 X5 电缆芯线后，205 号道岔恢复定反位表示。应急处置人员联锁试验核对正确后，室内于 12 时 36 分销点。

故障恢复后，处置人员进一步查找，最后确定站内 ZC1-HF7 电缆盒 5 号端子至 205 号道岔尖轨电缆盒 5 号端子间电缆内部断线。使用电缆故障探测仪查找断点位置，诊断仪显示电缆长度 54 m，断点距离 ZC1 电缆盒 28 m，距离 205 号道岔尖轨电缆盒 25 m。现场测试故障电缆发现 X1、X5 对地绝缘 0 MΩ。车间随即组织人员进行挖掘，挖出一根有眼状破损点的电缆，埋深 0.6 m。

（三）问题研判

1. 电缆巡视检查不到位。唐山站站改施工的电缆敷设完毕后，在电缆暂时不能完全下落只能浅埋的情况下，未能及时督促施工单位对电缆进行防护，也未安排专人对电缆径路进行巡查，隐患未能及时发现。在电缆正式下落前未能组织人员进行平推检查，电缆损坏问题未能及时发现，电缆带伤下落造成故障。

2. 电缆损伤风险研判不到位。对未开通使用的电缆可能出现损伤的风险研判不到位，盲目认为新电缆没有问题未进行测试。电缆敷设完毕后，未进行线间和对地绝缘测试，电缆下埋后更是未能及时组织电缆测试，只在开通时进行了一次电缆全程对地测试，错过了提前发现问题的机会。

3. 故障处置判断不准确，盲目更换室内设备。应急处置人员在未能全面查看信号集中监测曲线的情况下就判断室内故障，盲目更换了室内道岔断相保护器，故障处理走了弯路。

（四）防范措施

1. 吸取故障教训，对新敷设的电缆进行全面检查。重点对施工动土地段、过桥、涵地段的电缆进行全面检查，补齐电缆标识及提示牌并留存影像资料。

2. 做好新开通设备的特性测试工作。一是对施工地段的电气特性测试要加强数据分析，对测试前后数据进行对比，发现数据变化后要及时沟通协调并积极组织查找。二是要做好电缆的全面测试工作。施工电缆下落前要再一次进行全面的检查测试，重点检查电缆外观是否有破损，电缆对地、线间是否符合特性指标，电缆贯通芯线环阻是否正常，提前发现解决隐患问题，确保电缆下落后的安全。

3. 制定施工现场每日巡视制度。加强对施工地段的电缆安全管理，每日安排专人对电务设备及电缆径路进行巡视检查，及时发现影响设备正常使用的安全隐患并上报处理。

4. 做好与其他施工单位的沟通。每日指派专人与施工单位进行沟通，全面了解施工单位第二日的作业内容，指定责任心强的职工积极配合，作业前和施工单位做好培训工作，指导作业人员标准作业。

5. 借用表示电压查找启动电路故障。确定道岔启动电路断线故障，导致三相电动机缺相，应把道岔单操到反位位置，直接利用反位表示电压在分线盘处区分出室内外故障。

案例 9　动静接点组接触不良造成道岔过车时无表示

（一）故障概况

某日 19 时 38 分，京哈线石郎庄站下行Ⅰ道出站信号机由绿灯突变为红灯，19 时 55 分，电务登记设备正常。

故障原因：4 号道岔尖轨副机因进水受潮，定位侧第二排 23、24 接点接触不良，过车震动造成瞬间失去表示。

（二）分析处置

接到故障通知后，处理人员立即到运转室确认故障现象，并汇报段调度及车间。

处理人员通过信号集中监测回放发现，下行Ⅰ道信号开放后，D3 次列车进站时，上行通过的 Z158 次客车压入上行 4 号道岔，2/4 号道岔于 19 时 38 分 01 秒至 19 时 38 分 07 秒瞬间失去表示。由于 2/4 号道岔是上下行双动道岔，道岔瞬间失去表示造成了下行Ⅰ道出站信号机由绿灯突变为红灯。查看信号集中监测道岔表示电压曲线发现失去表示时间段内 4 号道岔交流电压升高至 110 V，直流电压下降至 0 V。4 号道岔表示电压曲线如图 2-2-15 所示。

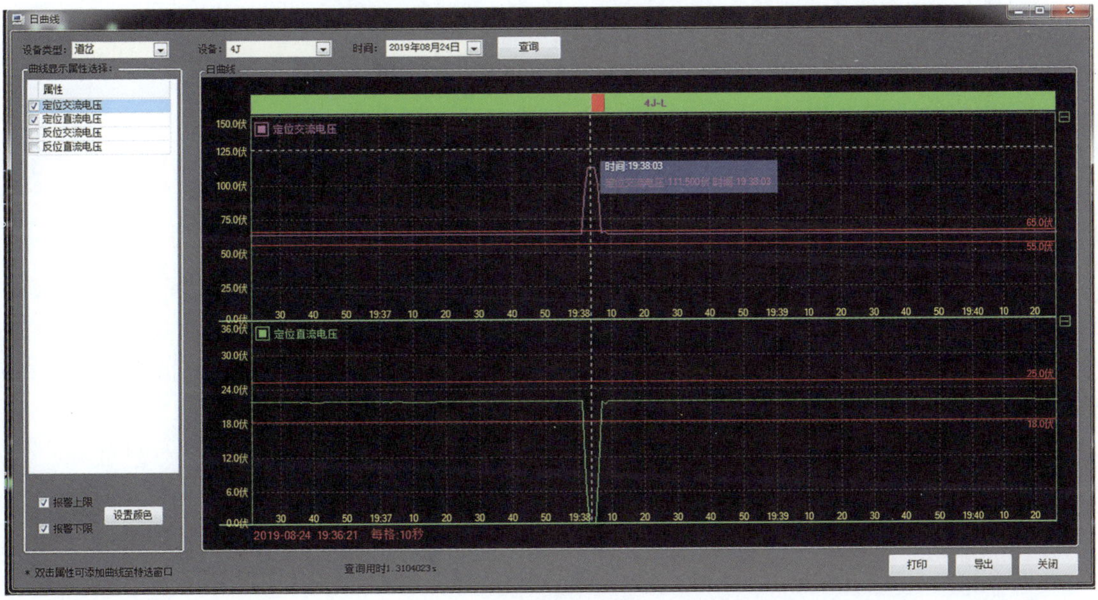

图 2-2-15　4 号道岔表示电压曲线

22 时 19 分至 22 时 21 分，处理人员要点用万用表测试接点发现 4 号道岔尖轨副机定位侧 23-24 接点有 0.3 V 左右压降，人工模仿列车通过时的震动，再测量该接点电压，有较大波动。检查道岔尖轨副机内部有进水现象，动静接点组有水雾，部分固定螺丝有绿色的锈蚀现象。申请临时抢修点，于次日凌晨 1 时 51 分至 2 时 12 分对 4 号道岔尖轨副机内部 2 排、4 排动静接点进行了更换，对内部水汽进行处理。室内对 4 号道岔 X1 至 X5 的对地电阻及线间电阻进行了测量，未发现问题，检查设备各部端子无松动，测试二极管及电阻未见异常。

（三）问题研判

1. 标准化作业执行不到位。道岔执表维修人员未能按照标准化作业流程对道岔各部进行细致检修，日常维修只对道岔转辙机内接点进行擦拭，未对静接点片进行调整，导致静接点片与动接点环存在点接触。

2. 雨后转辙机开盖检查不到位。检查道岔转辙机内部有进水现象，动静接点组有潮气，部分固定螺丝生锈。反映出维修人员在降雨后未按要求进行转辙机开盖检查和擦拭晾晒。

（四）防范措施

1. 做好道岔转辙机内接点检查。道岔转辙机内接点接触不良易造成列车通过时断表示、道岔不启动。接点接触不良检查方法：一是观察接点打入深度、观察动接点与静接点片是否点接触（手电照射，观察接点环与接点片缝隙的透光情况，确认是否存在点接触）；二是观察静接点片磨耗状态，局部磨耗说明点接触，均匀磨耗说明接触良好、接点压力适当。

2. 做好雨、雪后道岔转辙机内检查。雨后、雪后要对道岔转辙机开盖进行检查，对机内进水的转辙机要进行擦拭、晾晒，避免机内潮气在接点环、静接点片凝结水珠、冰霜导致接触不良造成列车通过时瞬间断表示。

案例 10　接点松动造成道岔无表示

（一）故障概况

某日 8 时 14 分，天津站办理 14 道机车入库调车进路时，305/307/309/311 号道岔由定位扳至反位时定反位无表示，8 时 39 分经电务处理后恢复。

故障原因：309 号道岔转辙机内动接点固定螺丝松动，道岔扳动时动接点不能正常打入静接点接通表示，造成定反位均无表示。

（二）分析处置

8 时 14 分，信号工区室内值班人员接到车站值班员通知“天津站普速场 305/307/309/311 号道岔定反位无表示”。接到通知后，值班人员立即到达运转室，经确认故障现象为 309 号道岔扳动时定反位无表示，初步判断为室外设备故障，随后立即向段调度指挥中心和车间进行汇报。

8 时 16 分，工区值班人员接到故障通知后立即准备抢修工具、仪表准备处理故障。

8 时 18 分，工区处理人员向段调度申请故障上线命令。

8 时 35 分，段调度下达故障上线命令，相关处理人员携带工具、仪表赶赴现场进行处理。

8 时 37 分，处理人员到达现场，经检查发现 309 号道岔转辙机内动接点固定螺丝松动，道岔扳动时动接点不能正常打入静接点接通表示，造成定反位均无表示，处理后扳动道岔试验，定反位表示良好。

8 时 39 分，销记交付使用。

（三）问题研判

1. 道岔检修标准不落实。道岔集中检修时未严格执行作业标准，简化作业程序，未对道岔转辙机自动开闭器动接点固定螺丝进行检查和紧固。

2. 设备质量验收不到位。车间组织设备质量验收，注重于对道岔转辙机表示缺口、密贴调整力等机械特性的检查，对道岔转辙机内部各部螺栓机械强度检查少，造成设备隐患问题未能及时发现并解决。

（四）防范措施

1. 严格落实道岔检修作业标准。班前布置会要学习作业指导书，熟悉掌握并严格落实道岔集中检修的作业内容、作业流程。

2. 规范设备质量验收管理。车间每季度开展道岔设备质量验收，要对道岔转辙机内、机外设备进行全面对标检查，掌握设备质量状况，针对检查发现的共性问题，找准班组设备维修的短板，指导班组改进检修方法，提高设备维修质量。

案例 11　阻容盒不良造成道岔无表示

（一）故障概况

某日 12 时 55 分，丰台西五场办理 HXN_5 型 324 号机车经由 D545 信号机至 13 道调车进路时，565 号道岔由反位扳至定位时无表示，14 时 49 分经电务处理后恢复。

故障原因：565 号道岔阻容盒内电容特性不良，造成 565 号道岔失去表示，更换阻容盒后恢复。

（二）分析处置

信号工区人员接到故障信息后，立即向车间、段汇报，并确认故障现象后登记设备停用。

13 时 15 分，室内人员通过测试分线盘测得 565 号道岔表示电压为交流 23 V（正常为 62 V），应急处理人员怀疑为室外故障，立即准备工具、材料赶赴室外现场。

13 时 30 分，应急处置人员到达丰台西五场 565 号道岔现场，经现场扳动检查、测试，未发现室外设备存在异常问题。随后返回室内分析查找。

14 时 30 分，进一步测试分析发现，12 时 54 分 565 号道岔由反位扳至定位后，表示电压曲线虽然良好，但 565 号道岔定位交流表示电压为 23 V（正常为 62 V），定位直流电压为 12 V（正常为 50 V），如图 2-2-16 所示。经逐步测试，判断为 565 号道岔阻容盒不良。

14 时 44 分至 14 时 47 分，电务处理人员要点更换了 565 号道岔阻容盒，更换后表示恢复，表示电压正常（图 2-2-17），并试验良好，于 14 时 49 分进行了销记。

后续测试不良阻容盒内电容值为 3.126 nF（图 2-2-18），远远小于正常的 4 μF，确定为 565 号道岔阻容盒内电容特性不良。

（三）问题研判

1. 发生故障未准确区分室内外。发生故障后应急人员分析不清、判断不准，在分线盘测试发现道岔表示电压低于正常值后，主观臆测为室外故障，没有进一步在分线盘甩线测试，室内外故障判断失误。

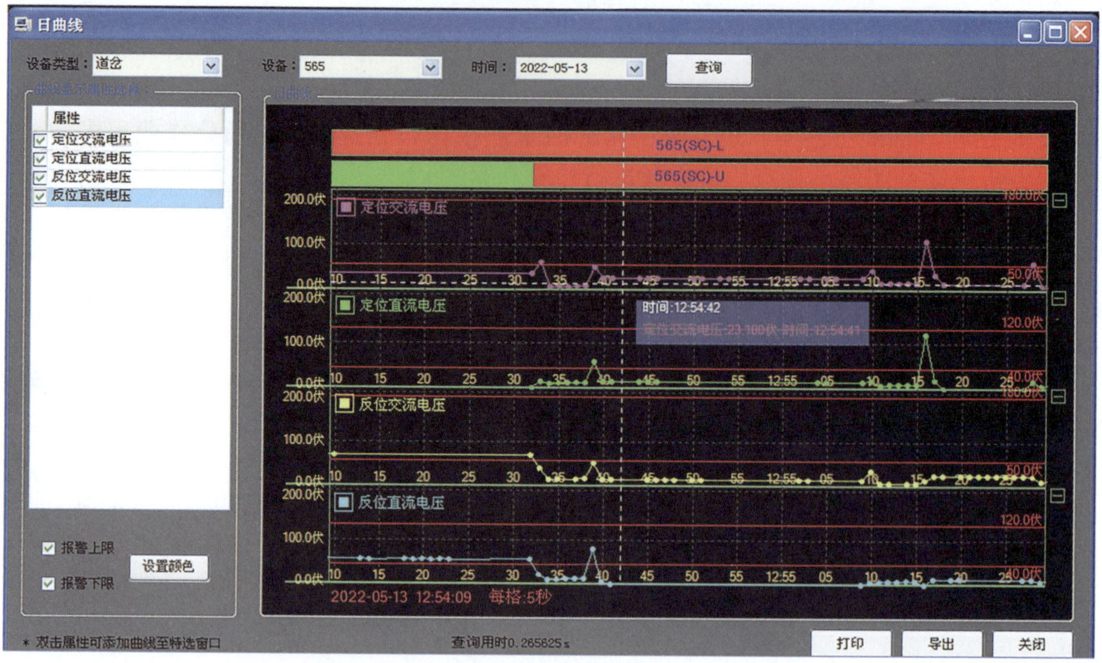

图 2-2-16 故障时 565 号道岔表示电压曲线

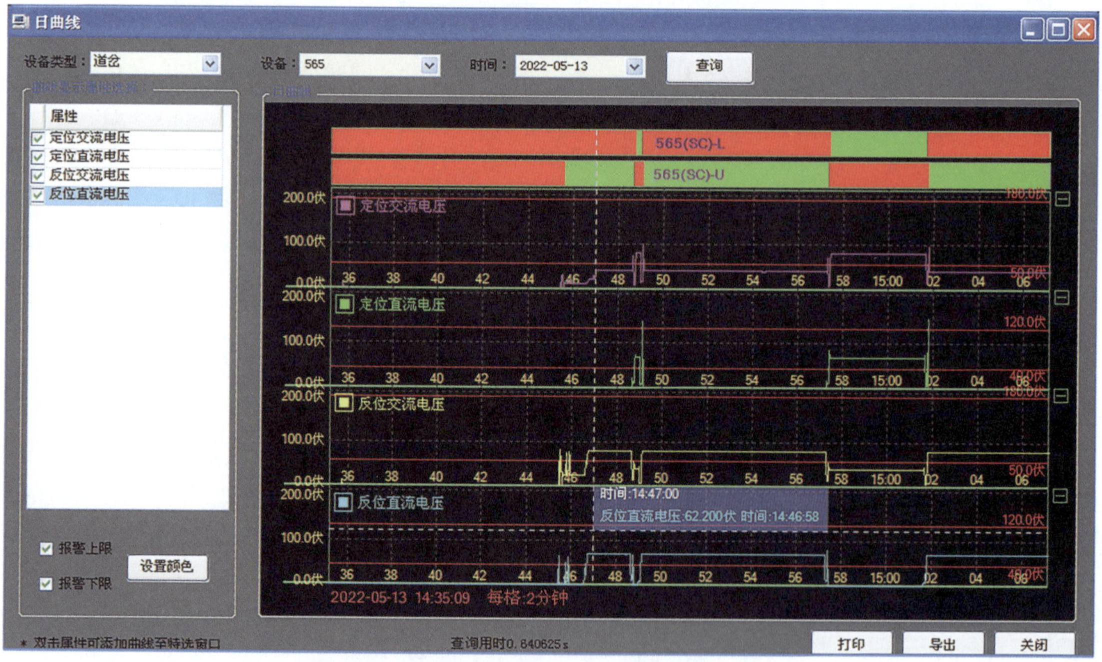

图 2-2-17 故障处理后 565 号道岔表示电压曲线

2. 道岔关键器材故障数据未掌握。班组职工对道岔表示继电器、阻容盒、硒盒等器材发生故障后的交直流电压数据变化不清楚，日常也缺乏相关数据积累，造成故障处置延时长。

（四）防范措施

1. 开展道岔电路以及设备电气特性方面知识的培训学习，准确掌握设备关键部件故障后的电气特性参数，提升道岔电路技术业务水平和应急处置能力。

2. 组织学习应急处置流程和处理方法，发生道岔无表示故障，先在分线盘甩线测试区分室内外故障，根据故障后的交直流表示电压数据，缩小故障范围。

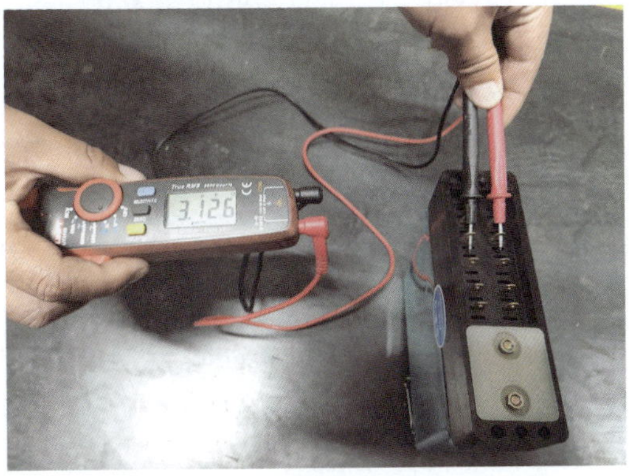

图 2-2-18　不良阻容盒内电容测试

案例 12　电缆特性不良造成道岔无表示

（一）故障概况

某日 13 时 42 分，涿州站 12 号道岔反位无表示，14 时 42 分经电务处理后恢复。

故障原因：涿州站内电缆盒 CH2 至电缆盒 CH4 之间 12 号道岔使用的电缆芯线对地绝缘不良，造成 12 号道岔反位无表示。

（二）分析处置

信号工区人员接到故障信息后，立即确认现象，汇报车间、电务段调度，登记设备停用后赶赴现场处理。

14 时 01 分，应急处置人员到达 12 号道岔处对设备进行检查，检查道岔外观良好，观察道岔密贴良好，检查转辙机内部配线良好，表示缺口符合标准。

14 时 14 分，要点扳动一个往返后反位表示恢复，随后对道岔进行了全面检查，扳动试验，未发现其他异常。14 时 42 分销记。

15 时 03 分，通过信号集中监测数据对故障进行分析，发现道岔反位表示电压波动，呈下降趋势，13 时 41 分时电压下降至低于表示继电器吸起值（图 2-2-19），造成道岔失去表示，初步分析怀疑电缆绝缘特性不良。

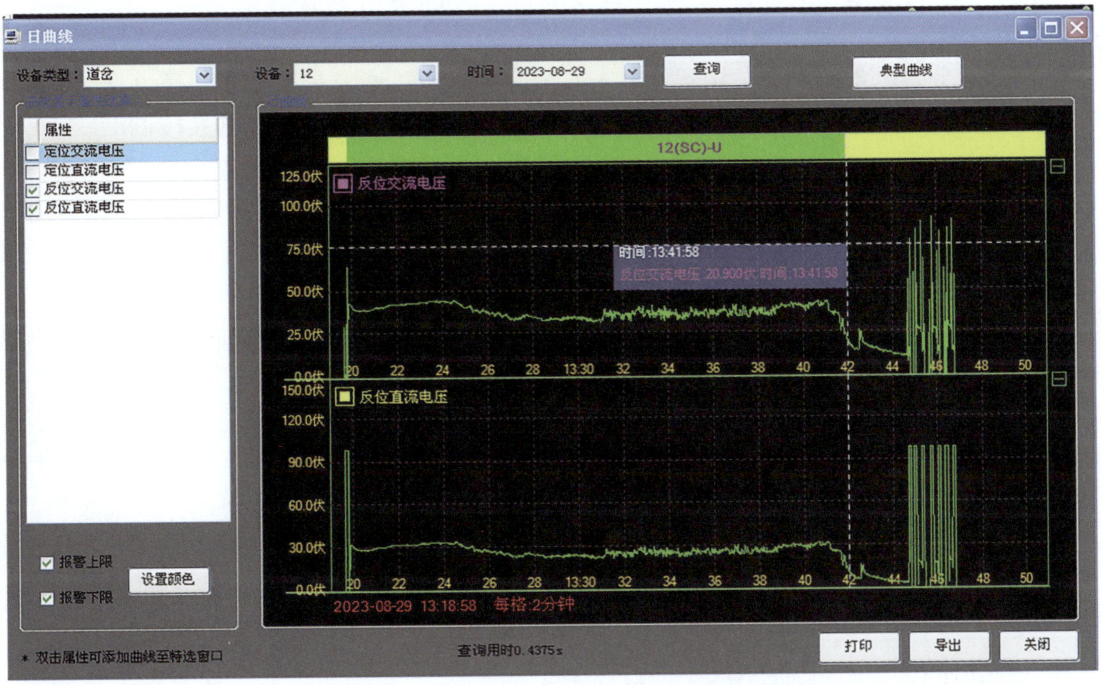

图 2-2-19　12 号道岔表示电压曲线

15 时 20 分，对电缆进行检查测试，发现 12 号道岔 X1、X2、X3、X4 对地绝缘阻值为 0 MΩ，贯通电缆阻值同样为 0 MΩ，判断为电缆对地绝缘不良，采取逐段测试的方法，组织进一步查找，确认为电缆盒 CH2 至电缆盒 CH4 电缆对地绝缘不良。后续要点对故障电缆进行了倒接处理。

（三）问题研判

1. 信号集中监测系统运用不到位。对道岔的查看测试重点放在了道岔动作电流曲线上，道岔表示电压曲线查看不细致、不全面，未能及时发现 12 号道岔故障前反位表示电压出现波动的问题，错失了设备隐患排查整治的最佳时机。

2. 应急处置培训存在差距。在应急处置过程中，由于通过扳动道岔，反位表示能够恢复良好，干扰了处置人员对故障点的判断。

（四）防范措施

1. 强化应急处置培训。日常的教育培训把设备故障的应急处置程序、集中监测数据分析等作为重点，提高现场职工对集中监测数据及电气特性测试数据的分析能力，确保准确、快速判断故障点。

2. 强化电气特性测试分析。严格按照周期做好电缆全程对地绝缘测试，对测试数据进行认真分析，分析测试数据的变化趋势，对特性不良的电缆、劣化趋势明显的电缆要及时组织隐患排查处置。

案例 13　电缆盒内配线虚接造成道岔无表示

（一）故障概况

某日 20 时 35 分，滦平东站办理 87403 次列车Ⅰ道通过进路，2/4 号道岔由反位扳向定位时无表示，21 时 46 分经电务处理后恢复。

故障原因：2 号道岔电缆盒 D8 端子配线线脖长致 D7 端子短接。

（二）分析处置

20 时 37 分，电务值班人员接到滦平东站值班员通知“滦平东站至 2/4 号道岔无表示”，接到通知后，值班人员立即赶到运转室进行故障确认并通知车间值班干部及段调度。

接到故障信息后，车间干部联系 CTC 驻调度所人员对 2/4 号道岔进行扳动，确认 2/4 号道岔定反位无表示，立即组织工区值班人员赶往机械室进行测试；在机械室分线盘分别测试 F2-301-1/2 端子交流电压为 0 V，测试 2/4 端子直流电压为 0 V，甩开室外电缆，测试室内配线 F2-301-1/2 端子电压为 110 V，判断室外有短路点。

到达现场检查测试 2 号道岔电缆盒二极管两端 D7、D8 端子电压为 0 V，拆下二极管测试端子柱电压为 110 V，判断为二极管短路；对二极管进行更换后，故障恢复，室内测试 F2-301-1/2 端子交流表示电压为 60 V，继电器端电压为直流 20 V，经扳动试验定反位表示良好，于 21 时 46 分销点。对更换下的二极管进行测试，测试数值无异常，外观检查良好。

后续利用天窗点上线排查，分别对 2 号、4 号道岔转辙机内部及电缆盒配线进行检查发现：2 号道岔电缆盒 D8 端子上的配线线脖较长，并有多股铜线伸出，配线紧固时倾斜，与旁边 D7 端子有虚接现象，判断虚接短路为造成此次故障的原因。

（三）问题研判

1. 由于故障发生在夜间，故障处理人员在判断出短路故障后，更换二极管排查过程中，拆、装配线时将短路点断开，更换后故障恢复。由于当时光线不佳，影响视觉，未能找到准确原因。

2. 道岔施工源头质量不高，对道岔电缆盒内端子柱配线工艺标准不落实，配线线脖长紧固时倾斜与相邻端子虚接问题克缺整治不细致、不彻底。

（四）防范措施

1. 提高施工源头质量。坚持首件定标，落实重点技术措施，道岔电缆盒内端子柱配线要严格落实工艺标准，电缆芯线线环要加装辅助片。

2. 抓好新设备克缺整治。新设备开通前要组织平推检查，确保各部螺丝机械强度、电气端子配线连接质量，特别是配线线脖长、线环钳伤、套管脱落、安装歪斜的，要整治达标。

案例 14　信号集中监测配线短路造成道岔无表示

（一）故障概况

某日 13 时 28 分，唐呼线万全西站办理 56601 次列车Ⅱ道下行发车进路时，2/4 号道岔由定位扳动至反位时，定反位均无表示，14 时 01 分经电务处理后恢复。

故障原因：机械室内防静电地板铁脚架磨破信号集中监测配线，封连造成 2 号道岔心轨 X3、X4、X5 芯线接地。

（二）分析处置

13 时 29 分，信号值班人员接到万全西站值班员通知“2/4 号道岔定反位无表示”。接到通知后，值班人员立即赶到运转室确认故障现象并向车间调度及段调度汇报。

处置人员在控制台扳动 2/4 号道岔的同时观察电流表动作，判断启动电流已经送出，此时，对 2/4 号道岔进行反复扳动，在扳动过程中，室内 2/4 号道岔启动断路器出现 2 次断开，怀疑电路中有混线点。

工区处置人员到达现场后，立即联系室内扳动 2/4 号道岔尖、心轨进行检查，在扳动检查过程中发现，2 号道岔心 2 由定位扳动到反位后，1/3 排动接点往返动作，通过故障现象确认为混线故障。

13 时 58 分，2/4 号道岔在扳动过程中反位表示恢复。

16 时 00 分，上线对 2/4 号道岔尖、心轨内部配线进行检查未发现异常，在使用兆欧表进行电缆对地摇测时发现，2 号道岔心轨 X3、X4、X5 芯线对地电阻分别为 0 MΩ、0 MΩ、1.5 MΩ，判断为接地。

利用临时点，将分线盘 2/4 号道岔室内外及信号集中监测配线全部甩开，摇测室外电缆对地阻值均大于 20 MΩ，摇测室内配线对地阻值均大于 20 MΩ，摇测信号集中监测配线时发现 X3、X4、X5 端子上的信号集中监测配线对地阻值分别为 0 MΩ、0 MΩ、1.5 MΩ，判断是信号集中监测配线接地混线；立即对走线槽、防静电地板下部配线进行检查，在查找到走线槽与防静电地板拐角处时，发现防静电地板铁脚架磨破信号集中监测配线（图 2-2-20），配线与铁脚架封连造成接地，立即对配线进行更换处置。

图 2-2-20　信号集中监测配线破皮现场

（三）问题研判

1. 设备巡视质量不高。没有抓住室内巡视的重点，平日只是对监测电压报警、电器元件有无过热、器材插接状态等进行检查，忽略对集中监测配线的隐患排查。

2. 电气特性测试分析不到位。日常未能通过对道岔电缆全程对地绝缘摇测，准确掌握电缆电气特性变化，及时做好隐患排查处置。

（四）防范措施

1. 加强机械室巡视检查。一是对机械室内各部器材表示灯、组合架侧面端子、各部配线认真做好日常巡视检查，发现异常及时整治克服。二是对日常检查有难度、不容易发现的隐蔽处所设备加强隐患排查。

2. 加强电气特性测试管理。在做好日常设备电气特性测试的基础上，要充分利用信号集中监测设备，加强对道岔曲线、轨道电压曲线、电缆全程对地绝缘等设备运用状态的动态监测，发现数据变化及设备报警信息，及时查清原因。

案例 15　断相保护器不良造成道岔不能正常转换

（一）故障概况

某日 20 时 49 分，双桥下行场办理 2559 次列车Ⅱ道通过进路时，113 号道岔反位扳至定位时无表示，经电务处理后 22 时 12 分恢复正常。

故障原因：双桥下行场 113 号道岔心 2 牵引点断相保护器电气特性不良。

（二）分析处置

20 时 50 分，电务值班人员接车站值班员通知“113 号道岔定位无表示”，接到通知后，值班人员立即赶到运转室进行故障确认，经扳动试验确认 113 号道岔反位正常，113 号道岔尖 1 至尖 6 定位表示正常，113 号道岔心 1、心 2、心 3 定位无表示后立即在“运统 46”内登记停用。同时通知车间值班干部及室外值班人员前往现场进行检查。

21 时 10 分，工区处置人员到达现场发现 113 号道岔心轨未转换，立即通知室内人员进行查找。

21 时 50 分，车间处理人员到达机械室后，要点进行道岔扳动，在扳动过程中检查 113 号道岔组合内继电器动作状态并进行测试。处理人员结合现场扳动现象，发现心轨 3 个牵引点均未动作，更换心 1 断相保护器后未恢复，立即对 113 号道岔心 1、心 2、心 3 牵引点的断相保护器进行测试，发现心 1 断相保护器输出电压为 24 V（正常），心 2 断相保护器输出电压为 14.5 V（正常值为 24 V）。输出电压低于标准值，立即要点更换该断相保护器。更换后对道岔进行往返扳动，确认室内道岔定反位表示良好，室外人员现场确认 111/113 号道岔定反位动作及密贴良好，于 22 时 12 分销点交付使用。

断相保护器（DBQ）和保护继电器（BHJ）电路如图 2-2-21 所示。

（三）问题研判

1. 应急处置人员对故障处理流程不清晰。道岔发生故障后，故障处理人员未能正确区分室内外故障点，盲目赶往现场，到达现场发现道岔未动作后又返回机械室，延误应急处置时间。

2. 应急处置人员对特殊电路掌握不足。111/113 号道岔为 9 机牵引道岔，为避免动作电流过大，启动电路采用传递逻辑控制 1DQJ 吸起及自闭。当现场处理人员发现心轨 3 个牵引点均未动作时，主观臆测心 1 断相保护器故障，未能掌握电路中 2DQJ、切断继电器的作用。

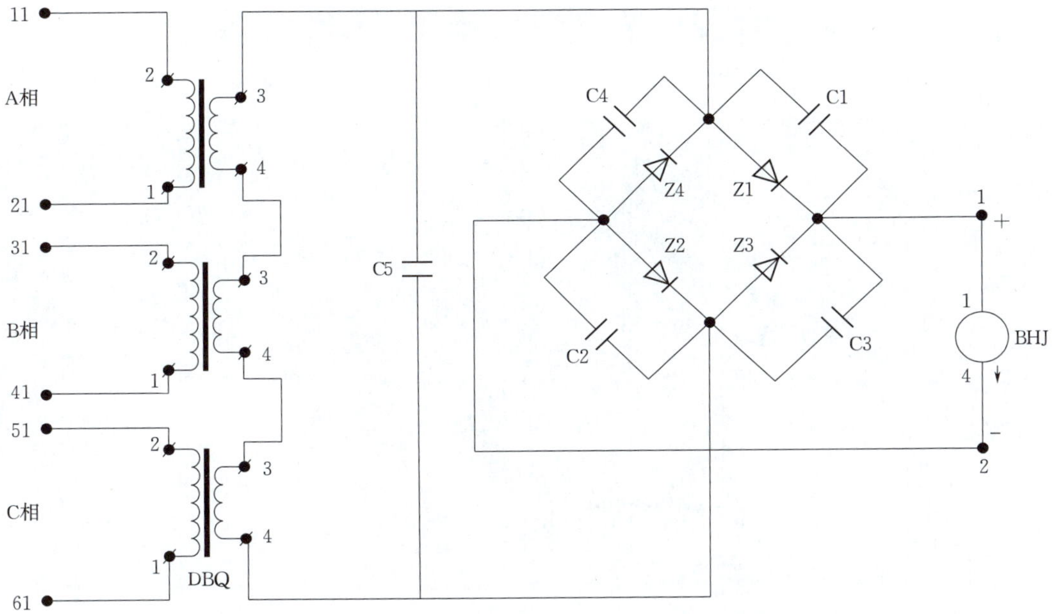

图 2-2-21　断相保护器（DBQ）和保护继电器（BHJ）电路

（四）防范措施

1. 日常认真做好 ZYJ7 道岔断相保护器电特性测试，发现电气特性不良的及时更换处理。

2. 组织做好管内特殊电路及联锁关系的培训工作，着重对重点 ZYJ7 道岔、区间改方电路及站内区间结合电路等特殊电路进行培训，掌握各部器材的用途及故障后的电气特性数据，提高电路故障分析判断能力。

3. 严格落实故障处置流程。发生故障时先在分线盘测试区分室内外故障。

案例 16　电动机定子引接线断线造成道岔不能正常转换

（一）故障概况

某日 5 时 40 分，津山线包官营站办理 5 道发车进路时，1/3 号道岔定位扳动至反位后无表示。5 时 59 分恢复定位行车，经现场临时处理，10 时 32 分恢复反位表示。

故障原因：液压站电动机内部定子引接线开焊断线造成道岔二动不能扳动到位，无表示。

（二）分析处置

接车站故障通知，信号值班人员到运转室确认故障现象，登记停用设备后通知段调度及车间。

处理人员经对信号集中监测动作电流曲线分析，发现道岔由定位向反位扳动时，3 号道岔动作电流正常，1 号道岔动作电流曲线锁闭时间较正常曲线多 3 s（图 2-2-22），怀疑室外磨卡故障。

处理人员到达现场，立即上线扳动道岔，发现 3 号道岔正常扳动至反位，1 号道岔主机已到位，副机没有到位，道岔停转。处理人员怀疑道岔因挤雪、密贴力不标准等原因造成道岔未能扳到位，立即对轨间及顶铁下方进行检查，未能发现问题。

车间干部赶到现场，6 时 47 分处理人员联系扳动道岔，发现 3 号道岔能够正常转换到位，1 号道岔液压站电动机不能动作，怀疑 1 号道岔启动电路或电动机存在故障。故障时 1 号道岔动作电流曲线如图 2-2-23 所示。

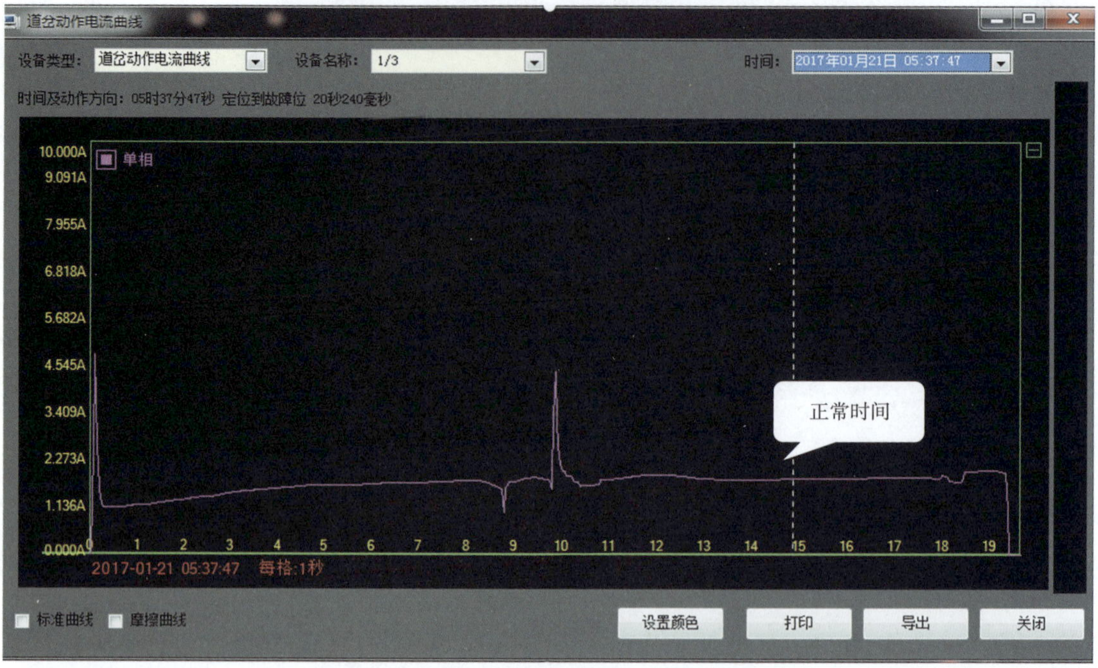

图 2-2-22 故障时 1 号道岔动作电流曲线（1）

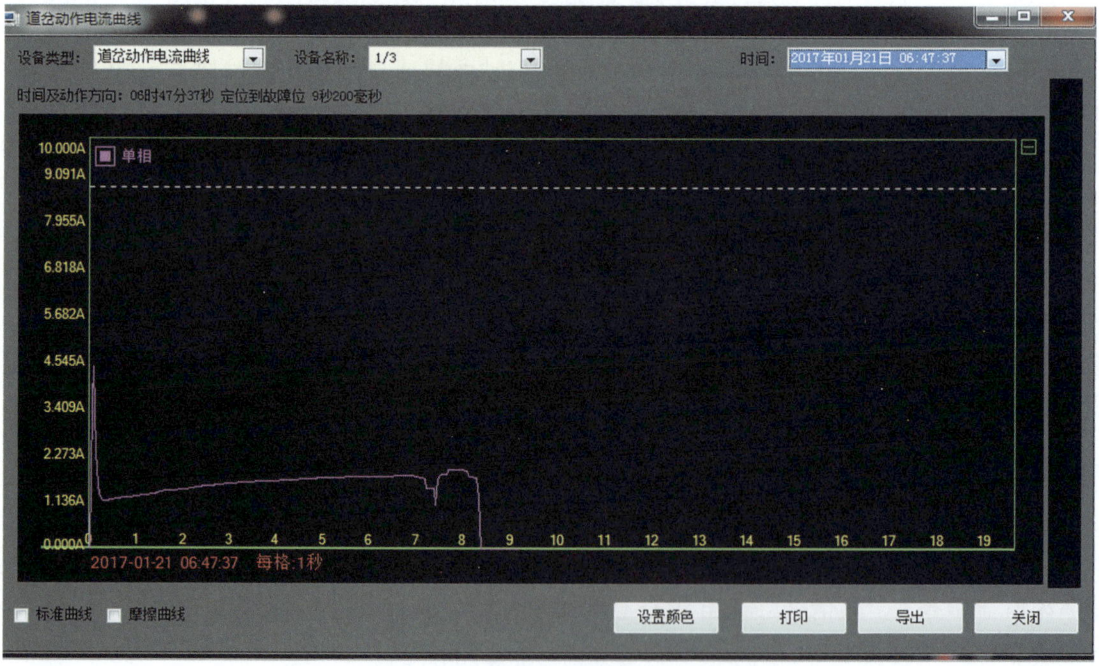

图 2-2-23 故障时 1 号道岔动作电流曲线（2）

处理人员 7 时 05 分至 7 时 20 分利用故障天窗调试 1/3 号道岔。经甩线测试，1 号道岔液压站电动机线圈 01 和线圈 03 间电阻为无穷大（正常值为 16.5 Ω），判断为电动机线圈内部不良。7 时 35 分，备用液压站送到现场。7 时 37 分至 8 时 00 分调试 1/3 号道岔，10 时 29 分至 10 时 31 分要点进行扳动试验，10 时 32 分销记。

对液压站电动机入所进行分解检查，发现上定子引线与另外两根引线分离，正常情况下上定子引线、下定子引线及碳刷引线三根线接在一起。

（三）问题研判

1. 故障原因判断不准确。工区人员在室内观察故障时动作电流曲线，只是发现故障曲线较正常曲线多 3 s，便认为是摩擦曲线，臆测故障原因为道岔转辙部位挤雪造成，没有采取借表示电源查启动电路的方法进行测试判断。

2. 日常应急演练不到位。更换液压站作业中，应急处置人员不清楚更换液压站的作业流程和安全关键。

（四）防范措施

1. 班组职工要加强道岔故障实操演练，掌握借道岔表示电源查找启动电路故障的方法。

2. 道岔集中检修要对液压站电动机打开刷窝盒取出碳刷进行检查，认真做好电动机定子线圈、转子线圈电阻测试，发现异常及时处置。

案例 17　外锁闭装置磨卡造成道岔无表示

（一）故障概况

某日沙河市站办理 K262 次列车 7 道发车进路，13/15 号道岔由定位扳至反位时无表示，11 时 14 分经电务处理后恢复。

故障原因：15 号道岔尖 1 定位侧锁钩与动作板磨耗，白天受气温升高的影响，道岔密贴力增大，造成道岔在扳动时不解锁。

（二）分析处置

电务值班人员通过信号集中监测查看发现，10 时 54 分 57 秒，沙河市站 15 号道岔由定位向反位扳动时道岔动作功率曲线为摩擦状态（图 2-2-24），判断为室外故障，立即携带工具、材料、仪表赶往现场处理。

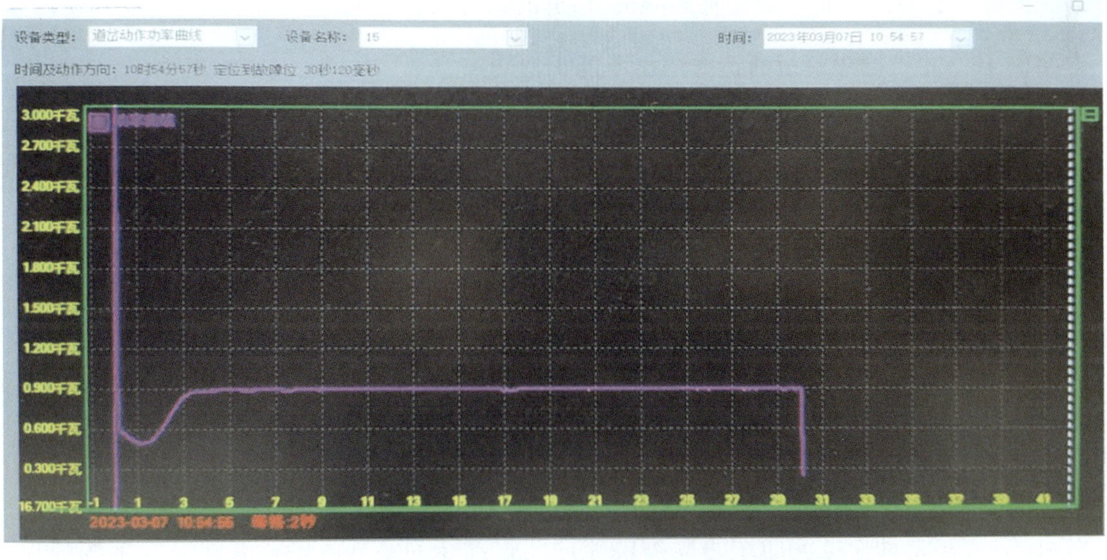

图 2-2-24　15 号道岔由定位向反位扳动时道岔动作功率曲线

11 时 05 分左右，电务值班人员赶赴现场后发现，15 号道岔由定位向反位扳动时不解锁。

11 时 12 分经处理后恢复，检查设备正常后于 11 时 14 分销记开通。

（三）问题研判

1. 道岔适应性检查调整不及时。故障发生在季节交替过渡期，故障时气温快速回升，昼夜温差较大，受钢轨热胀冷缩的影响，道岔几何尺寸发生变化。班组对气温回升带来的设备变化风险分析研判不足，没有根据近期气温回升快、昼夜温差大的特点，及时做好道岔适应性调整。

2. 外锁闭道岔隐蔽部位检查不到位。该组道岔为外锁闭道岔，通过天窗分解检查发现锁钩底部与动作板凸台有磨耗，由于该部位较为隐蔽，需通过分解锁钩的形式才能检查到，反映出班组对该部位分解检查不到位，未能及早更换磨耗部件。

（四）防范措施

1. 结合季节特点加强道岔维护整治。一是落实标准化作业流程，对规对标进行道岔集中检修。二是加强道岔适应性调整，落实道岔季节性检查整治要求，针对气温升高、昼夜温差大等季节特点，及时对道岔密贴力、表示缺口、溢流压力进行检查和适应性调整。三是加强道岔调整规律分析，道岔进行调整后及时做好归纳分析，掌握道岔季节性、周期性调整规律，有针对性地做好道岔检查调整工作。

2. 加强集中监测数据查看分析。一是加强道岔监测问题的排查整治工作，充分发挥各级监测部门，特别是车间分析控制工区的作用，对于解锁、锁闭动作电流或功率曲线异常的情况，认真分析并组织现场工区进行排查处置。二是各级值班人员发现道岔动作电流或功率曲线发生异常变化，经分析涉及工电结合部的问题，要第一时间通知工务的对应部门并做好记录。

3. 定期进行外锁闭装置分解检查。尖轨锁钩锁闭斜面磨耗限值不大于 3 mm、锁钩锁闭平面磨耗限值不大于 1 mm；锁闭杆凸台摩擦面磨耗限值不大于 1 mm，锁闭铁锁闭面磨耗限值不大于 3 mm。各班组应建立道岔外锁闭装置分解检查台账，定期对道岔锁钩、锁闭铁、锁闭杆进行分解检查，对磨耗超限的外锁闭部件进行更换。

案例 18　止挡栓尖端折断造成道岔不能正常转换

（一）故障概况

某日 15 时 18 分，京哈线唐山北站在办理 Y510 次列车 7 道发车进路时，1085/1089 号道岔定反位无表示。经电务现场处理，15 时 58 分 1085/1089 号道岔反位表示恢复正常，16 时 19 分定位表示恢复正常。

故障原因：转辙机内部止挡栓尖端部位断裂脱落。

（二）分析处置

信号工区值班人员接到故障通知，到达行车室确认故障现象，发现 1085 号道岔（ZYJ7 型转辙机双机牵引）定反位表示正常，1087/1089 号道岔（ZD6 型转辙机双动）定反位无表示。

经调取信号集中监测道岔动作电流曲线发现，1085 号道岔定反位扳动正常、表示良好，1087/1089 号道岔动作电流曲线为摩擦电流曲线，判断为室外故障，立即通知现场处理人员。故障时 1087/1089 号道岔动作电流曲线如图 2-2-25 所示。

15 时 25 分，电务故障处理人员到达现场，打开道岔转辙机机盖联系室内扳动试验，发现向反位操纵后，道岔到位后不能正常切断启动电路，电动机始终转动；联系室内向定位操作后能够切断启动电路，但是道岔不能向定位转动，接点组在“四开”状态。

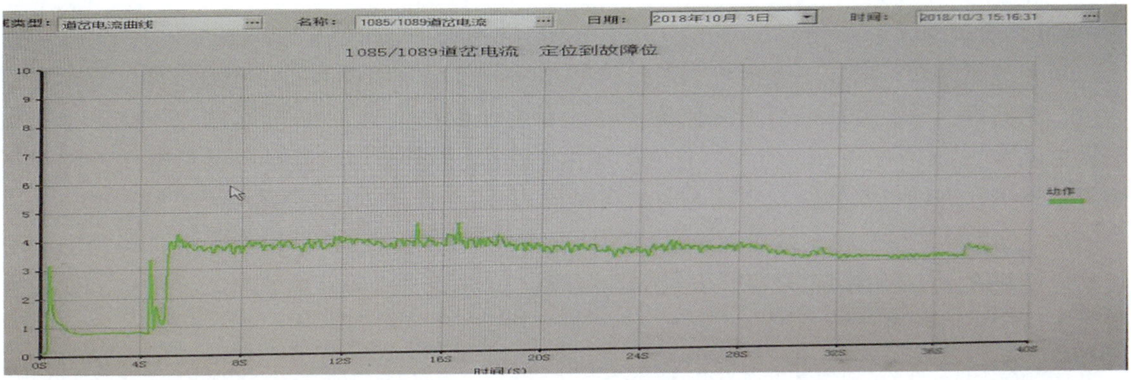

图 2-2-25　故障时 1087/1089 号道岔动作电流曲线

15 时 35 分，车间干部到达现场，检查道岔转辙机内部发现止挡栓尖端部位断裂脱落，脱落物边长 2 cm 左右。转辙机内止挡栓状态如图 2-2-26 所示。该部分脱落后止挡栓不再起作用，造成道岔转换到位后速动片继续转动，继而顶起已经下落的速动爪使本已闭合的 1 排和 3 排接点再次变为 1 排和 4 排闭合而沟通启动电路，造成电动机不能停转继续向反位扳动。

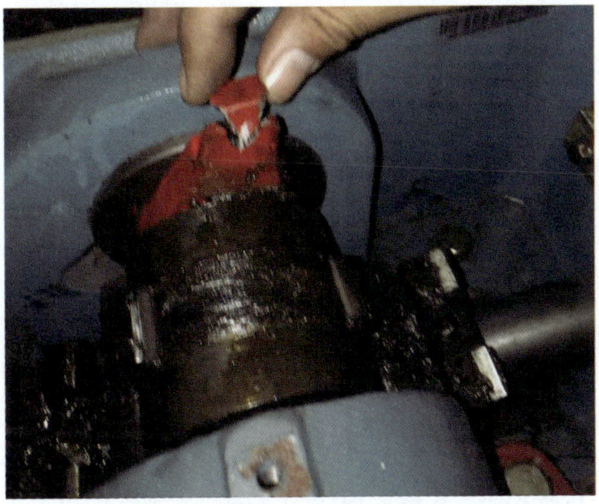

图 2-2-26　转辙机内止挡栓状态

处理人员要点于 17 时 39 分至 18 时 10 分对 1089 号道岔转辙机进行了整体更换，更换后经联锁试验正确交付使用。

（三）问题研判

1. 应急处置人员慌乱，心理素质不过关。工区处理人员到现场发现道岔不能停转后没有认真检查转辙机内各部设备状态，盲目认定是电路出现问题，错过了第一时间发现故障点的机会。

2. 班组日常对侧支线设备检查不到位，没有利用检修机会查看设备状态是否正常、是否存在碎裂隐患，错过了解决隐患的机会。

（四）防范措施

1. 加强 ZD6 道岔故障应急处置实操演练，根据故障实例模拟各类故障场景，提高职工应急处置能力。

2. 组织侧支线 ZD6 道岔平推检查，对道岔安装装置、杆件及转辙机机内部件的机械强度进行重点检查，对存在铁质裂纹的及时组织更换。

3. 检修车间对出所的 ZD6 型电动转辙机严格进行程序、标准进行检查，确保出所质量。

案例 19　斥离口卡口造成道岔无表示

（一）故障概况

某日 16 时 34 分，K1302 次列车在马铺营站通过后，10/12 号道岔定位无表示。16 时 58 分、18 时 20 分 10/12 号道岔多次发生定位无表示故障。18 时 22 分经电务处理后恢复。

故障原因：斥离口卡口。

（二）分析处置

接到故障通知，信号工区值班人员赶往行车室，登记停用设备后，汇报段调度及车间。

车间处理人员经调取信号集中监测道岔表示电压曲线发现，10 号道岔 16 时 34 分交流电压由正常的 58.3 V 升至 106 V，直流电压由 20.7 V 降至 0 V，测量分线盘电压相同，判断为室外道岔表示电路开路，申请临时故障抢修点。

16 时 42 分，在站内无接发列车进路的情况下经双人确认解锁遗留白光带，经两次扳动道岔后恢复表示。16 时 55 分室外人员到达现场，10 号道岔故障恢复正常，经检查未发现设备隐患后于 16 时 58 分销点。

因故障已经恢复，在现场值守盯控的处理人员对 10 号道岔外观及转辙机内部接点、表示缺口进行了外观检查及测量，未见异常，准备申请临时点上道对道岔进一步排查。16 时 34 分至 18 时 18 分期间，10/12 号津山上下行共通过列车 17 列。

18 时 20 分，37082 次列车在马铺营站 4 道进站时，10/12 号道岔定位在过车时再次无表示，电务处理人员现场确认为 10 号道岔表示杆斥离口将定位表示第三排接点顶起，动接点打入静接点深度不足失去表示。表示接点顶起的机内情况如图 2-2-27 所示。

图 2-2-27 表示接点顶起的机内情况

18 时 22 分，电务处理人员处理后恢复。随后，处理人员要点上道对道岔进行检查，发现道岔副机定位斥离轨开程为 91 mm，反位斥离轨开程为 79 mm，定反位存在不均现象（标准为 75 mm±5 mm，偏差不超过 2 mm）。检查副机定位侧斥离轨限位铁固定螺栓松动，造成距锁铁有 15 mm 间隙（标准为 0～3 mm），无法起到限制、固定斥离轨作用。查找到原因后将道岔定反位斥离轨开程调整为 80 mm，限位铁进行标调。道岔表示良好，18 时 30 分现场通知室内销点。

（三）问题研判

1. 外锁闭道岔调整检查不到位。工区标准化作业检修制度执行不到位，工区职工日常道岔检修过程中对外锁闭道岔只重视密贴侧参数标调，对斥离侧开程、限位铁标调不重视。标准不清楚，未纳入日常检修、维护重点，造成静态隐患问题不能够及时发现，过车震动致使故障发生。

2. 故障处理经验不足，故障处理手段单一，无法及时准确排查出故障点。对动态过车道岔无表示，扳动后恢复故障，班组、车间干部、职工故障处理经验不足，设备恢复后无从查找，只能够现场被动盯控，缺乏故障处理手段、方法。

3. 应急处置不果断。故障处理人员存在侥幸心理，盲目认为故障已恢复，通过人员盯控可防止故障发生，未采取有效措施。未通过动态过车有效盯控道岔设备状态，未能研判限位铁固定螺栓松动造成的尖轨开程虚开导致道岔失去表示隐患。

（四）防范措施

1. 现场车间做好外锁闭道岔季节性调整工作，针对外锁闭道岔的斥离口卡口、油缸反弹等惯性故障隐患，加强排查整治。

2. 班组职工要熟悉掌握 ZYJ7 外锁闭道岔各牵引点的开程标准及测量方法，整治消除道岔尖轨开程虚开隐患。

案例 20　外锁闭部位挤异物造成道岔不能正常转换

（一）故障概况

某日 15 时 31 分，唐山津秦场自动触发 D27 次列车 7 道发车进路，122 号道岔由定位扳至反位时反位无表示，16 时 10 分经电务处理后恢复。

故障原因：122 号道岔心轨在扳动过程中因石英砂挤在锁钩摩擦面间，造成锁闭铁与锁钩卡死、道岔外锁闭部分不解锁。

（二）分析处置

15 时 31 分，值班信号工通过信号集中监测报警发现唐山站津秦场 122 号道岔心轨定位到反位道岔异常动作报警且道岔无表示报警，立即电话通知当班工长、车间值班干部及段调度指挥中心。

驻站联络员立即前往运转室，确认唐山津秦场自动触发 D27 次列车 7 道发车进路时，122 号道岔（ZYJ7 型电液转辙机 5 机牵引）心轨由定位扳至反位时反位无表示。作业负责人随即联系 CTC 登记停用设备，申请抢修点。

调取信号集中监测曲线，发现 122 号道岔心轨正常转换功率为 253 W，正常转换时间约 8 s 左右。15 时 29 分故障时，道岔扳动 3 s 后功率曲线由 284 W 升至 679 W。初步判断道岔心轨未能正常解锁，立即通知现场做好应急准备。122 号道岔心轨动作功率曲线如图 2-2-28 所示。

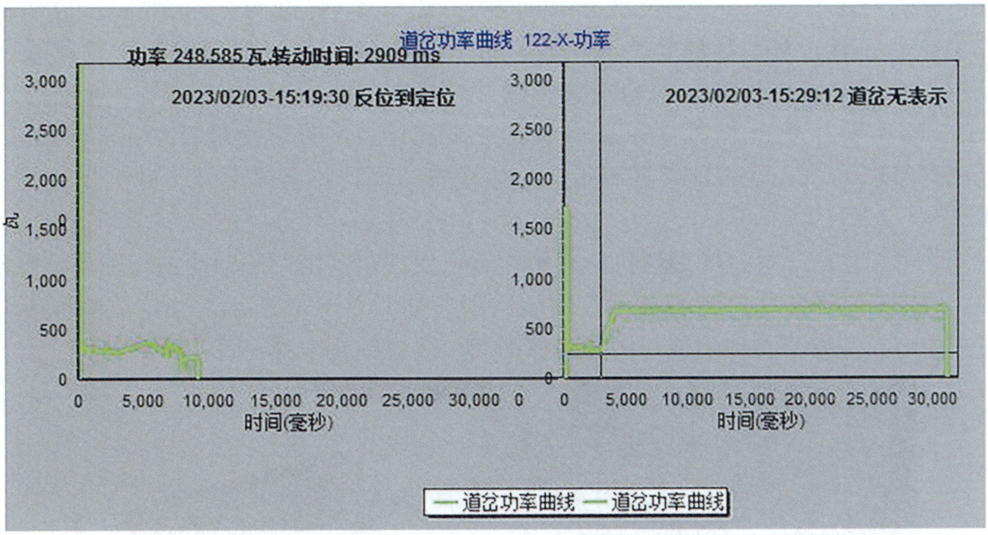

图 2-2-28　122 号道岔心轨动作功率曲线

16 时 01 分 CTC 批准故障抢修上线，应急人员上线赶往 122 号道岔处。到达 122 号道岔处联系扳动，发现 122 号道岔心 2 定位向反位扳动时不解锁，处理人员用脚踩踏动作杆后，锁钩发出声响后道岔解锁且扳动到位，反位表示良好。处理人员再次联系扳动多次后未发生不解锁现象，道岔表示正常。16 时 10 分处理人员下道完毕后通知 CTC 销点。室内调取道岔功率曲线，发现在处理人员外力敲打道岔时，功率曲线有明显变化，16 时 10 分 22 秒瞬间升至 644 W 后恢复正常扳动功率曲线，道岔随即转换到位，表示良好。应急处置时的道岔动作功率曲线如图 2-2-29 所示。

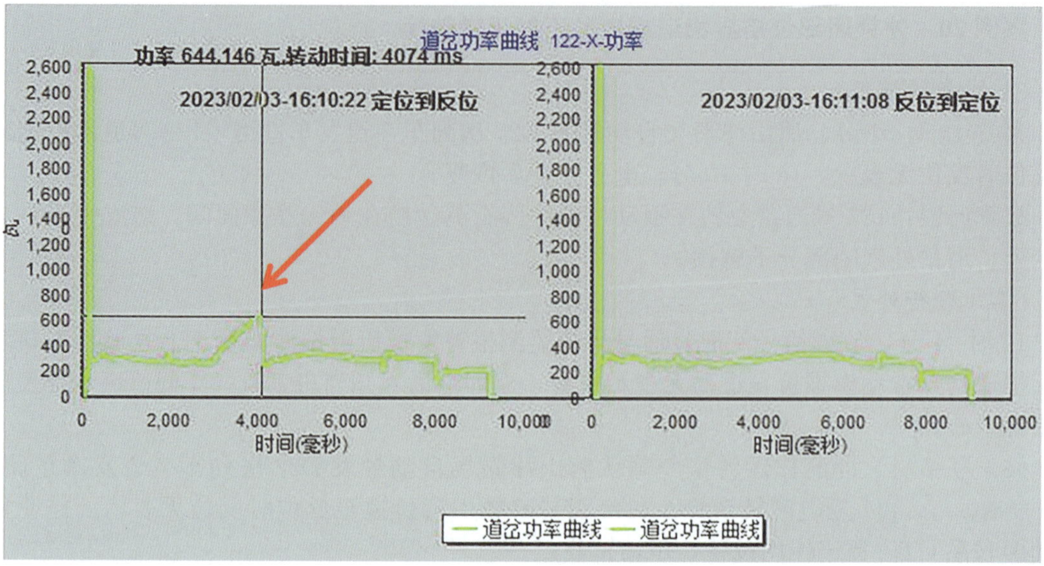

图 2-2-29　应急处置时 122 号道岔动作功率曲线

次日凌晨天窗点，联合工务上道对 122 号道岔进行全面检查。经工务检查，确定 122 号道岔工务各部尺寸符合标准，心轨外侧顶铁符合标准。

经电务检查，确定心轨外锁闭装置、杆件螺栓紧固良好，防松帽、开口销齐全良好，动作杆及转辙机安装水平良好，限位铁与锁框间隙为 1 mm（标准为 0～3 mm）。扳动检查道岔动作平顺，锁闭、解锁顺序均为先一动动作、后二动动作。扳动过程中锁闭板、锁钩在锁框内自由活动，无侧磨、别劲现象。测试转辙机动作压力为 5 MPa（标准为不大于 10 MPa），溢流压力为 14 MPa（标准为不大于 14 MPa）。对道岔进行 2 mm/4 mm 试验，2 mm 正常锁闭，3.5 mm 不能接通表示。上述检查结果均符合该型号转辙机相关技术标准及要求。

对 122 号道岔心 2 外锁闭装置进行分解检查，发现道岔定位侧锁闭铁与锁钩摩擦面有明显划痕，周围有动车组撒过的石英砂。锁闭铁划痕如图 2-2-30 所示。确定故障原因为道岔扳动过程中有石英砂挤在锁闭铁与锁钩摩擦面间，造成锁钩卡死、道岔不解锁。

图 2-2-30　锁闭铁划痕

（三）问题研判

1. 外锁闭装置隐蔽部位检查清扫不彻底。锁闭杆凸台与锁钩锁闭平面、锁闭铁锁闭面与锁钩锁闭斜面位置存在隐患，进入沙砾后日常不易检查，班组对关键道岔外锁闭部位异物清理不到位。

2. 职能科室专业管理不到位，没有针对道岔外锁闭部位挤石英砂磨卡惯性问题进行攻关整治，在定期组织外锁闭装置分解检查、配备专用清扫工具方面存在差距。

（四）防范措施

1. 细化道岔外锁闭重点检查部位及方法，定期对道岔外锁闭装置进行清扫注油。同时加强对各站发车进路设备周围环境进行检查，发现有撒砂痕迹的，要及时申请天窗进行清除，避免沙砾落入外锁闭部位影响扳动。

2. 检查外锁闭装置部件磨耗超过限值的，要利用天窗点进行外锁闭装置分解打磨或更换，消除道岔外锁闭装置磨卡隐患。

3. 针对多点牵引道岔动作不同步问题，使用手摇把转换道岔，各牵引点解锁压力偏差超过 2 MPa 的，对解锁力最大的转辙机进行重点调整，降低解锁力，达到各牵引点解锁力基本平衡要求。

案例 21　表示杆调整螺丝松动造成道岔无表示

（一）故障概况

某日 1 时 55 分，奇峰塔站办理 K604 次列车Ⅱ道通过进路时，1/3 号道岔由反位扳至定位时定位无表示，3 时 18 分经电务处理后恢复正常。

5 时 23 分，奇峰塔站办理 27046 次列车 3 道发车进路时，1/3 号道岔由定位扳至反位时反位无表示，6 时 18 分经电务处理后恢复正常。

故障原因：1 号道岔主机外表示杆调整螺栓底母紧固不良，造成定反位表示缺口保持不住，发生表示缺口卡口。

（二）分析处置

接到故障通知后，信号工区值班人员汇报后，立即从工区赶往奇峰塔站（管辖外站）。车间值班干部也赶赴故障地点。

2 时 45 分，应急处理人员到达奇峰塔站。确认现象并登记停用后，赶赴现场进行故障处理。3 时 01 分，处理人员上线进行设备检查，联系室内将 1 号道岔扳动至定位，发现 1 号道岔主机定位表示缺口卡口（副口），立即进行了调整。3 时 12 分，经调整后道岔定位表示恢复。随后处理人员联系室内对道岔进行往返扳动试验，经试验检查道岔定反位动作及表示均良好。

5 时 26 分，工区值班人员再次接到故障信息。5 时 58 分，应急处理人员到达奇峰塔站。6 时 10 分，应急处理人员到达现场 1 号道岔位置，发现 1 号道岔反位表示缺口卡口（主口），仔细检查主机外表示杆连接调整螺栓底母松动（图 2-2-31），立即进行了紧固，紧固后对表示缺口进行调整；6 时 18 分，经检查试验道岔运用状态良好无异常后，电务进行故障销记。

图 2-2-31　现场松动螺丝部位

（三）问题研判

1. 业务素质需提升。发生定位表示缺口卡口故障后，应急处置人员调整定位表示缺口后故障恢复，但未对造成缺口变化的具体成因进行细致分析，虽然调整后进行了扳动检查，但没有发现外表示杆调整螺栓底母紧固不良的隐患问题。在后续列车通过时产生的震动作用下，螺栓松动产生的旷量造成了再次扳向反位时，反位表示缺口保持不住进而又发生反位表示缺口卡口故障。

2. 设备维护质量低，作业标准化落实有差距。设备巡视、检修质量不高，检查不细致，未能及时发现螺栓底母紧固不良的隐患问题；对季节性设备检查重点要求落实不到位，工作走过场。

（四）防范措施

1. 落实道岔标准化检修流程。道岔集中检修要严格按照作业指导书，对道岔安装装置、外锁闭装置、各部杆件的螺栓和螺母进行检查、紧固，对道岔机械特性、电气特性进行标调，提高检修质量。

2. 抓实道岔设备质量验收。电务段、车间要严格设备质量验收管理，定期组织设备质量抽验，重点对各部螺栓紧固情况、道岔几何尺寸、液压转辙机溢流压力和道岔 4 mm 不锁闭等关键项目进行检查验收，指导班组提升设备运用质量。

案例 22　尖轨密贴力大造成道岔不能正常转换

（一）故障概况

某日 17 时 46 分，落垡站在办理 K285 次列车Ⅰ道通过进路时，6/8 号道岔由反位扳至定位时定位无表示，经电务处理后 18 时 16 分恢复。

故障原因：6 号道岔心轨定位密贴力大导致定位不锁闭。

（二）分析处置

17 时 46 分，电务值班人员接车站值班员电话通知“6/8 号道岔定位无表示”。值班人员接到通知后立即到达运转室，扳动 6/8 号道岔，通过观察信号集中监测曲线发现 6 号道岔心轨反位向定位扳动时摩擦，定位无表示，如图 2-2-32 所示。确认故障现象后，立即汇报车间及段调度。

段调度接到故障汇报信息后，立即启动故障应急预案。

工区处置人员 17 时 55 分到达现场，联系室内扳动 6/8 号道岔时，检查发现反位向定位扳动过程中 6 号道岔心轨第一牵引点定位密贴力过大，撤除 0.5 mm 调整片后，扳动试验良好，18 时 16 分销点恢复使用。

（三）问题研判

1. 工区职工日常巡视检查中未能提前发现该组道岔机械特性变化，致使设备隐患未及时发现。

2. 车间包保干部未认真履行干部职责，在天窗维修跟班作业全过程盯控时，对重点道岔转辙机设备把关不严，造成道岔存在安全隐患。

（四）防范措施

1. 加强高温时段道岔密贴力量调整。高温时段采取敲打锁钩、松开锁框扳动的方式释放道岔应力；使用 2 mm 试验板检查道岔锁闭和解锁状态，做好密贴力调整。

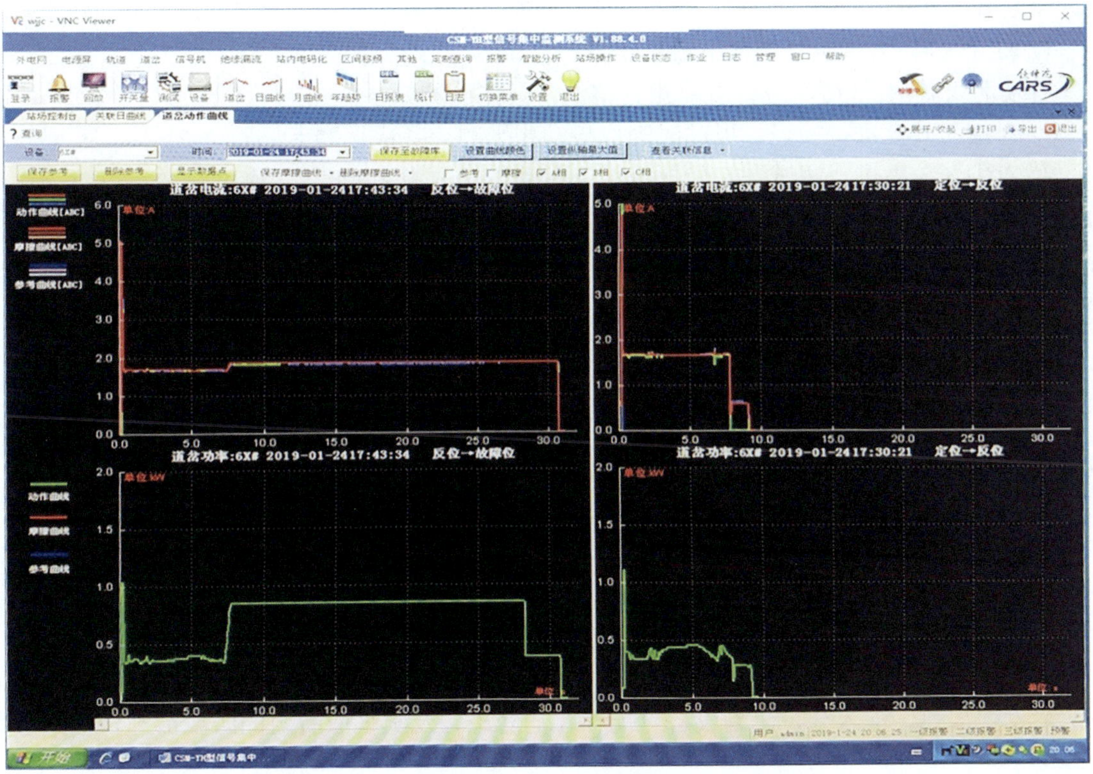

图 2-2-32　故障时 6 号道岔心轨动作电流曲线

2. 细化道岔转辙机机内外注油标准，明确不同部位需使用的不同润滑油标准，保证润滑效果。

3. 规范外锁闭装置磨耗检查方法。采取改变钩头位置、检查密贴力的方式，研判外锁闭装置配件磨耗情况，发现问题重点分解，磨耗超过限值的采取打磨处理或更换措施。

4. 针对 ZYJ7 型电液转辙机油路内漏问题，结合道岔集中检修，使用手摇把测试溢流压力，预防性更换溢流压力达不到 9 MPa 的转辙机。

案例 23　S700K 型电动转辙机转换力不足造成道岔不能正常转换

（一）故障概况

某日 17 时 07 分，沧州西站 CTC 自动触发 G37 次列车 3 道发车进路时，12 号道岔由反位扳至定位时定位无表示，17 时 35 分经电务上线处理后恢复。

故障原因：12 号道岔尖 3 定位侧道岔转换拉力小，造成道岔由反位向定位扳动时摩擦无表示。

（二）分析处置

电务值班人员接到故障通知后立即到运转室，确认故障现象为 12 号道岔由反位向定位扳动时定位摩擦无表示，初步判断为室外故障。

17 时 15 分，处理人员准备应急处理工具并向 CTC 申请故障上线命令后，赶赴站台通道门待命准备上线进行故障处理。

17 时 21 分，接 CTC 通知允许上线命令后处理人员立即赶赴现场进行故障处理。

17 时 25 分，处理人员到达现场，经扳动检查发现 12 号道岔尖 3 定位侧转辙机内锁舌未弹出，导致道岔由反位扳至定位时摩擦无表示，经处理后扳动试验，道岔定反位表示良好。

17 时 35 分，人员机具全部下道后销点。

后续上线对 12 号道岔进行故障排查整治，具体情况如下：

1. 对道岔外观进行检查，扳动时动作板动作平顺，各部无磨卡。

2. 对尖 3 拉力进行测试：定位扳至反位时动作拉力为 2 600 N、反位扳至定位时动作拉力为 3 000 N；定位扳至反位时摩擦拉力为 3 700 N、反位扳至定位时摩擦拉力为 3 300 N。随后工区人员对道岔拉力进行调整，调整后定位扳至反位时摩擦拉力 5 700 N、反位扳至定位时摩擦拉力为 5 350 N。

3. 对尖 3 外锁闭装置进行分解检查，分解后对各部进行擦拭，未发现异常。

（三）问题研判

1. 设备巡视检查不到位。道岔日常养护质量不高，日常对设备维护不到位，工区安全风险意识不强，标准化作业落实不到位，导致设备存在安全隐患。

2. 设备检修质量不高。没有针对道岔转换拉力测试后的数据进行对比分析，对拉力下降会造成道岔故障的风险研判不足，安全意识缺失。

（四）防范措施

1. 对道岔转换拉力进行检查，发现问题及时解决，严把设备质量关。

2. 针对性地组织对设备薄弱环节、关键部位进行专项检查和重点整治，围绕季节性惯性故障发生规律，深入分析研判设备可能存在的隐患，及早采取有效的防控措施，杜绝惯性故障的发生。

3. 充分发挥三级信号集中监测机制作用，加大对设备特性曲线变化的监控分析力度，通过技防手段及时发现处理安全风险问题，实现安全超前防范。

第三章　轨道电路设备故障处理方法及典型案例

轨道电路是检查钢轨完整，检查和监督轨道、岔区占用，传输行车信息的关键行车设备。目前国内运用广泛的站内轨道电路类型主要有交流 JZXC-480 型轨道电路、97 型 25 Hz 相敏轨道电路、微电子接收器型 25 Hz 相敏轨道电路，以及驼峰专用轨道电路。本章主要以常见 25 Hz 相敏轨道电路为例，介绍短路、断路故障分析及处理方法。

第一节　故障处理基本方法

一、轨道电路类型及原理

（一）25 Hz 相敏轨道电路分类

1. 97 型（$JRJC_1$-70/240 二元继电器）25 Hz 相敏轨道电路

（1）四线制发码，室外单独设置 HBP、HLC。

（2）四线制发码，室外设置隔离盒 SGLH（内部集成 HBP 和 HLC）。

2. 微电子接收器 JXW-25A 型 25 Hz 相敏轨道电路（室内单套接收）

（1）四线制发码，室外单独设置 HBP、HLC。

（2）四线制发码，室外设置隔离盒 SGLH（内部集成 HBP 和 HLC）。

（3）两线制发码，室内外分别设置隔离盒 NGLH、WGLH（内部集成 HBP 和 HLC）。

3. 微电子接收器 JXW-25B 型 25 Hz 相敏轨道电路（室内双套接收）

四线制发码，室外设置隔离盒 SGLH（内部集成 HBP 和 HLC）。

（二）25 Hz 相敏轨道电路原理

1. 四线制发码，室外单独设置 HBP、HLC（图 3-1-1）（包括交流二元继电器、微电子接收器 JXW-25A 型）。

2. 四线制发码，室外设置隔离盒 SGLH（内部集成 HBP 和 HLC）（图 3-1-2）（包括交流二元继电器、微电子接收器 JXW-25A 型）。

3. 微电子接收器 JXW-25B 型（室内双套接收）（图 3-1-3）。

4. 两线制发码，室内外分别设置隔离盒 NGLH、WGLH（内部集成 HBP 和 HLC）（图 3-1-4）。

二、轨道电路故障处理程序及分析判断思路

（一）轨道电路故障处理程序

1. 故障受理及汇报。工区值班人员接到故障通知，立即向段调度和车间汇报，汇报完后迅速赶往行车室确认故障现象。

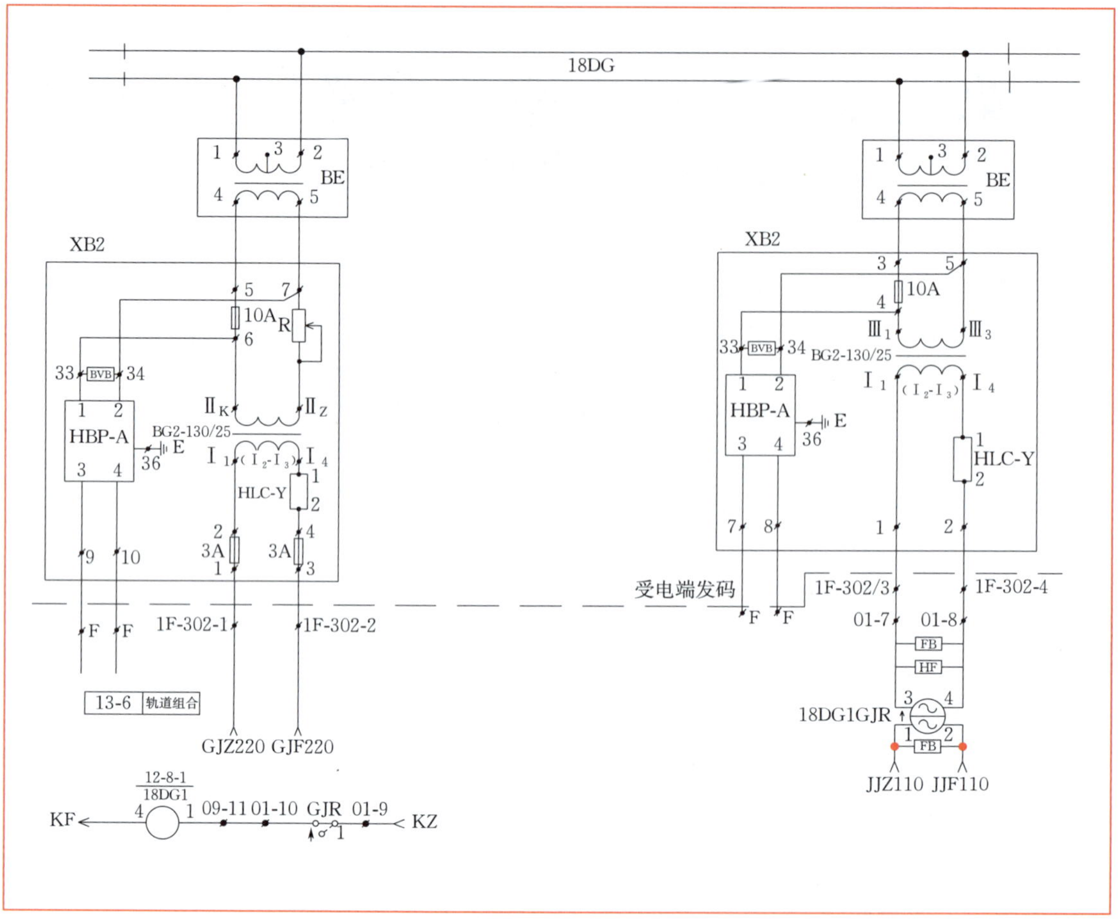

图 3-1-1　四线制发码，室外单独设置 HBP、HLC

2. 正确登记。到达行车室核对车站登记内容与控制台显示是否相对应，核对准确后签认到达时间及处理人员姓名；按照段发标准用语在“运统 46”左侧页内正确登记停用设备，注明影响范围；故障处理完，经过试验良好，及时登记设备开通交付使用。

3. 准确判断区分室内外故障范围。根据轨道测试盘数据、信号集中监测曲线以及分线盘端子测试轨道送电端电压和受电端回楼电缆电压数据（站内股道发生红光带后有发码干扰，测试必须使用选频表 25 Hz 交直流挡或关掉对应发码器及冗余设备），综合判断区分室内外故障范围。测试分线盘送电端电压正常，甩开分线盘受电端端子测试回楼电缆电压，如高于正常值一般可判断室内故障（不能绝对排除室外故障，现场发生过室外送电端隔离盒端子使用不正确，与送电变压器一次线圈在特定参数条件下形成自激振荡，造成回楼电缆侧电压及相位异常升高问题）；如没电压或电压低于正常值可判断为室外侧故障。注意：因每个区段距离信号楼远近不同以及轨道参数的区别，轨道电路正常状态下，甩开测试受电端回楼电缆电压不一定是正常值的 2 倍，实际现场测试开路电压比正常值高 3～5 V。

4. 处理 25 Hz 相敏轨道电路故障需使用的仪表。处理 25 Hz 相敏轨道电路故障，需要携带使用选频表（推荐郑州市北信电子产品有限公司生产的选频表）、轨道电路电流测试仪、轨道绝缘在线测试仪等，日常工区要保证仪表电量充足，状态良好。

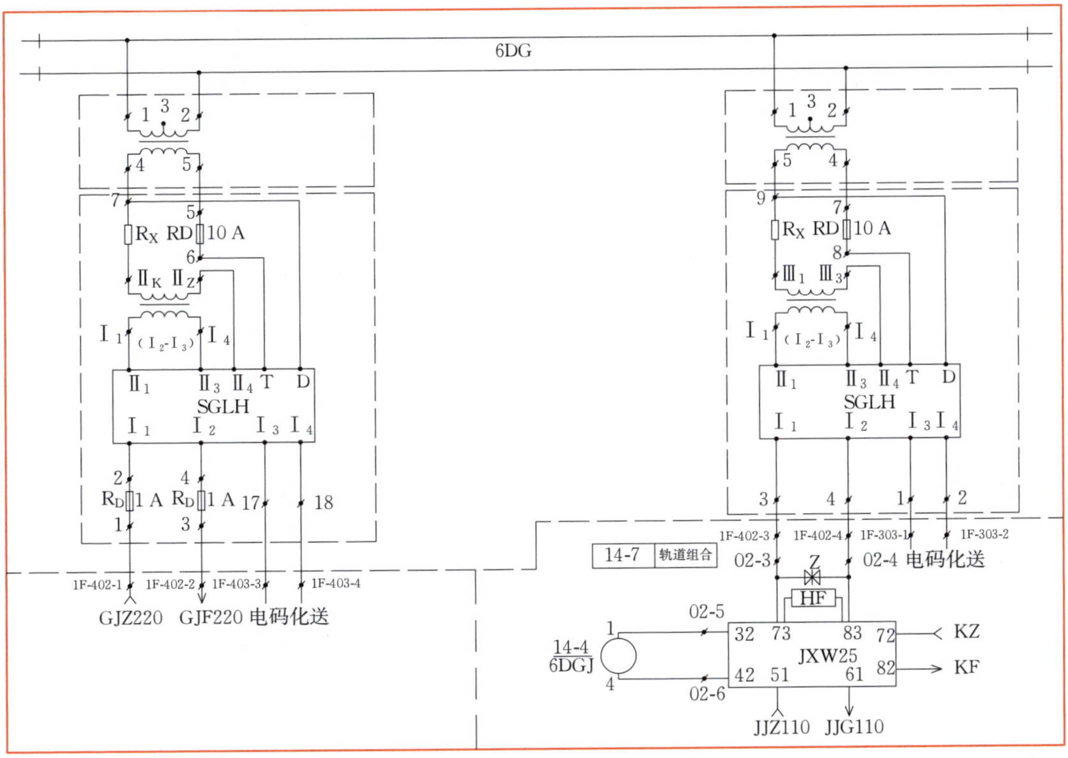

图 3-1-2　四线制发码，室外设置隔离盒 SGLH（内部集成 HBP 和 HLC）

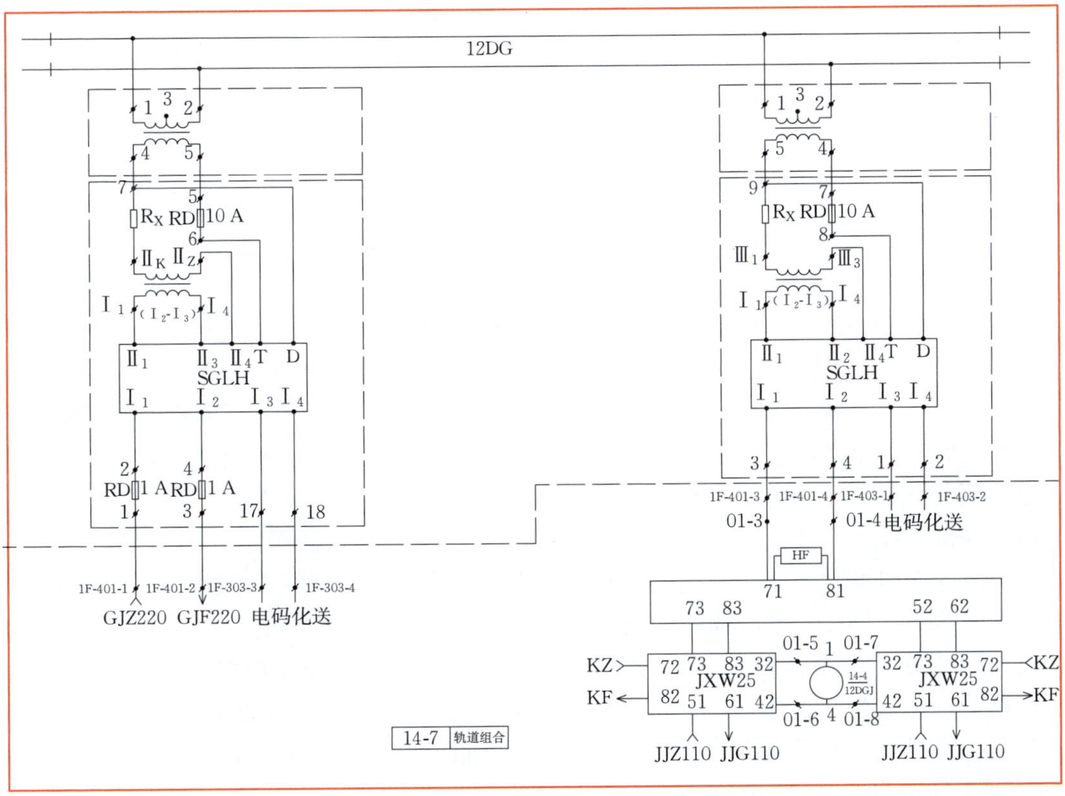

图 3-1-3　微电子接收器 JXW-25B 型（室内双套接收）

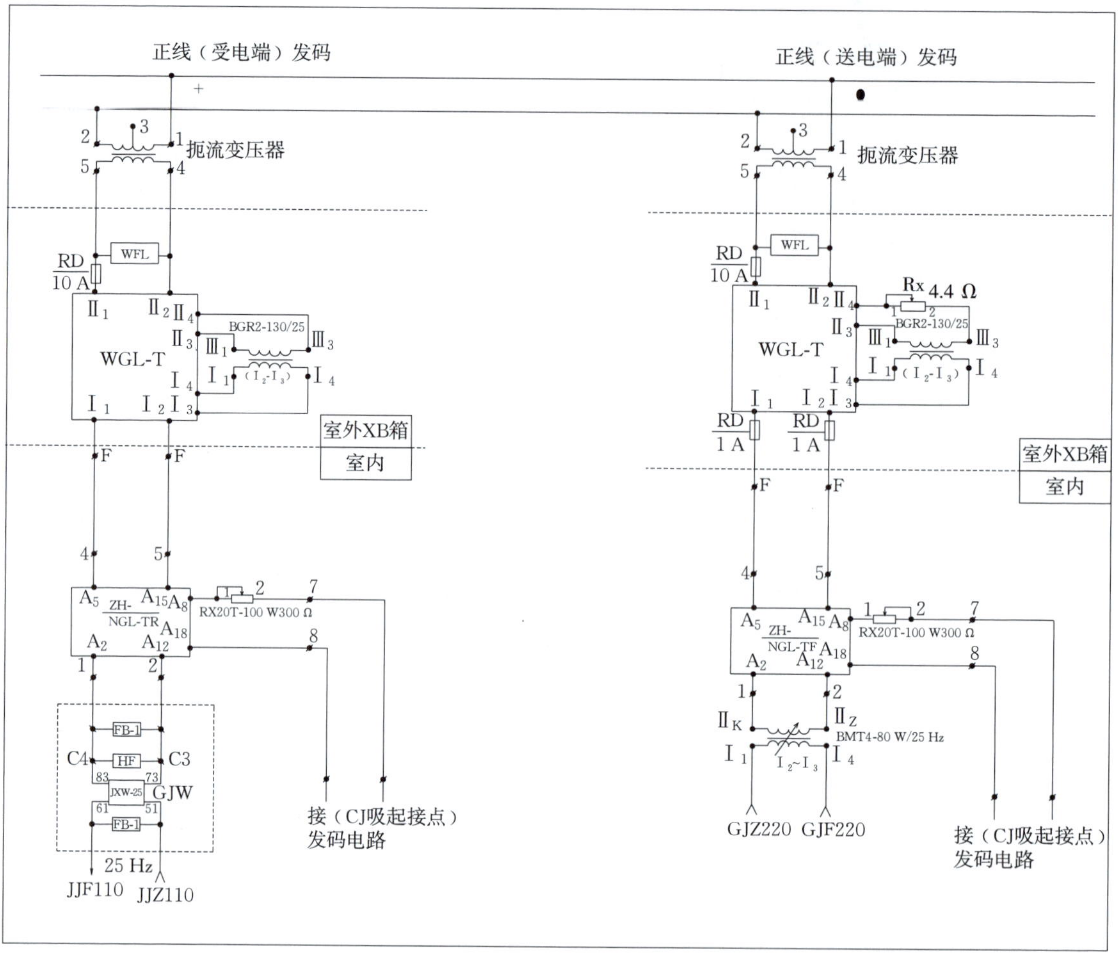

图 3-1-4　两线制发码，室内外分别设置隔离盒 NGLH、WGLH（内部集成 HBP 和 HLC）

（二）常用轨道电路故障分析判断思路

1. 多个区段或同一咽喉轨道电路区段同时红光带故障处理。

（1）测试 25 Hz 轨道电源屏轨道电源（交流 220 V）、局部电源（交流 110 V）输出端子电压是否正常，输出端子无电压或电压低，则对应的输出断路器可能落下或电源模块内部故障，闭合断路器或更换故障模块；如测试电源屏轨道电源输出端子有交流 220 V，分线盘轨道送电端端子无电压，则电源屏输出端子至分线盘电源环线断线，更换电源线。

（2）测试分线盘轨道送电端端子有交流 220 V，但是故障区段室外送电变压器箱内无电，则分线盘至电缆盒或某送电箱电缆断线，先倒接贯通电缆，再要点按照轨道送电网状图分段查找断线点，倒接送电电缆；如测试电源屏局部电源输出端子有交流 110 V，组合架零层无电，则电源屏输出端子至组合架零层电源端子环线断线，分段查找更换电源线。注意：轨道电路一旦在电源屏之外（GDJ 监督之后）出现断线故障，再恢复故障时，应首先确认未排列进路或虽然排列进路但无列车接近，否则可能出现进路错误解锁。

2. 两个轨道电路区段同时红光带故障处理。

（1）如果是相邻区段，查看信号集中监测曲线，如发现电压曲线同时有变化，故障可能出现在室外轨道分割绝缘处。首先检查绝缘处是否有铁屑封连轨端、槽形绝缘现象，是否有工务扣件封连现象，如发现问题先拍照后处理；如绝缘外观检查未发现铁屑或扣件封连，要使用轨道绝缘在线测试仪测试绝缘值是否符合标准（一般不低于 10 Ω），同时通过观察轨端、槽形绝缘是否有破损，以及胶粘绝缘与钢轨之间是否出现缝隙，有无进水和产生铁锈现象等，综合判断绝缘不良处所（测试时可能绝缘数值正常，但有车接近时由于牵引电流冲击绝缘值会出现动态变化，每次过车后要进行连续动态测试，掌握绝缘数值变化情况），及时通知工务更换处理。

（2）如果确认相邻区段分割绝缘良好或者两区段是非相邻区段，要考虑两个区段是否有公用部分，如检查是否共用送电电缆（共用时，逐段测试判断故障点后倒接贯通线处理）；是否共用局部电源；检查 JXW-25B 型微电子接收器室内是否共用 HBJ（接收变压器）（JXW-25B 型微电子接收器室内 HBJ 盒由两个一进两出的变压器构成，分别供给两个区段的双套电子接收盒用，如发现两个区段的 4 个电子接收器工作指示灯灭灯，测试检查确认 HBJ 不良后，更换 HBJ 盒）；检查室外故障区段钢轨上是否有工务安装的拉杆等设备绝缘不良（检查测试发现绝缘不良时，要先拍照再通知工务处理）。

3. 单个轨道电路区段红光带故障处理。

（1）查看信号集中监测曲线、在分线盘或轨道测试盘测试，如发现接收电压和相位都正常，进一步测试轨道线圈电压、局部电源 110 V 是否正常，通过测试数据判断出是否轨道继电器线圈断线、电子接收器不良等。

（2）查看信号集中监测曲线、在分线盘或轨道测试盘测试，如发现接收电压比正常值高，并且相位变化较大，常见原因是室内设备有开路或虚接，要逐段测试分线盘至组合侧面间配线是否有断线或虚接，找出故障点（若单独的防护盒或电子接收器断线则分线盘电压是下降而不是上升，同时相位变化明显）；如果经检查测试确认室内设备没有问题，要考虑室外送电端隔离盒二次侧输出端子是否存在使用不正确（应使用II_1-II_3端子），与送电端变压器形成自激振荡，造成轨道送电端电压及相位异常升高问题。

（3）查看信号集中监测曲线、在分线盘或轨道测试盘测试，如发现电压比正常值低或者接近零，甩开分线盘测试接收回楼电缆电压，若电压比正常值升高，则室内短路或防护盒、电子接收器不良；甩开分线盘测试回楼电缆电压，电压仍然比正常值低或者接近零，则室外故障，恢复分线盘电缆，室外测试受电端变压器回楼电缆电压，若电压比正常值高，则受电箱到室内分线盘电缆断开或虚接，若测试受电端变压器回楼电缆电压低，甩开电缆测试变压器回楼电缆电压升高，则受电箱到室内分线盘电缆混线，倒接贯通电缆恢复故障。

（4）若判断为室外故障且排除发送、接收电缆不良的情况下，需测试轨面电压值，如轨面电压值比正常值高或与正常值一样，一般为开路或虚接故障，故障点在受电端方向，要从测试点向受电端方向检查测试，当测试发现轨面电压下降到低于常值时，故障点就在附近；如测试轨面电压值为零，一般为开路故障（实际运用中，短路故障不会造成电压为零），要从测试点向送电端方向检查测试，当测试发现轨面电压升高且高于常值时，故障点就在附近；如测试轨面电压值较低，则轨道通道有混线或送电端方向有虚接，混线需采用甩线或使用轨道电路电流测试仪、卡流钳测试电流，电流变化处就是故障点。送电端方向设备虚接查找方法同前面开路或虚接故障查找。

（5）测试送电端轨面无电压或电压非常低时，需测试送电箱内各部电压，箱内有 220 V

电源，但轨道变压器Ⅰ次侧无电压，则送电端断路器断开或内部接触不良；变压器Ⅰ次侧有220 V而Ⅱ次侧无电压，则轨道变压器不良，更换轨道变压器；若轨道变压器Ⅱ次侧电压比正常值偏高，扼流变压器4、5端子（信号圈）无电压，则轨道变压器Ⅱ次侧至扼流变压器间存在开路，可能是相关电气端子紧固不良、10 A断路器不良、限流电阻器断线、电缆断线，逐一排查确定故障点；若测试扼流变压器4、5端子（信号圈）与1、2端子（轨道圈）电压并根据测试值换算出轨道圈电压与信号圈电压比变化大，不是1∶3，则可判断扼流变压器特性不良，更换扼流变压器（实际使用中，扼流变压器特性不良，出现过甩开负载测试电压数据正常，带上负载后电压下降一半的故障现象）；若轨道变压器Ⅱ次侧电压比正常值偏低，测量送电端限流电阻上电压，若电压明显高于正常值，一般为混线故障（若限流电阻电压等于轨道变压器Ⅱ次侧电压，要考虑限流电阻断线），使用轨道电路电流测试仪、卡流钳进行查找，轨道电路混线一般由工务轨距杆绝缘不良，岔后极性绝缘不良，长短引接线绝缘皮破损封连或与中心连接板封连，过轨引接线、跳线防混不良引起。

（6）测试受电端轨面电压比正常值高或接近于正常值时，测试受电端扼流变压器1、2端子（轨道圈）与4、5端子（信号圈）电压值，并根据测试值换算出轨道圈电压与信号圈电压比是否为1∶3，受电端变压器Ⅰ、Ⅱ次侧电压是否正常，受电端10 A断路器是否良好等，逐段排查确定故障点。

（三）特殊场景下发生轨道电路区段红光带故障分析处理

为压缩故障延时，在总结以往经验教训的基础上，以下一些特殊场景下发生的故障，不能按部就班按照程序区分室内外，逐步查找判断。

1. 雷雨天气发生的轨道电路故障，要查找设备是否有报警信息，是否有被雷击痕迹，防雷元件有无异状，室内外相关断路器是否断开等。

2. 施工过程中或施工刚结束发生的轨道故障，要查找施工动过的电缆、配线、挪动或更换过的设备和器材以及施工可能间接涉及的设备。

3. 冬季大雾天气发生的轨道电路故障，要多方了解当时接触网是否有放电、机车升降弓是否发生雾闪，如果有以上情况，到现场后先查看送受电箱内10 A断路器是否断开（有车占用的股道，机车升弓后发生机车信号收不到码的情况，一般是10 A断路器断开造成）。

4. 冬季冰雪天气发生轨道电路区段闪红光带故障，要观察接触网是否挂冰，机车运行中受电弓与接触网是否有拉弧现象，如果有此类现象，即为有车接近时由于接触网挂冰造成受电弓与接触网接触不良拉弧，牵引回流短时间内出现剧烈变化，使轨道扼流变压器铁芯发生直流磁化阻抗下降形成轨道电路区段闪红。

（四）JXW-25型微电子接收器表示灯意义及特性说明

1. JXW-25型微电子接收器A型、B型指示灯含义相同，如下：

（1）红灯点亮，表明24 V电源正常；红灯灭，表明没有24 V电源。

（2）绿灯点亮，表明区段空闲；绿灯灭，表明区段占用或区段故障。

（3）红绿交替闪灯，表明没有局部110 V电源。

2. JXW-25A型微电子接收器的轨道线圈特性与交流二元继电器线圈特性相近，即该线圈断线，轨道测试盘或分线盘测试电压下降明显。

3. JXW-25B型微电子接收器的组合变压器轨道输入侧Ⅰ次侧线圈与交流二元继电器线

圈特性相近，即变压器Ⅰ次侧线圈断线，轨道测试盘或分线盘测试电压下降，但是下降不明显。拔下电子接收器或接收器线圈断线，轨道测试盘或分线盘测试电压没有变化。

4. JXW-25B 型微电子接收器故障或不良，同时有“轨 25 故障报警”信息提示。

三、轨道电路故障处理流程

1. 25 Hz 相敏轨道电路叠加两线制电码化设备故障处理流程（图 3-1-5）

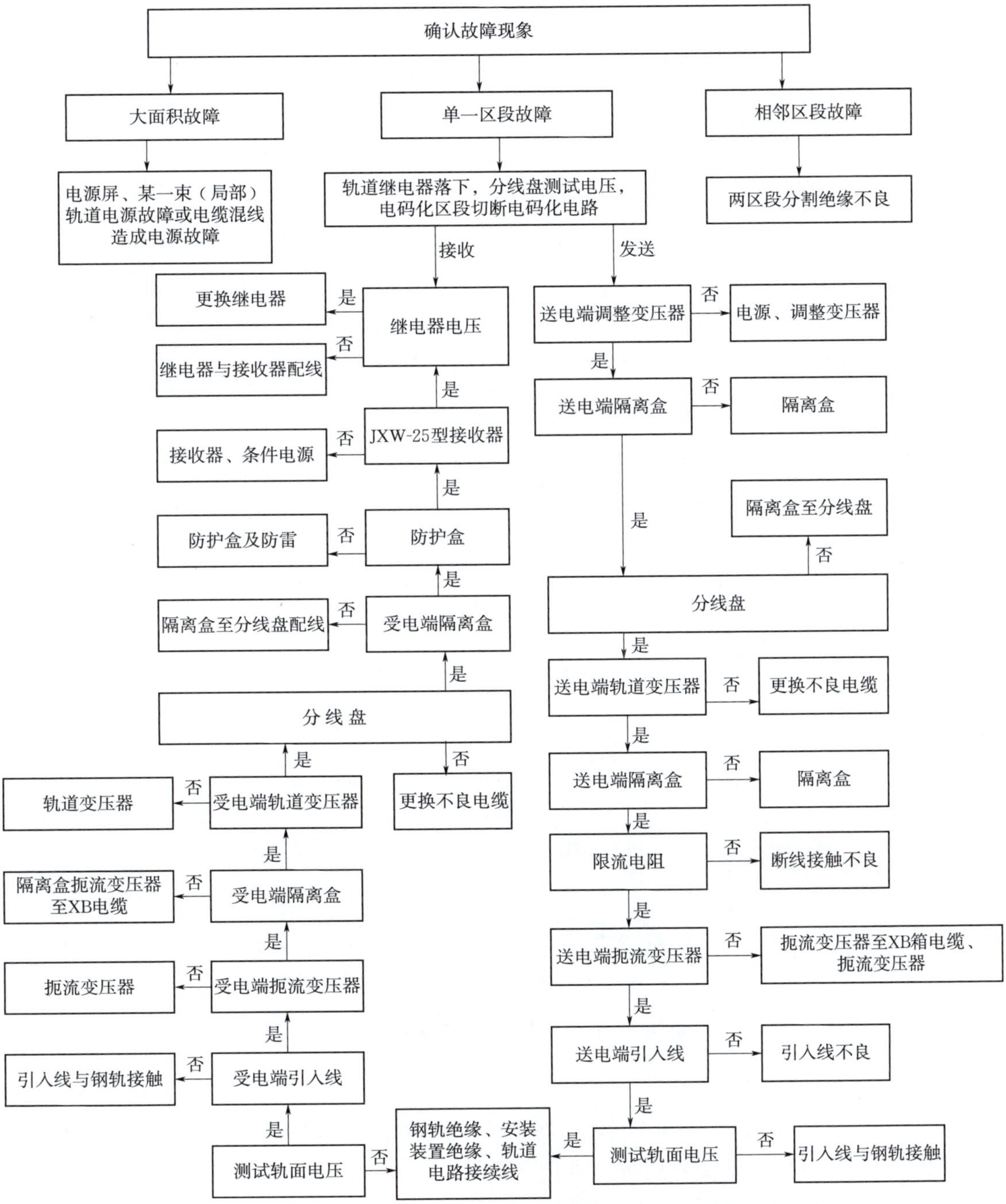

图 3-1-5　25 Hz 相敏轨道电路叠加两线制电码化设备故障处理流程

2. 25 Hz 相敏轨道电路叠加四线制电码化设备故障处理流程（图 3-1-6）

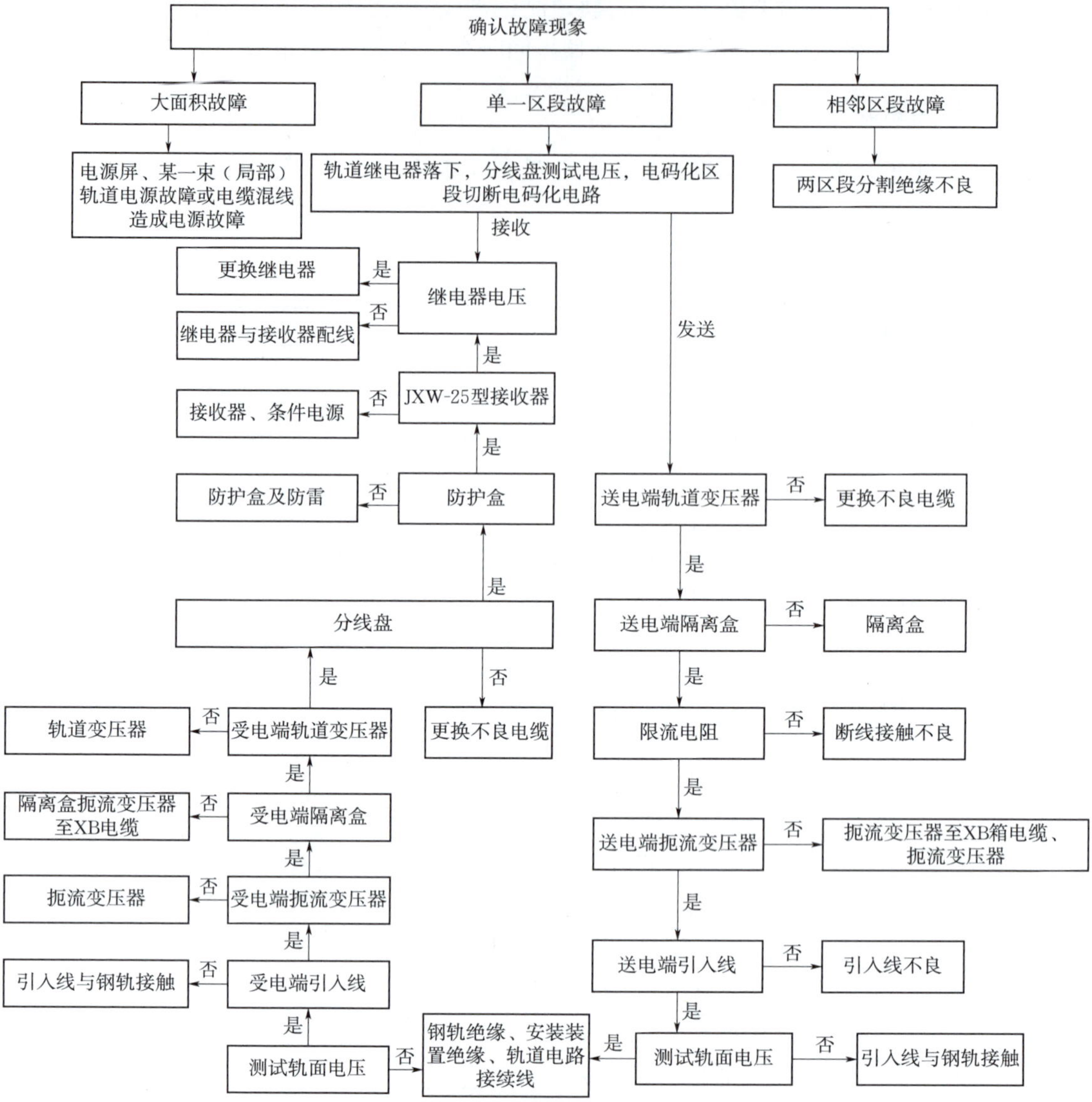

图 3-1-6　25 Hz 相敏轨道电路叠加四线制电码化设备故障处理流程

第二节　典型案例

案例 1　轨道绝缘特性不良造成轨道电路区段红光带

（一）故障概况

某日 10 时 35 分，赛鱼站内 6-12DG、8-10DG 轨道电路区段闪红光带，11 时 04 分经工务检查设备正常，11 时 32 分经电务检查设备正常；11 时 37 分，上述区段闪红光带，11 时 39 分电务登记故障区段信号停用；13 时 45 分，赛鱼站内 6-12DG、8-10DG 轨道电路区段闪红光带，14 时 34 分经电务处理后恢复。

故障原因：6/8 号道岔渡线北股绝缘内部透锈，绝缘性能下降，列车接近、侧线发车时牵引电流冲击烧损轨道绝缘。

（二）分析处置

电务值班人员通过信号集中监测回放查看，10 时 30 分 44 秒至 10 时 31 分 33 秒期间，8-10DG 轨道电路区段接收电压在 2.8～4.8 V 间波动（正常值 17.4 V），轨道电路区段闪红光带 4 次；6-12DG 轨道电路区段接收电压在 6.7～8.5 V 间波动（正常值 18.4 V），轨道电路区段闪红光带 3 次。10 时 35 分 24 秒至 10 时 35 分 34 秒，8-10DG 轨道电路区段接收电压在 2.1～16.4 V 波动（图 3-2-1），轨道电路区段闪红光带。

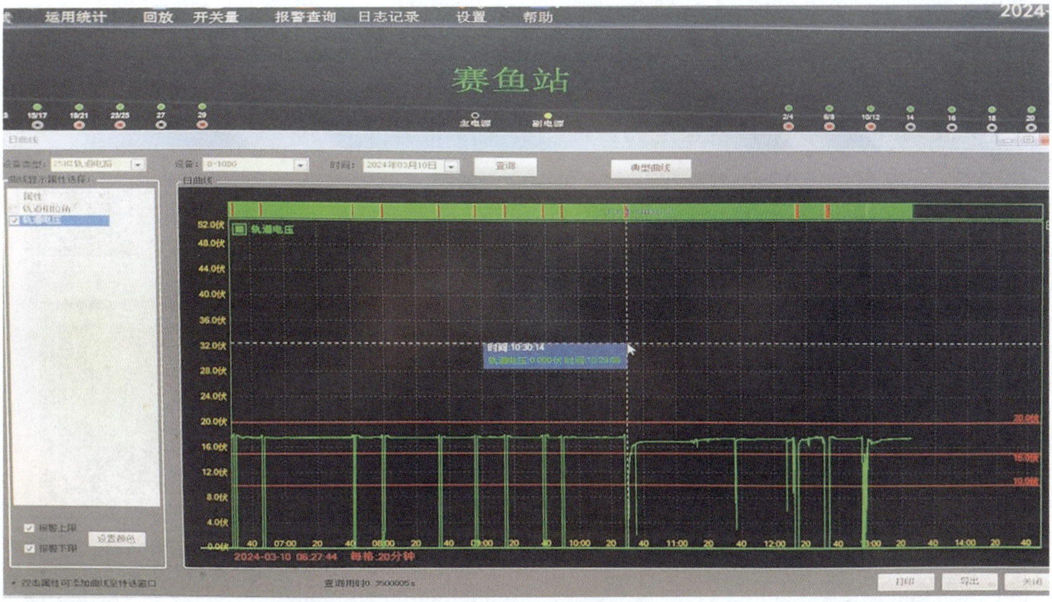

图 3-2-1　8-10DG 轨道电路区段接收电压曲线

6-12DG 轨道电路区段接收电压在 7.8～12.3 V 波动（图 3-2-2），轨道电路区段闪红光带。

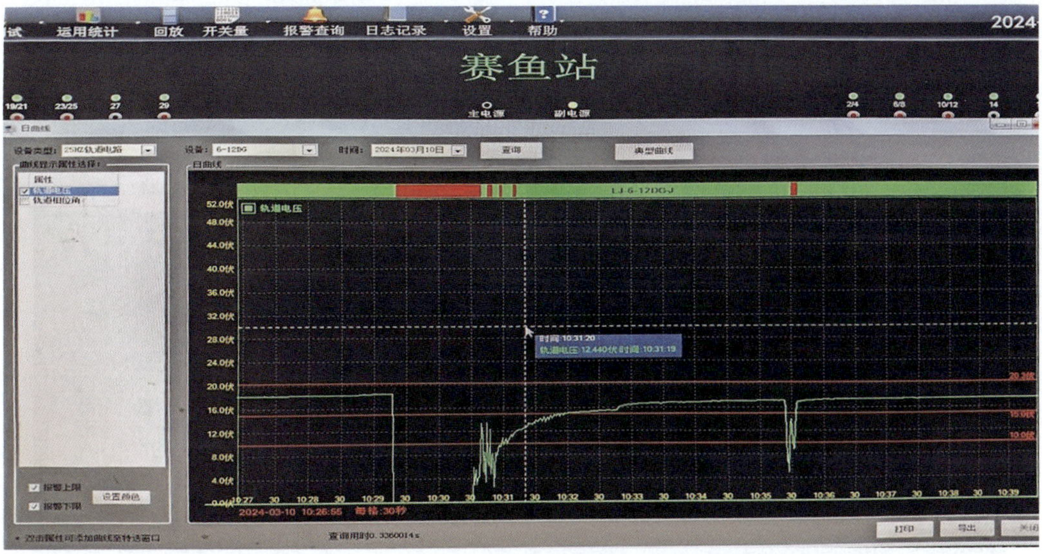

图 3-2-2　6-12DG 轨道电路区段接收电压曲线

通过信号集中监测曲线分析和两个相邻区段同时波动的现象，判断为室外轨道绝缘故障，并指导现场进行应急处置。

11 时 37 分，6-12DG、8-10DG 轨道电路区段再次闪红光带。11 时 41 分，工电联合对 6-12DG、8-10DG 轨道电路区段内的相关绝缘逐步测试，发现 6/8 号道岔渡线北股分割绝缘轨端阻值为 8.5 Ω，判断该处绝缘不良，立即通知工务进行分解绝缘处理。

电务会同工务对 6/8 号道岔北股渡线分割绝缘进行处置，对该组绝缘进行分解。拆开槽形绝缘发现两块槽形绝缘有过流击穿痕迹，更换槽形绝缘及各绝缘管后，使用轨道绝缘在线测试仪测试轨端绝缘阻值为 18 Ω。通过信号集中监测查看 6-12DG、8-10DG 轨道电路区段接收电压平稳。13 时 25 分，下线销记开通。

13 时 45 分，赛鱼站内 6-12DG、8-10DG 轨道电路区段再次闪红光带。通过信号集中监测回放查看确认，13 时 44 分 31 秒至 13 时 45 分 07 秒，8-10DG 轨道电路区段接收电压在 0～16.4 V 波动（图 3-2-3），轨道电路区段闪红光带 2 次。

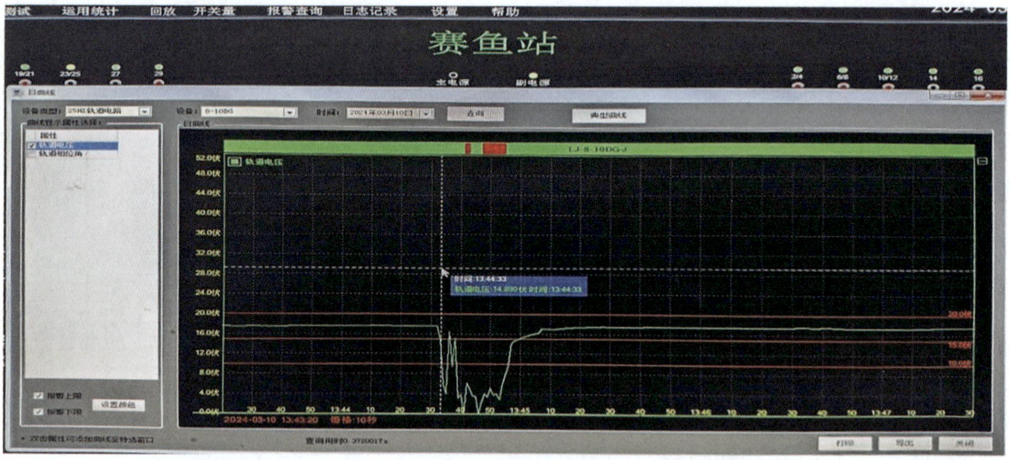

图 3-2-3　8-10DG 轨道电路区段接收电压在 0～16.4 V 波动

6-12DG 轨道电路区段接收电压在 0～16.9 V 间波动，轨道电路区段闪红光带 2 次（图 3-2-4）。

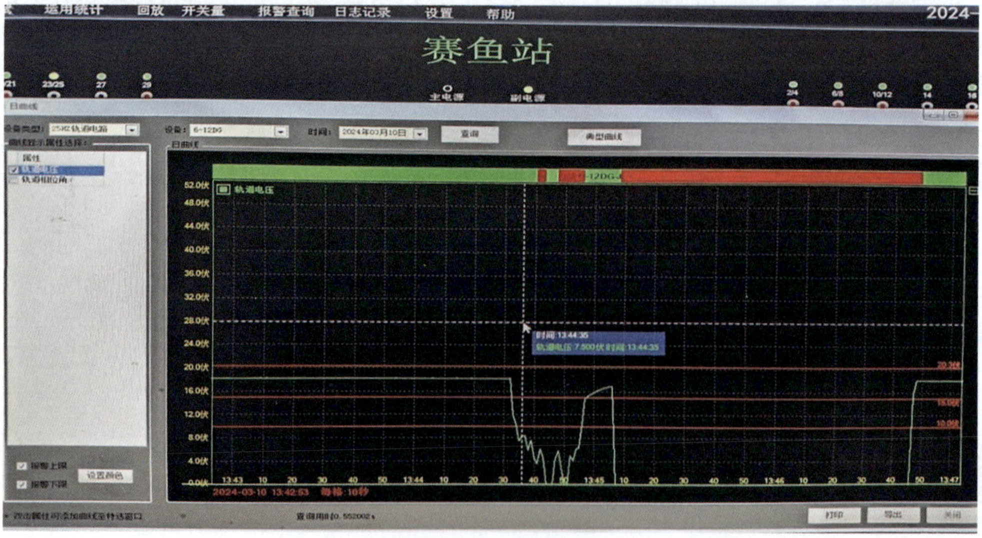

图 3-2-4　6-12DG 轨道电路区段接收电压在 0～16.9 V 波动

14 时 04 分，车站给点对不良绝缘进行处理。14 时 34 分，6/8 号道岔北股渡线分割绝缘更换后测试轨端绝缘阻值为 21 Ω，测试良好下线销记开通。

（三）问题研判

1. 应急处置排查故障点不够迅速，应急处置时间长。故障绝缘为上下行双动道岔 6/8 号渡线绝缘，故障发生时机均为列车接近或侧线发车钢轨通过牵引电流时发生短暂红光带，应急人员未能准确掌握故障状态下的绝缘特性数据，在无列车运行的情况下上线测试绝缘特性数据良好，对故障分析排查造成一定的困扰。此外，6/8 号、10/12 号菱形交叉渡线涉及 6 组拼装绝缘，电务到达现场后需要逐组排查测试，也是定位故障点用时较长的一个因素。

2. 车间应急联防协调有漏洞，应急组织不够得力。赛鱼信号工区是位于石家庄电务段阳泉车间管辖最西端的班组，距车间所在地 12 km，距相邻班组简子沟信号工区 5 km，日常安排双人值班，应急力量相对薄弱。发生故障后车间值班干部忙于查看曲线，启动应急响应不够迅速，组织相邻工区应急支援人员出动不够及时，12 时 03 分才到达现场，应急组织不够得力。

3. 工电联合应急准备不到位，绝缘拆换组织不畅。故障第二次发生后，电务测试判断 6/8 号道岔渡线北股绝缘不良，申请故障天窗进行绝缘分解更换；因气温升高，轨端绝缘顶死，工务未携带匀轨器等应急工具，未能完成轨端绝缘拆卸，完成槽形绝缘更换后电务静态测试轨端绝缘为 18 Ω，判断绝缘特性能够保证安全，未充分研判牵引回流对绝缘特性的影响；同时因考虑对运输的影响，在未完成轨端绝缘拆解的情况下进行销记，后续工务匀轨器到位后再次要点对轨端绝缘进行拆卸更换。

（四）防范措施

1. 落实钢轨绝缘等级维护管理。工务、电务共同建立统一的“钢轨绝缘分级管理台账”，明确等级处所。一级维护处所的胶接绝缘每半月（其中高速铁路关键线路所为每 10 天）工电联合一次检查、测试；二级维护处所的胶接绝缘，高速铁路每月、普速铁路每季度工电联合一次检查、测试。分体绝缘每半年工电联合一次检查、测试。

2. 定期分解更换钢轨绝缘。分体绝缘一级维护处所执行每年一次分解检查、每五年一次更换；二级维护处所执行每三年一次分解检查、每八年一次更换；三级维护处所执行每五年一次分解检查、每十年一次更换。班组建立分解检查及更换绝缘台账，并纳入年度工作安排，检查发现一股绝缘烧损时，另一股绝缘要同时更换。

3. 强化结合部故障应急处置。完善绝缘不良故障应急处置方案，特别是对于涉及两个相邻区段闪红光带的故障，在静态测试良好的情况下也要深入研判牵引电流影响，果断协调工务进行绝缘分解更换，消除故障隐患。

案例 2　扼流变压器特性不良造成轨道电路区段红光带

（一）故障概况

某日 20 时 18 分，京沪线东光站ⅠBG、X1LQG 轨道电路区段着红光带，21 时 17 分经电务处理后恢复。

故障原因：ⅠBG 送电端扼流变压器特性不良，导致轨道电路区段着红光带。

（二）分析处置

电务值班人员到达运转室确认故障现象为ⅠBG、XLQG 相邻区段同时着红光带，X1LQG 区间逻辑检查报警。

20 时 24 分，经人工解锁 X1LQG 轨道电路区段后，红光带恢复。

通过信号集中监测查看分析发现，20 时 17 分 19 秒，下行列车出清ⅠBG 轨道电路区段后，轨道电路区段接收电压升至 4.6 V，未恢复至正常值 16.4 V，X1LQG 轨道电路区段接收电压曲线正常。通过分析监测曲线，判断为东光站下行发车进路最后一个区段遗留ⅠBG 轨道电路区段着红光带，触发 X1LQG 区间逻辑检查报警，造成 X1LQG 轨道电路区段着红光带。

20 时 27 分，应急人员通过在机械室分线盘测试，发现ⅠBG 轨道电路区段受电端电压为 4.6 V，判断为室外设备故障。

20 时 45 分，处理人员到达ⅠBG 送电端，首先对ⅠBG 钢轨绝缘及扼流引接线外观进行检查，未发现异常。测试送电端轨面电压为 0.7 V，判断送电端设备良好。随后处理人员沿ⅠBG 送电端逐步往受电端测试排查。

21 时 09 分，处理人员到达ⅠBG 受电端，测试受电端轨面电压为 0.6 V，处理人员打开受电端轨道箱，对受电端 10 A 断路器进行多次敲击后，ⅠBG 轨道电路区段红光带于 21 时 15 分自然恢复。

21 时 17 分，室内对ⅠBG 轨道电路区段进行人工解锁。

后续对故障原因进行深入排查，发现ⅠBG 送电端扼流变压器特性不良，导致轨道电路区段着红光带。

（三）问题研判

1. 故障信息汇报不及时。故障发生后，工区处理人员只是将故障信息向车间进行汇报，未在第一时间上报段调度，导致段应急响应不够迅速。

2. 故障应急处置存在差距。一是故障前期分析判断用时长，20 时 18 分ⅠBG 轨道电路区段红光带故障时，因触发 X1LQG 逻辑检查功能报警，造成两区段同时着红光带，应急人员解锁 X1LQG 轨道电路区段红光带恢复后，再通过监测分析判断为ⅠBG 轨道电路区段故障，直至 20 时 25 分才登记停用设备，造成故障登销记用时较长。二是现场测试判断用时长，当日现场故障处理人员由于故障处理经验不足，造成故障时测试数据不准确，导致在送电端测试时耗费了大量时间，后在段应急指挥人员的指挥下，重新逐步测试排查后才找到故障点。

3. 日常培训演练不到位。段、车间在日常培训、演练方面存在漏洞，没有针对现场人员实际情况有针对性地进行技术业务培训和故障应急演练，导致职工应急处置基本功不扎实，在故障处理时慌乱无序。

（四）防范措施

1. 增强安全信息敏感意识。一是对发生的问题要高度重视，专业技术值班干部要加强问题分析，多渠道、多方面地给予现场技术支持，切实防控故障延时风险。二是严格执行信息汇报制度，第一时间将安全信息向段调度进行汇报，并做到信息畅通。三是故障发生后要及时组织相关部门进行调查分析，多角度、深层次地分析问题产生的原因并制定合理有效的防控措施。

2. 加强现场技术业务的培训。定期组织开展技术业务培训和故障处理应急演练，特别是针对年轻职工故障处置经验不足、实际操作能力不强等问题要做到理论结合实际，突出培训演练重点，切实提升职工应急处置能力，最大限度地压缩故障延时。

3. 加强集中监测数据查看分析。充分利用信号集中监测设备，加大对设备特性曲线变化的监控分析力度，严格落实早中晚三次监测数据的查看分析制度，强化利用技防手段分析研判设备风险隐患的作用，做到精准克缺。

案例 3 道岔安装装置绝缘不良造成轨道电路区段红光带

（一）故障概况

某日 16 时 52 分，京广线 T253 次列车行至新乐站下行正线 K228＋768 处，因出站信号机由绿灯突变红灯停车，16 时 59 分开。17 时 10 分，新乐站 10-12DG 轨道电路区段闪红光带，出站信号机不能开放，电务处理后 18 时 56 分恢复。

故障原因：12 号道岔安装装置绝缘不良，造成 10-12DG 轨道电路区段接收电压波动，区段闪红光带，出站信号关闭，引发机车信号突变。

（二）分析处置

16 时 53 分，信号工区值班人员接到故障信息后，立即向车间、段调度进行了汇报，并赶赴运转室。16 时 57 分到达车站运转室，观察控制台显示未见异常。

17 时 10 分，车站值班员排列 Z55 次列车下行通过进路，10-12DG 轨道电路区段瞬间闪红光带后恢复，造成 XⅠ出发信号机信号关闭。

另外一名电务值班人员通过查看信号集中监测，发现 10-12DG 轨道电路区段接收电压波动（图 3-2-5），进一步回放站场显示，确认 T253 次列车司机反映机车信号突变的原因为，10-12DG 轨道电路区段闪红光带导致已开放的 XⅠ出发信号机关闭（由绿灯突变红灯），初步判断为室外故障。

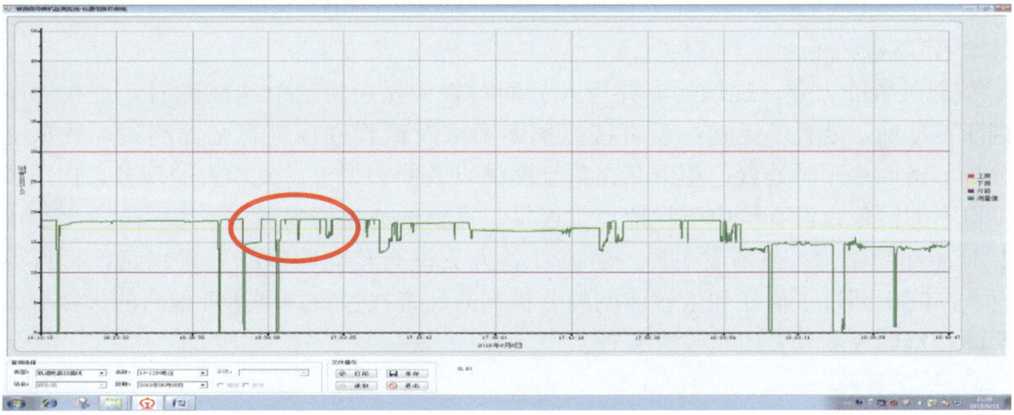

图 3-2-5 故障时 10-12DG 轨道电路区段接收电压曲线

17 时 30 分，应急处理人员到达现场，区段设备外观检查状态良好，未见异常。由于此时 Z55 次列车停于站内与 10-12DG 相邻的区段ⅠG 内，处理人员对ⅠG 与 10-12DG 间的绝缘处所进行检查，检查测试ⅠG 与 10-12DG 间的绝缘状态良好。

电务处理人员继续进行故障查找，陆续更换了 10-12DG 轨道电路区段送电端 HLC、HBP、变压器、电阻，故障未能恢复，当处理人员敲打 12 号道岔安装装置绝缘后，10-12DG 轨道电路区段接收电压回升，电压曲线相对平稳，但仍存在波动现象（图 3-2-6）。

18 时 56 分，盯控 10-12DG 轨道电路区段接收电压相对稳定后，进行故障销记。

现场人员对 12 号道岔安装装置绝缘进行测试，发现道岔安装装置绝缘不良，测试数据不稳定且较历史数据下降变化较大，申请要点后对各部安装装置绝缘进行了分解处理，处理后持续盯控 10-12DG 轨道电路区段接收电压平稳（图 3-2-7），未再发生异常波动。

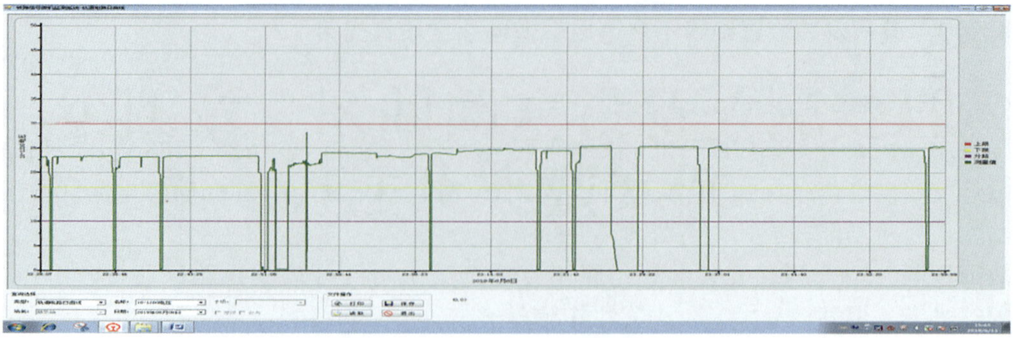

图 3-2-6 敲打安装装置绝缘后 10-12DG 轨道电路区段接收电压曲线

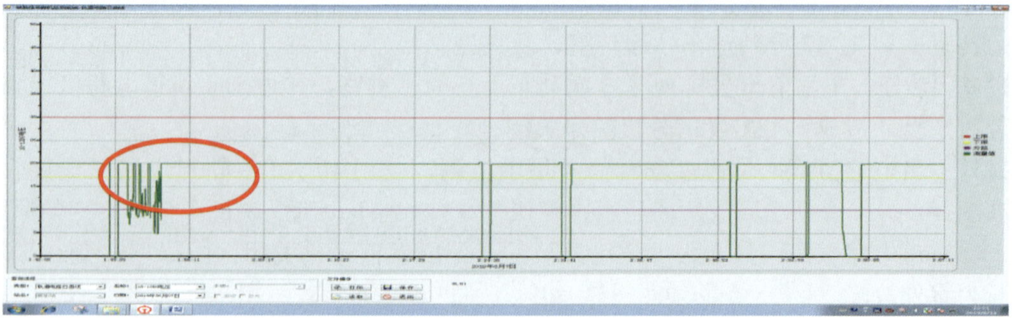

图 3-2-7 更换安装装置绝缘后 10-12DG 轨道电路区段接收电压曲线

（三）问题研判

1. 应急处置能力差。现场故障处理人员面对较为复杂轨道电路故障时，查找思路不清晰，判断不准确，处置不迅速，没有按照预案要求及流程逐项进行全面测试，数据支撑不足，分析不透彻；同时处置过程中存在重复测试以及同一位置反复检查的现象，向段及车间的汇报也不够清楚，没有给应急指挥提供连贯、完整的数据资料。

2. 应急组织不力。故障发生后，后续处置人员没有建立明确的处置思路，盲目更换相关器材。车间干部过于信任和依赖前期的分析判断和查找过程，到达现场后的人员分工安排不够明确，整体故障处置组织没有条理。

（四）防范措施

1. 处置道岔安装装置绝缘不良故障，要携带轨道电路电流测试仪，测试各部绝缘处有无电流通过，准确查找轨道绝缘短路点。

2. 轨道绝缘特性不良串电故障，在轨道接收电压下降的同时，轨道电路区段相位角变化。车间、班组要积累故障状态下的轨道电路区段电压及相位角数据，根据轨道电路区段电压下降及相位角升高或下降的数据，准确判断区分轨道短路故障或开路故障，缩小故障范围。

3. 通过组织应急演练，强化对预案的掌握和执行水平，严格按照应急处置流程先区分室内外故障，再通过测试数据区分轨道电路短路故障或开路故障，避免盲目更换器材延误应急处置时间。

案例 4 轨道箱至扼流变压器电缆特性不良造成轨道电路区段红光带

（一）故障概况

某日 4 时 22 分，邢台站 49 号道岔轨道电路区段闪红光带，5 时 02 分经工务检查设备正常，5 时 07 分电务登记设备正常；5 时 12 分该区段再次闪红光带，5 时 22 分工务检查设备正常，5 时 48 分经电务处理后恢复。

故障原因：邢台站 49-51DG 轨道电路区段送电端轨道箱至扼流变压器电缆不良，倒备用线后恢复。

（二）分析处置

接故障通知后，电务值班人员通过 TDCS 和信号集中监测回放发现，4 时 21 分 52 秒至 4 时 21 分 55 秒，51812 次列车占用 49-51DG；4 时 21 分 55 秒，51812 次列车出清 49-51DG 后该区段遗留红光带，49-51DG 轨道电路区段接收电压由 19.2 V 降至 6.1 V，轨道相位角同时升高（图 3-2-8）；4 时 22 分至 4 时 56 分，闪红光带 12 次。

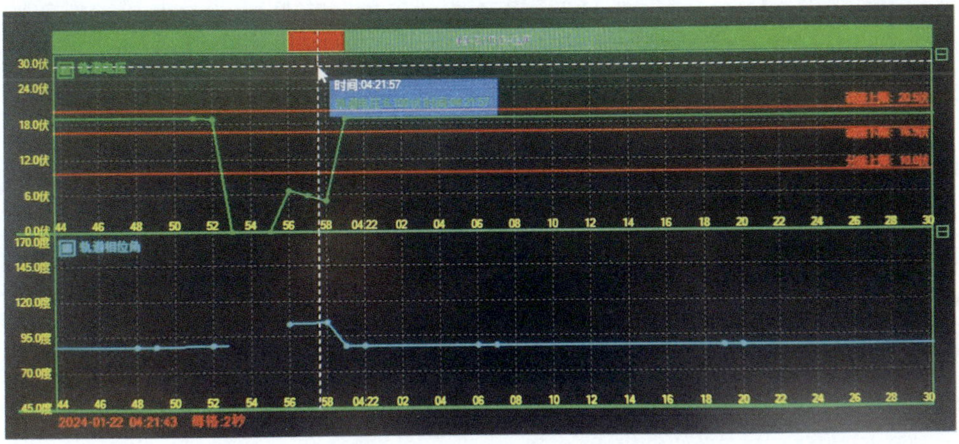

图 3-2-8　49-51DG 轨道电路区段接收电压及相位角曲线

4 时 56 分至 5 时 11 分，通过信号集中监测观察电压平稳后，为减少对运输影响，于 5 时 07 分登记开通。

5 时 09 分邢台站开放 D44 次列车ⅡG 发车信号，5 时 12 分，D44 次列车通过该区段后，5 时 16 分至 5 时 28 分电压又开始波动。

5 时 20 分电务登记停用，上线进行排查处理。电务应急人员现场测试受电端无电压，后到送电端测试轨面无电压，测试轨道线圈无电压（正常为 0.7 V），测试轨道变压器二次侧电压为 7.5 V，测试限流电阻电压为 7.5 V（正常为 5.7 V）；测试轨道箱 D5、D7 端子无电压，后触动扼流变压器 D4 端子红白电缆又闪红光带，判断轨道箱至扼流变压器 D4、D5 端子 6 芯电缆不良，倒备用线后区段恢复良好，电压正常。检查确认正常后于 5 时 48 分销记开通。

6 时 55 分至 7 时 00 分，申请故障修天窗，进一步排查确认红芯与白芯虚混，使用备用线对轨道箱 D5、D7 端子至扼流变压器 D4、D5 端子电缆进行倒换。对 49-51DG 轨道电路区段送电端轨道箱至扼流变压器间电缆进行分解检查发现，6 芯电缆均有硌痕，其中红芯、白芯明显被挤露铜破损（图 3-2-9）。

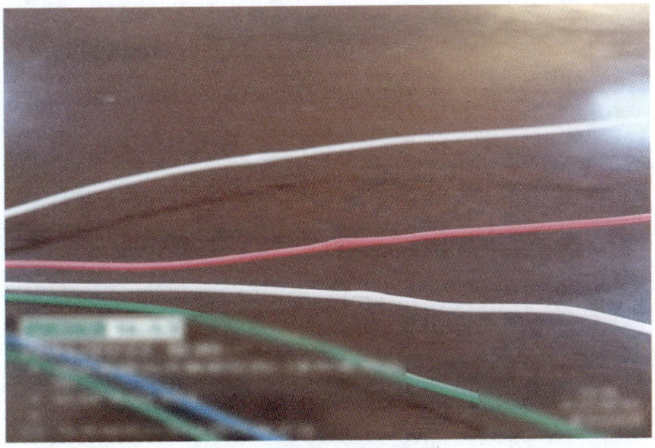

图 3-2-9　送电端轨道箱至扼流变压器间电缆红芯、白芯破损

（三）问题研判

1. 施工源头电缆工艺质量不高。通过对 49-51DG 送电端轨道箱至扼流变压器间电缆进行开挖分解检查发现，在扼流变压器内部电缆盒接线柱端子板下部处 6 芯电缆外皮有硌痕，其中红芯与白芯外皮破损明显，反映出前期施工时电缆工艺质量不良，留下安全隐患。

2. 应急处置能力需要进一步提高。一方面，单次轨道电路区段红光带持续时间比较短，故障现象时有时无，未能及时测试到稳定状态下的电气特性数据。另一方面，该区段为一送三受区段，故障发生后应急人员对区段内所有轨道绝缘、轨距杆绝缘、道岔安装装置绝缘等逐一排查测试，在确认无异常后，才分析判断轨道箱至扼流变压器间电缆不良。

（四）防范措施

1. 加强电缆施工源头质量管理。对于站场改造、设备大修等涉及电缆敷设的施工，重点做好电缆敷设质量的监督检查，电缆弯曲半径符合标准，电缆芯线穿保护管时采取防护措施，避免电缆损伤。

2. 组织开展电缆混线故障演练。针对轨道电缆混线故障处置难度大的特点，由车间负责，组织工区利用实训设施开展针对性模拟演练，确保干部职工熟练掌握类似混线故障的判断方法和处理技巧，提升现场应急处置能力。

3. 不断强化电缆应急基础管理。充分做好电缆应急准备工作，由车间根据管内人员特点，明确抢修队伍人员分工，细化电缆故障分析判断及抢修程序，加强室内外统一指挥，确保发生电缆问题能够迅速集合力量，在较短时间内处理恢复，减少故障对运输的干扰。

案例 5　牵引回流电气化干扰造成轨道电路区段红光带

（一）故障概况

某日 11 时 04 分，京哈线狼窝铺站内 15/27G 轨道电路区段闪红光带。12 时 46 分、13 时 51 分该区段再次闪红光带。

故障原因：信号贯通地线防护不到位，在通过重联动车组时，钢轨牵引回流较大，经北侧钢轨连接的 084 号接触网支柱连接地线与信号贯通地线因距离不足导致放电，使牵引回流不平衡造成该区段闪红光带。

（二）分析处置

接故障通知，信号应急处置人员立即赶到运转室但未见故障现象。段调度通过调取 TDCS 回放发现 D12 次列车进入 6 道后 15/27G 轨道电路区段闪了一下红光带，导致出站信号关闭，立即通知现场。故障抢修命令批准后，应急处置人员携带抢险工具、仪表赶往现场处理查找。

由于红光带故障发生时间一共持续 5 s 左右，现象消失后各部电气特性全部恢复正常，处理人员查找隐患无目标、无方向，只能安排人员对室内及室外电务设备进行全面的平推检查，但是未发现设备存在异常状态。11 时 50 分处理人员上线继续检查设备，检查发送箱内各部器材状态良好，检查接收端各部器材特性良好。对轨道连接线及轨道绝缘进行检查良好。室内测试继电器特性良好，检查分线盘各部端子紧固良好。

12 时 46 分该区段再次发生 6 s 的闪红光带故障。经处理人员查找未发现设备异常，12 时 58 分电务登记设备正常。13 时 30 分，电务上线对室内外设备进行了再次排查依然未能找到设备隐患。处理人员经查看 TDCS 回放及信号集中监测电压曲线分析后，发现两次故障全部是动车组列车进站后压入ⅥG 后发生，怀疑电气化干扰造成故障，现场干部职工将检查重点放在外界干扰上，但是期间未能发现设备隐患。

13 时 51 分该区段第三次闪 6 s 的红光带。

经调取 15/27G 轨道电路区段故障时段电压曲线，发现 12 时 12 分 25 秒至 12 时 20 分 28 秒间该区段电压存在异常波动，12 时 46 分 23 秒该区段电压由正常的 25.4 V 降至 16.2 V，此时轨道发生红光带故障，12 时 46 分 29 秒曲线恢复正常，红光带消失。

15/27G 轨道电路区段异常电压曲线如图 3-2-10 所示。

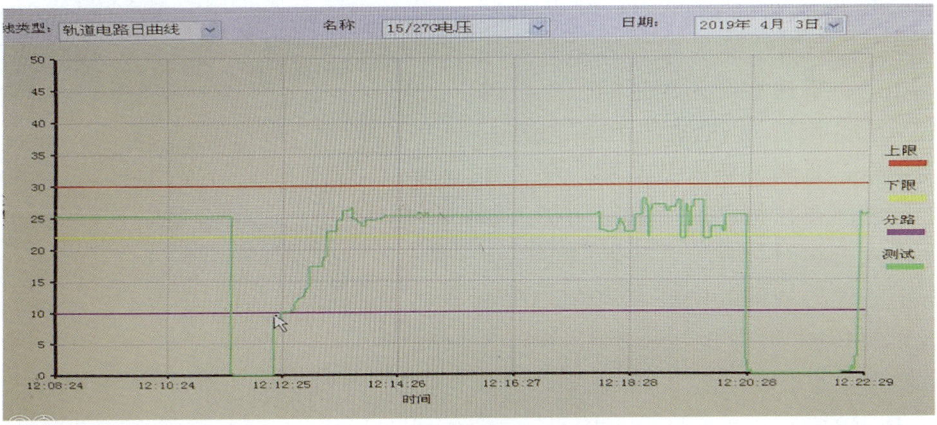

（a）故障前异常电压曲线

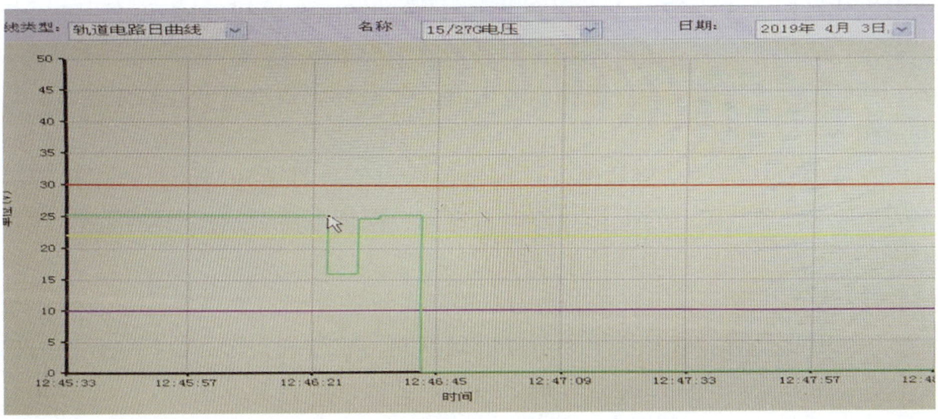

（b）故障时异常电压曲线（1）

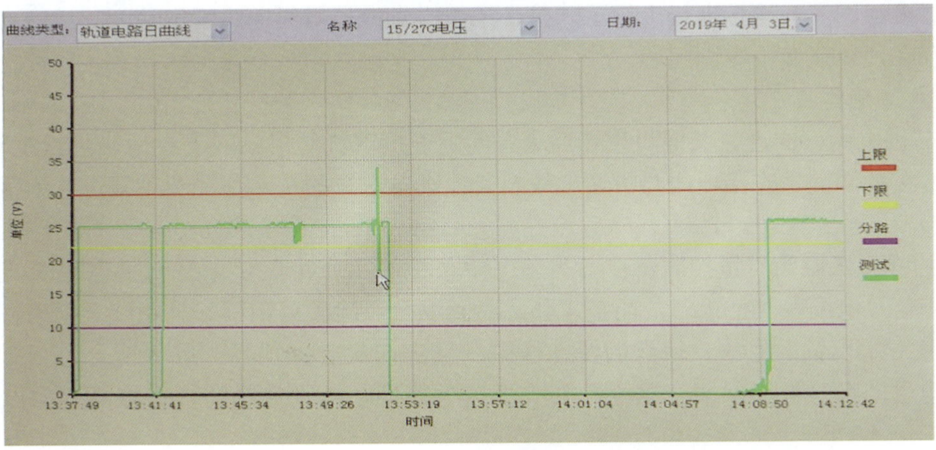

（c）故障时异常电压曲线（2）

图 3-2-10　15/27G 轨道电路区段电压异常曲线

处理人员由站内方向向站外方向沿 15/27G 排查接触网水泥支柱连接钢轨的地线时，在津山 84 号接触网支柱接地线与钢轨连接处发现有放电声音。处理人员连接钳形电流表后测试有 50 Hz 频率的 140～204 A 电流。外观查看信号贯通地线埋于土中，84 号接触网支柱钢筋地线与防护胶管均埋于土下。

现场处理人员对贯通地线和接触网支柱钢筋地线上的土进行清理，发现放电点（图 3-2-11）。其中两线交叉位置无接触，高低相差 30 mm，贯通地线东西走向位于接触网支柱钢筋地线下方，钢筋地线为南北走向，南侧连接钢轨，北侧连接火花间隙，交叉处有胶管对接触网支柱钢筋地线进行防护。联系供电处理人员临时处理后，接触网支柱钢筋地线与钢轨连接处的放电现象消失，故障隐患被成功排除。14 时 04 分，经工务、电务、供电检查设备正常销记。

图 3-2-11　放电点

（三）问题研判

1. 在电气化区段，牵引电流工频及其谐波干扰、供电电网接地时 50 Hz 的干扰，使牵引回流在两条钢轨上产生不平衡电流，在两条钢轨上形成电位差，在扼流变压器牵引线圈产生电动势，进而在信号线圈端产生电压或者电流，严重时导致扼流变压器磁饱和，影响轨道电路正常工作。

2. 本次故障的直接原因是接触网支柱连接地线与信号贯通地线因距离不足造成牵引电流放电，故障属结合部故障，对此类故障没有认知、原理不清，处理经验不足，再加上该放电隐患点埋于地下不易发现，造成故障延时长。

3. 15/27G 轨道电路区段闪红光带瞬间恢复后，设备各部特性恢复正常且状态良好，造成应急处置人员不能及时对故障性质和范围准确判断，故障查找失去目标、没有方向，再加上应急故障处理能力低，同类故障处理缺乏经验，造成故障重复发生。

4. 前期施工质量不高，埋下故障隐患。对于结合部设备隐患问题风险研判不够，施工人员只对接触网支柱连接地线进行了防护，未组织对信号贯通地线埋设深度较浅问题进行处理，且存在地线连接不牢固问题。

（四）防范措施

1. 与供电做好沟通，共同对现场经火花间隙连接钢轨的接触网支柱地线进行统计建账，对有供电接触网支柱连接地线与贯通地线及其他设备交叉的特殊情况要重新进行下落并做好防护。

2. 加强施工源头质量控制，在各类施工中严把施工质量关，做好与供电地线交叉的信号地线、信号电缆及其他设备的防护工作，做到安全风险关口前移，杜绝施工隐患。

3. 针对狼窝铺发生故障地点的特殊性举一反三，从应急预案、设备结合部分布、风险辨识与隐患排查的管理层面有重点、准确地进行梳理，分别从物防、技防两方面做好防范工作。

4. 加强施工地段的日常设备检查巡视工作。对于设备大修站，现场车间加强日常的设备检查巡视、测试频次，对于外界可能造成的设备影响和电气特性的变化及早发现解决。

案例 6　桥涵电缆烧损造成轨道电路区段红光带

（一）故障概况

某日 13 时 20 分，王秦庄站外勤发现北仓至王秦庄站内 K9＋350～＋700 处线路左侧杂草着火，13 时 28 分王秦庄站 XJG、ⅠAG 轨道电路区段着红光带，14 时 00 分消防、工务将火扑灭，15 时 17 分ⅠAG 经电务处理后恢复，15 时 53 分 XJG 经电务处理后恢复。

故障原因：由于北仓至王秦庄站内 K9＋350～＋700 处线路左侧杂草着火，XJG、ⅠAG 送受电端桥涵水泥包封处电缆被烧损，造成轨道电路区段着红光带。

（二）分析处置

13 时 36 分，段信号集中监测分析人员通过查看信号集中监测回放及轨道电路区段电压曲线发现，13 时 28 分至 13 时 29 分 XJG、ⅠAG 两区段均在空闲状态下先后着红光带，如图 3-2-12 所示。

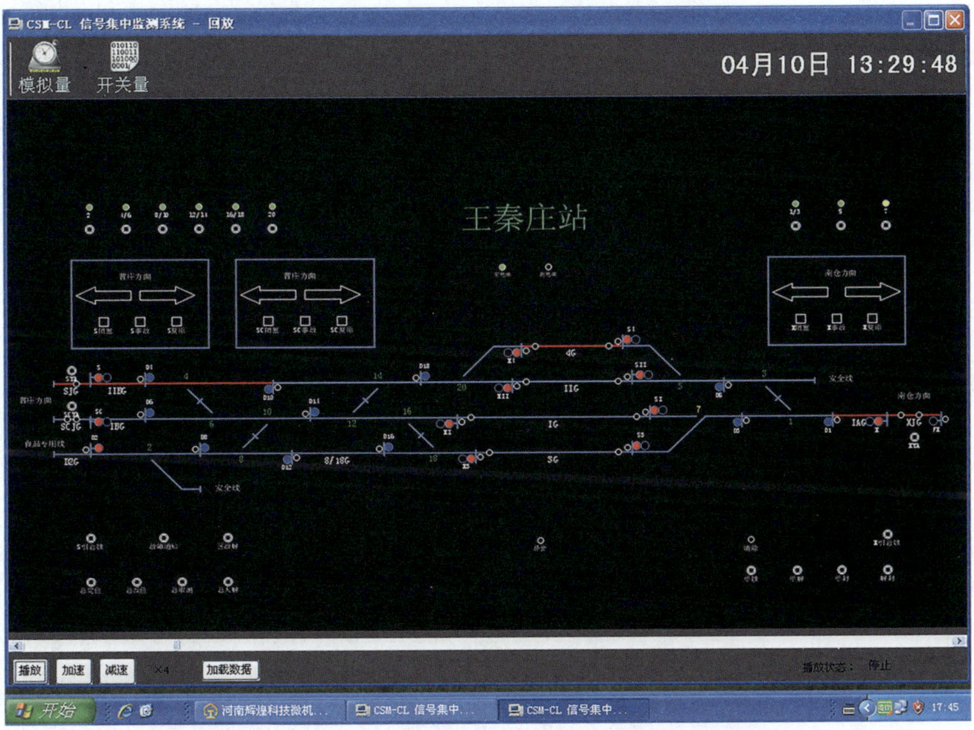

图 3-2-12　XJG、ⅠAG 两区段均在空闲状态下先后着红光带

XJG 轨道电路区段接收电压由正常值 21.7 V 突降至 0 V（图 3-2-13），ⅠAG 轨道电路区段接收电压由正常值 19.9 V 突降至 0 V（图 3-2-14），初步判断为轨道电路区段断路故障。

13 时 50 分，工区处理人员到达王秦庄站运转室，经确认故障现象为 XJG、ⅠAG 轨道电路区段着红光带。

13 时 52 分，处理人员向调度申请故障上线命令，准备上线进行故障处理。

13 时 55 分，段调度下达故障上线命令，处理人员赶赴现场进行故障处理。

14 时 05 分，处理人员到达现场，发现北仓至王秦庄站内 K9＋350～K9＋700 处线路左侧杂草着火，处理人员分别到达 XJG、ⅠAG 轨道电路区段送电端，经测试两区段送电电压均为 0 V，初步判断为因火情造成电缆受损导致轨道电路区段着红光带。

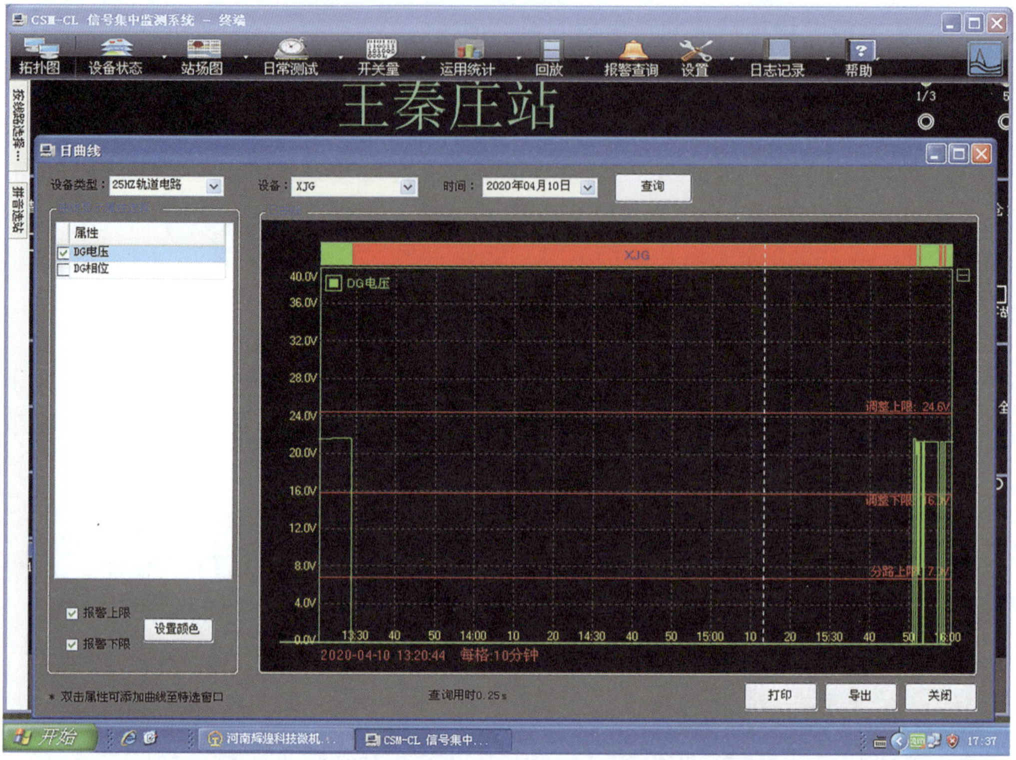

图 3-2-13 XJG 轨道电路区段电压曲线

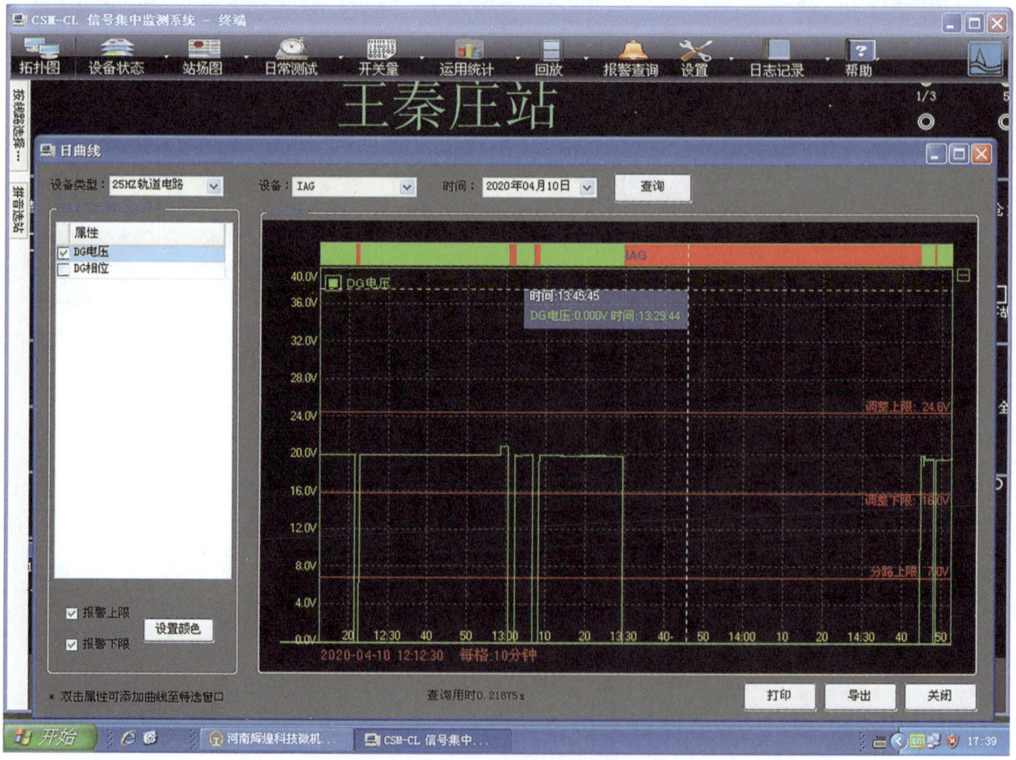

图 3-2-14 ⅠAG 轨道电路区段电压曲线

14 时 10 分，处理人员采用拉临时线加倒接贯通电缆的方式准备对设备临时进行恢复。

14 时 44 分，经临时处理后，ⅠAG 轨道电路区段红光带消失，室内测试电压恢复到正常值。

15 时 17 分，经室内外联锁试验良好后，ⅠAG 轨道电路区段表示良好，销点销记交付使用。

15 时 20 分，处理人员使用同样方法对 XJG 轨道电路区段进行临时恢复。

15 时 49 分，经临时处理后，XJG 轨道电路区段红光带消失，室内测试电压恢复到正常值。

15 时 53 分，经室内外联锁试验良好后，XJG 轨道电路区段表示良好，销点销记交付使用。

后续对烧损电缆进行正式割接。

（三）问题研判

1. 外部环境治理不到位。王秦庄站属北仓北工区管辖外站，受损电缆位于桥涵水泥包封处，工区日常对电缆径路的管理工作存在漏洞，安全敏感性不强，未能根据季节特点对电缆设备的安全风险隐患进行研判；尤其是对外站等偏远地区的电缆径路缺乏巡视检查、整治，造成桥涵水泥包封处所因杂草未及时进行清理而引发火灾，导致信号电缆烧损。

2. 电缆隐患排查不到位。工区春融工作开展落实不扎实，对桥涵电缆水泥包封处周围杂草多的隐患问题排查整治不到位。车间对隐患排查和重点工作深入研究不够，组织推进不力，未能及时根据季节性特点，对电缆安全重点部位进行安全风险预警，指导班组做好电缆巡视检查和隐患排查工作。

3. 专业管理存在漏洞。段技术科虽然对各项重点工作进行了布置，但对现场隐患排查工作的开展情况及问题整改情况缺乏检查指导，未能形成闭环管理，造成现场车间对工作重点要求掌握不清，完成质量不高。

（四）防范措施

1. 认真组织电缆隐患排查整治。一是组织管内各现场车间对所有电缆径路进行全面检查，及时清理电缆径路周边杂草、易燃物，彻底消除电缆安全隐患。二是重点对桥、涵、排水沟渠地段电缆进行水泥包封防护，同时对电缆槽、电缆标识进行检查整治，确保标桩齐全。三是段、车间干部加强机车添乘、徒步检查，掌握沿线电缆防护及电缆径路周围施工动土及可燃物存放情况，防止因电缆外界妨害影响运输行车秩序。

2. 加强电缆特性测试对比分析。电缆全程对地绝缘测试数据要进行对比、分析，研判电缆芯线对地绝缘变化趋势，及时做好特性下降问题的排查分析，超前防范电缆隐患。

3. 做好应急预案的完善及应急演练。段、车间健全完善电缆故障应急抢险预案，配备电缆接续工具及接续材料，针对电缆烧损、中断故障开展实操演练，提高电缆故障时的应急处置能力。

案例 7　防护罩固定铁线封连造成轨道电路区段红光带

（一）故障概况

某日 0 时 16 分，南仓下行直通场 7DG 轨道电路区段闪红光带，1 时 19 分经电务检查设备正常。

故障原因：7 号道岔心 1 转辙机出杆防护罩固定铁线与外表示杆封连，造成该区段闪红光带。

（二）分析处置

电务接通知后，通过查看信号集中监测回放及轨道电压曲线分析发现，23 时 58 分，7DG 轨道电路区段电压出现波动，由正常值 18.4 V 波动下降至 13 V（轨道电路区段未着红光带），0 时 16 分，波动下降至 9 V（轨道电路区段闪红光带），初步判断为室外设备短路故障。随后工区人员向段调度申请故障上线命令，准备上线进行处理。

0 时 39 分，段调度下达故障上线命令，处理人员赶赴现场进行故障处理。处理人员到达故障现场后经检查发现，7 号道岔心 1 转辙机出杆防护罩固定铁线与外表示杆封连，造成该区段闪红光带，处理后故障恢复，轨道电路区段电压恢复正常值。

1 时 19 分，销点销记，交付使用。

（三）问题研判

1. 工区设备巡视检查不到位。设备巡视质量不高，日常设备检修、巡视检查时只是注重对箱内各部器材、轨道电路绝缘、钢轨引接线等进行检查，对转辙机出杆防护罩固定铁线与外表示杆易封连的设备隐患问题日常检查存在盲区，工区设备养护不到位。

2. 现场故障处理人员技术能力不强。现场故障处理人员对轨道电路设备故障查找判断与处理方法学习不够，掌握不清，没能第一时间判断出是由于转辙机出杆防护罩固定铁线与外表示杆封连造成轨道电路区段闪红光带，处理人员判断故障点不准确，导致处理故障延时较长。

（四）防范措施

1. 开展设备平推检查工作。利用天窗点对轨道电路设备进行平推检查，重点对室外设备易封连处所进行集中检查，发现问题及时处理，确保设备正常使用。

2. 加强特性测试对比分析。充分利用信号集中监测设备，加大对设备特性曲线变化的监控分析力度，严格落实早中晚三次监测数据的查看分析制度，强化利用技防手段分析研判设备风险隐患的作用，做到安全隐患超前防范。

3. 强化应急处置能力。定期开展故障处理应急演练，特别是针对轨道电路设备故障要理论与实践相结合，提升全员应急处置能力。

案例 8　钢轨接续线虚接造成轨道电路区段红光带

（一）故障概况

某日 13 时 27 分至 14 时 19 分，京沪线丰台站 127DG 轨道电路区段着红光带，经处理后恢复，故障延时 52 分。

故障原因：127DG 钢轨接续线接触不良，造成 127DG 轨道电路区段着红光带。

（二）分析处置

工区接到故障信息后，立即汇报，确认故障现象后登记设备停用。室内人员调阅信号集中监测进行数据分析，发现 127DG 轨道电路区段接收电压在 14～9.7 V 波动（图 3-2-15），随后在分线盘测试 127DG 轨道电路区段回楼电压为 9.5 V，初步判断为室外故障，立即申请故障上线命令。

应急处理人员到达 127DG 轨道电路区段送电端后，检查绝缘、接续线、扼流箱线外观良好，测试 127DG 轨道电路区段送电端各项数据：Ⅰ次侧电压为 225 V，Ⅱ次侧电压为 6.4 V，电阻电压为 3.4 V，信号线圈电压为 3.3 V，轨面电压为 1.1 V，无明显异常。用在线绝缘测试表测试 127DG 轨道电路区段送电端轨道绝缘，测试数值均大于 20 Ω，符合标准。

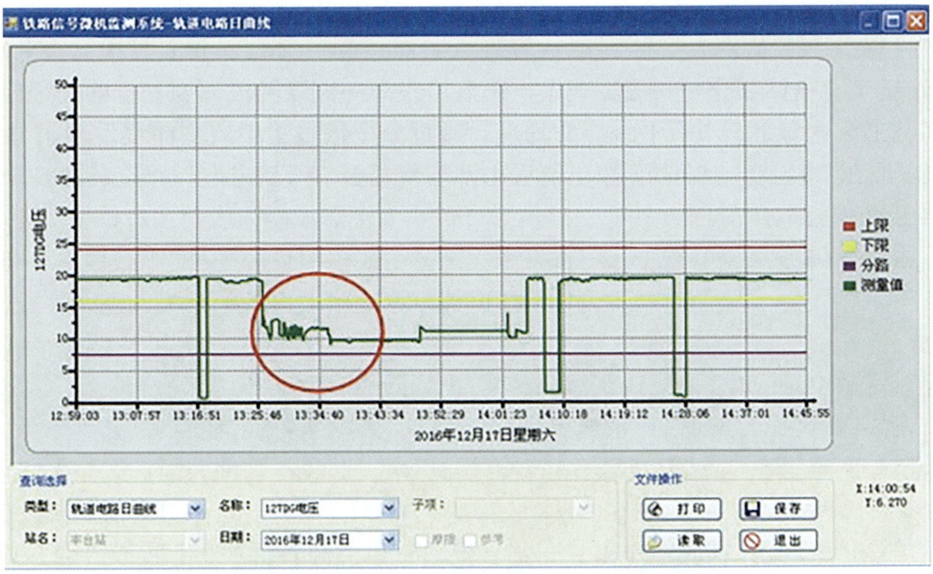

图 3-2-15　127DG 轨道电路区段接收电压日曲线

随后，处理人员从送电端逐步向受电端进行检查。距送电端约 400 m 时，现场对 127 号道岔进行平推检查。检查测试极性绝缘阻值均超过 300 Ω，跳线、连接线良好；道岔各种开口销良好、无蹭轨底现象；道岔绝缘测试良好，阻值为 200 Ω。

继续向受电端进行检查，到达距受电端约 20 m 的短钢轨连接处，对钢轨接续线进行检查时，发现接续线塞钉松动，随即进行敲打铆接紧固。铆接紧固后红光带消失，127DG 轨道电路区段接收电压恢复正常值 19.4 V。14 时 19 分，信号人员检查设备无异常后，进行故障销记。

（三）问题研判

1. 设备巡检有差距。班组对轨道电路钢轨接续线的检查工作有疏漏，未能在日常巡检中及时发现接续线松动的设备隐患问题。

2. 安全风险研判不足。对可能影响轨道电路的安全风险因素研判不足，思想上对接续线紧固情况重视不足。

（四）防范措施

1. 结合日常轨道电路巡视检查和集中检修，对轨道电路区段内引接线塞钉头打入深度、有无锈蚀进行检查，及时发现消除接续线塞钉头虚接隐患。

2. 轨道引接线要定期使用钳形电流表进行卡流测试，根据引接线中电流的数值大小，判断引接线中电流是否平衡，不平衡说明引接线存在虚接、断股隐患。

3. 在认真做好设备日常电气特性测试分析的基础上，充分利用信号集中监测加强对设备运用状态的监测盯控，做到问题早发现早处理。

案例 9　扼流变压器引接线虚接造成轨道电路区段红光带

（一）故障概况

某日 7 时 41 分，D738 次列车黄村站Ⅵ道通过后，站内ⅥAG 轨道电路区段遗留红光带，8 时 03 分经电务处理后恢复。

故障原因：ⅥAG 轨道电路区段受电端长扼流变压器引接线一根塞钉头折断、另一根虚接。

（二）分析处置

7时41分，电务值班人员接到车站值班员通知“黄村站内京九上行线ⅥAG区段红光带”。驻站员于07时45分确认故障现象，随后汇报车间调度及段调度并正确登记停用。

车间、工区立即组织人员上线应急处理。通过分析信号集中监测曲线发现，ⅥAG轨道电路区段电压在7时40分25秒列车出清后由0 V恢复至5.6 V左右，并持续在5.6～8.75 V波动，如图3-2-16所示。

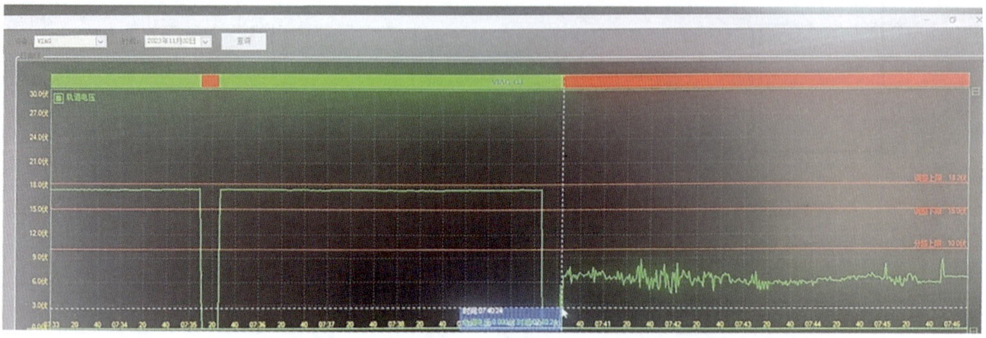

图3-2-16　故障时ⅥAG轨道电路区段电压波动曲线

车间、工区应急处置人员到达现场后发现ⅥAG轨道电路区段受电端长扼流变压器引接线一根塞钉头折断（图3-2-17），另一根外观正常，怀疑其接触不良。处置人员立即对另一根塞钉头进行敲打，敲打后室内通知轨道电路区段红光带表示恢复，查看电压曲线，8时01分14秒恢复正常值17 V，于8时03分进行销记。

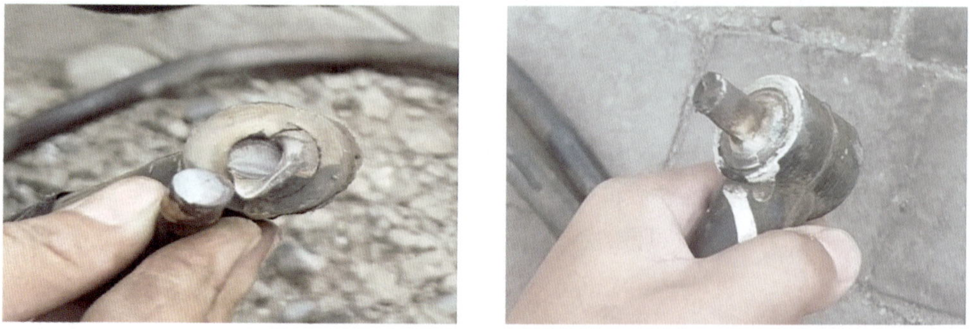

图3-2-17　断裂及接触不良引接线塞钉头

后续要点对ⅥAG轨道电路区段受电端两根长扼流引接线进行更换，更换后电压正常，曲线良好。

（三）问题研判

1. 轨道电路设备重点维护措施执行不到位。车间未能严格落实重点工作要求，专项整治项目推进不力，造成黄村站ⅥAG轨道电路区段扼流变压器引接线未按要求更换为分体塞钉式，同时引接线检查、测试工作落实不到位。

2. 轨道电路设备巡视检查不细致。班组未能发现该处塞钉存在接触不良隐患，同时对引接线塞钉打入角度及引接线紧绷状态重视不够，日常设备巡视没有重点检查和卡流测试。

（四）防范措施

1. 定期组织对扼流变压器引接线进行卡流测试，根据引接线中电流数值大小，判断引接线中电流是否平衡，不平衡说明引接线存在虚接、断股隐患。

2. 配合工务集中修需要拆除箱盒引接线的，要避免同一引接线塞钉头反复拆装导致塞钉孔增大，进而导致塞钉头虚接，必要时协调工务现场使用电钻重新制作引接线塞钉孔。

案例 10　钢轨引接线塞钉折断造成轨道电路区段红光带

（一）故障概况

某日 8 时 09 分，云居寺站 XJG 轨道电路区段着红光带，9 时 25 分经电务处理后恢复。

故障原因：云居寺站 XJG 轨道电路区段送电端长钢轨引接线塞钉折断。

（二）分析处置

信号工区接到故障信息后，立即向车间、段调度汇报，并由外站赶回工区（当时在外站进行天窗作业）。

车间接到故障信息后，值班干部立即利用车间信号集中监测终端对云居寺站 XJG 轨道电路区段接收电压日曲线进行查看分析。经查看发现：下行列车出清 XJG 轨道电路区段后，出现红光带，电压为 0.2 V，此前电压曲线一直平稳无波动现象（图 3-2-18）。初步判断为室外开路故障，立即将分析情况告知赶往现场的故障处理人员，并提示现场带齐工具、仪表以及应急器材、箱线等。

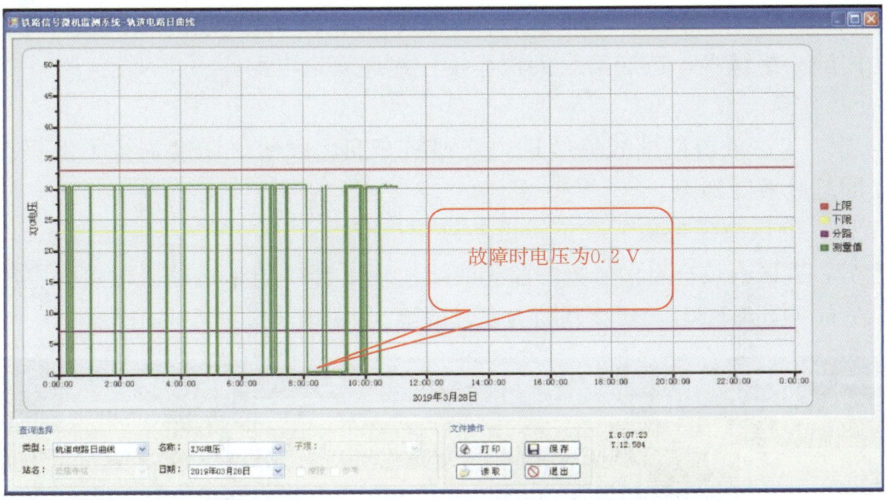

图 3-2-18　XJG 轨道电路区段接收电压日曲线

8 时 38 分，故障处理人员到达云居寺站，办理登记停用手续，同时准备工具、材料、应急备品等，随后赶赴故障现场。

8 时 50 分，故障处理人员到达 XJG 轨道电路区段受电端，测试轨面电压为 0 V，然后向送电端方向逐步查找测试，9 时 15 分到达 XJG 轨道电路区段送电端，检查发现送电端长钢轨引接线塞钉折断（图 3-2-19），立即更换。更换完毕后红光带故障现象消失，测试各部电压恢复正常后，进行故障销记。

图 3-2-19　折断的引接线塞钉

（三）问题研判

1. 设备日常养护检查不到位。现场对设备日常巡检质量不高，标准化落实不精细，忽略了对接续线塞钉部位的检查，没有及时发现设备隐患问题。

2. 重点工作推进迟滞。现场落实关于轨道电路引接线“单改双”的重点工作不力，工区过度强调该处在隧道内、路途不便等客观因素，导致消除设备隐患的技术措施落实不到位。

（四）防范措施

1. 结合春检及轨道集中检修等工作，对轨道电路引接线进行全面的平推检查，发现隐患问题及时解决。

2. 强化轨道引接线防断措施的落实，推进轨道电路引接线的“单改双”工作，提高设备运用的安全冗余。

案例 11　道岔尖轨连接杆开口销封连滑床板造成轨道电路区段红光带

（一）故障概况

某日 6 时 46 分，大灰厂站 1-3DG 轨道电路区段着红光带，7 时 37 分恢复。8 时 06 分，大灰厂站 1-3DG 轨道电路区段着红光带，9 时 45 分恢复；9 时 59 分，大灰厂站内 1-3DG 轨道电路区段闪红光带，11 时 02 分恢复；17 时 35 分，大灰厂站内 1-3DG 轨道电路区段着红光带，19 时 32 分经电务处理后恢复。

故障原因：1 号道岔第二尖轨连接杆左侧连接销的开口销封连滑床板，同时右侧丁字铁固定螺栓孔内缺少绝缘管，造成第二尖轨连接杆封连轨道电路。

（二）分析处置

6 时 48 分，工区人员接到故障信息，立即向车间、段值班调度进行了汇报。车间、段值班干部立即赶赴故障地点。

6 时 57 分，确认故障现象后登记了设备停用。

7 时 05 分，工区人员查看信号集中监测曲线发现 1-3DG 轨道电路区段接收电压由 18.4 V 下降至 7 V 左右（图 3-2-20），初步判断为室外故障。

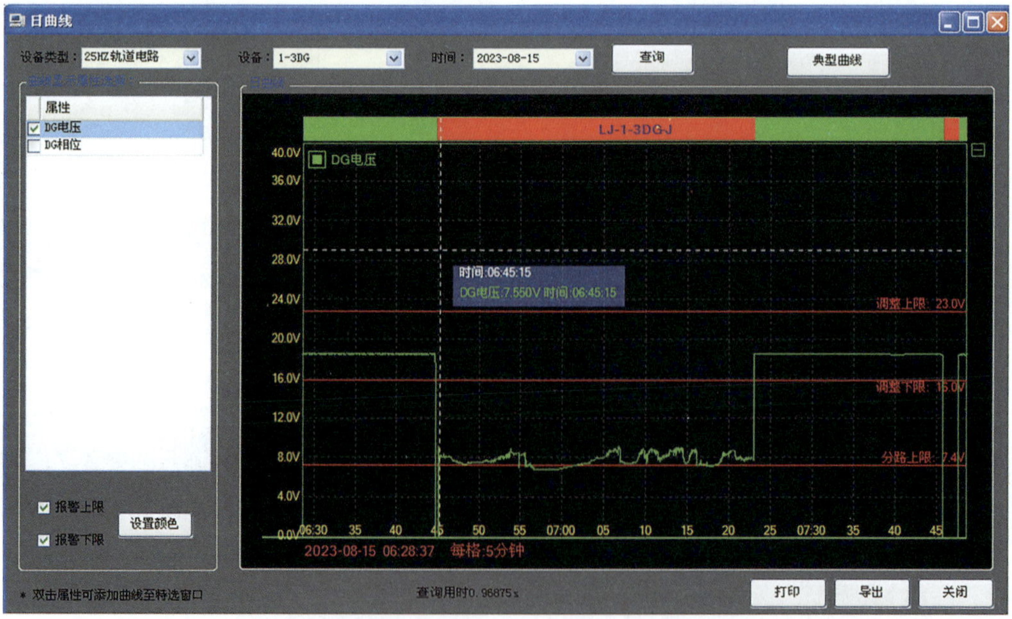

图 3-2-20　故障时 1-3DG 轨道电路区段接收电压曲线

7 时 08 分，组织人员上线处置，到达 1 号道岔附近，发现工务已先前到达现场。向工务询问现场情况期间，1-3DG 轨道电路区段接收电压曲线恢复正常，应急处置人员测试各部电压正常后，7 时 37 分，对故障进行了销记。

8 时 06 分，1-3DG 轨道电路区段再次着红光带，查看 1-3DG 轨道电路区段接收电压曲线发现与第一次时相似，应急人员再次上线查找。排查过程中，检查发现 1 号道岔岔后右股极性绝缘（拼装）附近有铁屑（图 3-2-21），使用螺丝刀在该处绝缘缝隙处吸出少量铁屑，随即向现场工务要求分解绝缘进行检查。

图 3-2-21　极性绝缘处铁屑

9 时 29 分，现场应急处置人员使用手锤敲击震动 1 号道岔岔后转极绝缘，同时，室内查看监测曲线 1-3DG 轨道电路区段接收电压呈现上升趋势（图 3-2-22），随之红光带消失，9 时 45 分进行了销记。

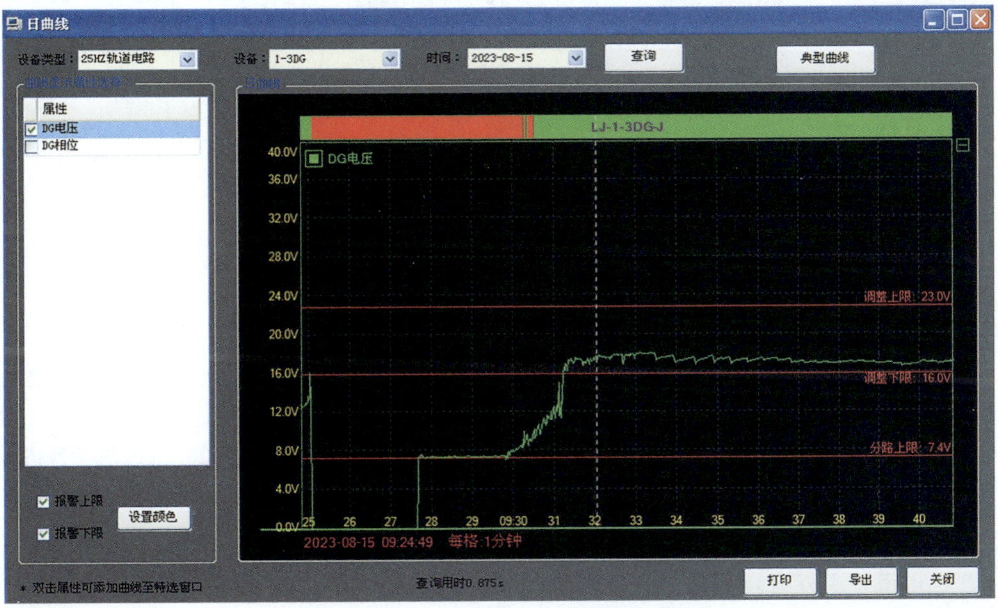

图 3-2-22　敲击转极绝缘后电压上升

9 时 59 分，列车过后 1-3DG 轨道电路区段再次闪红光带。

10 时 15 分，电务登记设备停用，与车站联系沟通要点分解绝缘。

10 时 30 分，登记要点配合工务分解绝缘，10 时 33 分至 10 时 58 分车站给点，配合工务对 1 号道岔岔后右股转极绝缘（拼装）进行分解，分解后发现绝缘内部存有铁屑（图 3-2-23）并立即进行了清理；随后工务对绝缘接头恢复，此时

图 3-2-23　绝缘内部存有铁屑

轨道电路区段接收电压恢复正常，室内监测曲线平稳（图 3-2-24），与故障前曲线一致。

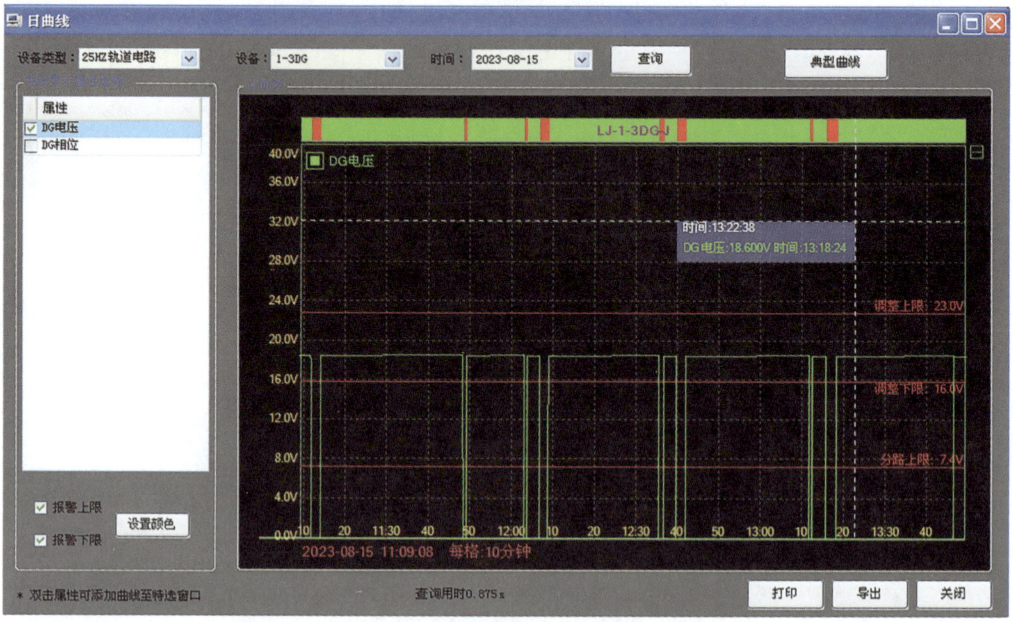

图 3-2-24 工务清扫绝缘后轨道电路区段接收电压平稳

11 时 02 分，电务对 1-3DG 轨道电路区段红光带故障进行销记。

17 时 36 分，1-3DG 轨道电路区段再次着红光带，车间、段值班干部立即前往进行应急处置。

17 时 45 分，现场处置人员到达大灰厂站 1 号道岔附近。检查 1 号道岔右股转极绝缘处，发现该绝缘处又存有大量铁屑（图 3-2-25），进行清理后红光带随之消失，检查其他未见异常。室内观察曲线平稳后，于 17 时 51 分进行了销记。

18 时 35 分，大灰厂站 1-3DG 轨道电路区段再次着红光带。应急处置人员再次进行全面排查。应急处置人员由受电端向送电端进行测试排查，发现 1-3DG 轨道电路区段送电端电阻电压由正常的 2.1 V 升高至 3.3 V，判断为室外短路故障。利用轨道电路电流测试仪从送电端向受电端进行测试，行至 1 号道岔第二尖轨连接杆处，发现第二尖轨连接杆靠近送电端侧有电流，向受电端方向跨过第二尖轨连接杆后电流为零，判断第二尖轨连接杆存在短路。

检查 1 号道岔第二尖轨连接杆，发现左侧连接销的开口销与道岔滑床板封连（图 3-2-26），随即对开口销进行了处理，轨道电路区段红光带消失，测试第二尖轨连接杆右侧也存在封连现象，观察监测曲线电压正常且平稳后，于 19 时 32 分进行了销记。

图 3-2-25 绝缘处铁屑

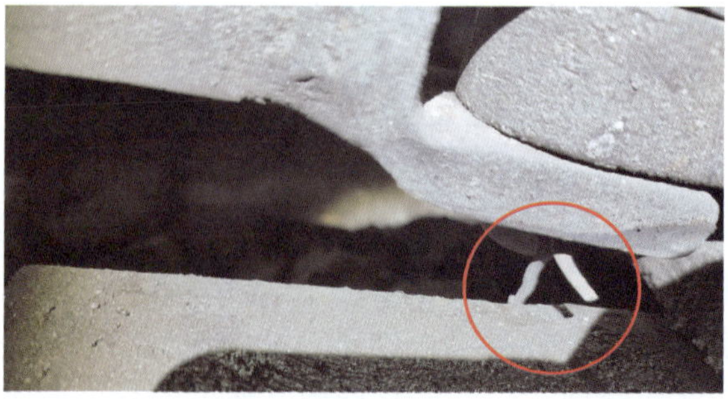

图 3-2-26 道岔第二连接杆处开口销封连滑床板

21时59分至22时14分，工务要点对1号道岔第二尖轨连接杆右侧丁字铁绝缘进行分解检查，发现第二尖轨连接杆右侧丁字铁固定螺栓孔内绝缘管缺失（图3-2-27）。

图3-2-27　丁字铁固定螺栓孔内绝缘管缺失

（三）问题研判

1. 应急处置存在较大失误，故障原因判断思路存在偏差。第一次轨道电路区段红光带故障时，由于工务先到达现场，且对1号道岔右股转极绝缘处进行了清扫，在未进行现场设备全面排查的情况下，主观臆测为故障原因为铁屑封连转极绝缘。第二次故障时，现场仍将1号道岔右股转极绝缘作为重点排查，且在敲击过程中，轨道电压呈上升趋势，从而误导了现场的判断，要求工务进行分解检查，耗费了较多的时间。后续工务分解绝缘后，轨道电路区段接收电压恢复正常，且持续稳定了较长时间，造成了故障判断的盲区。直到傍晚故障再次发生后，对故障情况进行了重新梳理，全面排查，从而找到故障点。

2. 隐患排查不到位，电气特性测试不严肃。一是日常只注重电务负责维修部位的检查，对第二尖轨连接杆连接销的开口销可能造成轨道电路封连的情况检查不细，未能吸取其他单位类似的故障教训。二是道岔安装装置、连接杆绝缘测试未发现右侧绝缘存在封连现象，说明工区电气特性测试不够重视的问题。

3. 配合施工作业源头质量不高。在配合工务更换道岔尖轨作业中，虽尖轨连接杆处的绝缘由工务负责拆装，但电务配合人员没有对工务第二尖轨连接杆处绝缘安装的完整性进行提示，后续也没有协助检查，为故障的发生埋下了隐患。

4. 故障处置流程落实不力。现场进行故障处理时，没有按照故障处理流程进行全面测试排查，导致未能及时发现道岔第二尖轨连接杆封连问题。

（四）防范措施

1. 加强设备隐患排查整治。积极联系工务，组织对道岔安装装置、尖轨连接杆绝缘以及各连接销处的开口销进行全面排查，绝缘测试时要采取边敲打边测试的方式，发现问题及时组织处理。

2. 提高施工配合作业源头质量。日常作业中加强对工务设备可能造成影响环节的检查提示，各项施工配合作业过程中，对作业质量全面把控负责，关键环节、处所必须按照风险卡控表逐项核对落实，确保配合作业质量达标。

3. 强化应急处置流程的培训演练。组织对轨道电路应急处置流程进行学习，开展轨道电路故障应急处置实操演练，提高现场应急处置能力。

第四章　区间闭塞设备故障处理方法及典型案例

区间闭塞设备是保证铁路区间行车安全、提高运输效率的关键行车设备。目前国内区间闭塞设备类型主要为 ZPW-2000 系列轨道电路，用于列车占用检查和向列车提供前方闭塞分区空闲信息。其构成主要为发送器、接收器、衰耗冗余控制器、防雷电缆模拟网络盘、通信盘、移频柜电源、机柜、调谐匹配单元、空芯线圈、补偿电容器、电缆等。本章主要以 ZPW-2000 系列轨道电路为例，介绍常见故障分析及处理方法。

第一节　故障处理基本方法

一、ZPW-2000A 型自动闭塞设备故障处理流程

ZPW-2000A 型自动闭塞设备故障处理流程如图 4-1-1 所示。

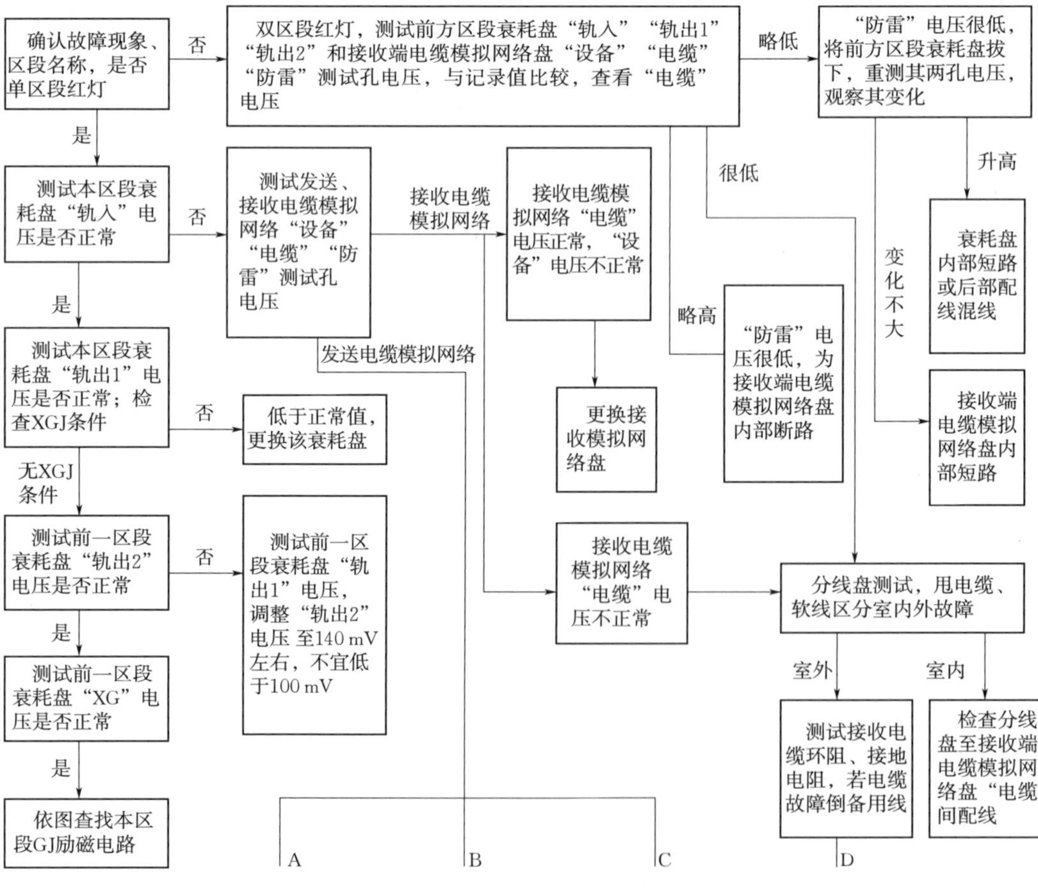

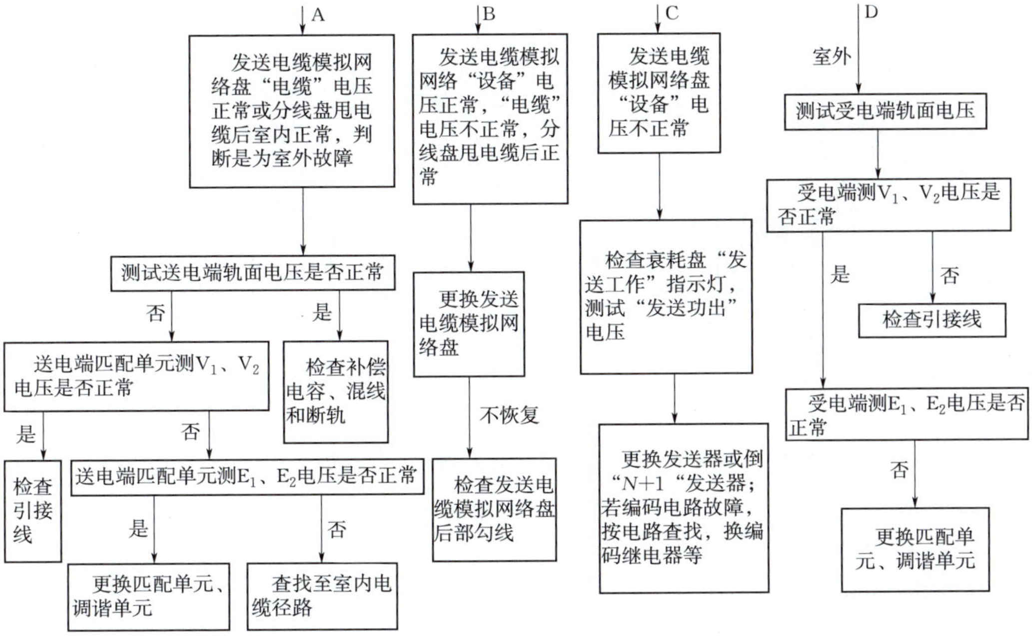

图 4-1-1　ZPW-2000A 型自动闭塞设备故障处理流程

二、ZPW-2000A 型无绝缘轨道电路故障处理流程

ZPW-2000A 型无绝缘轨道电路故障处理流程如图 4-1-2 所示。

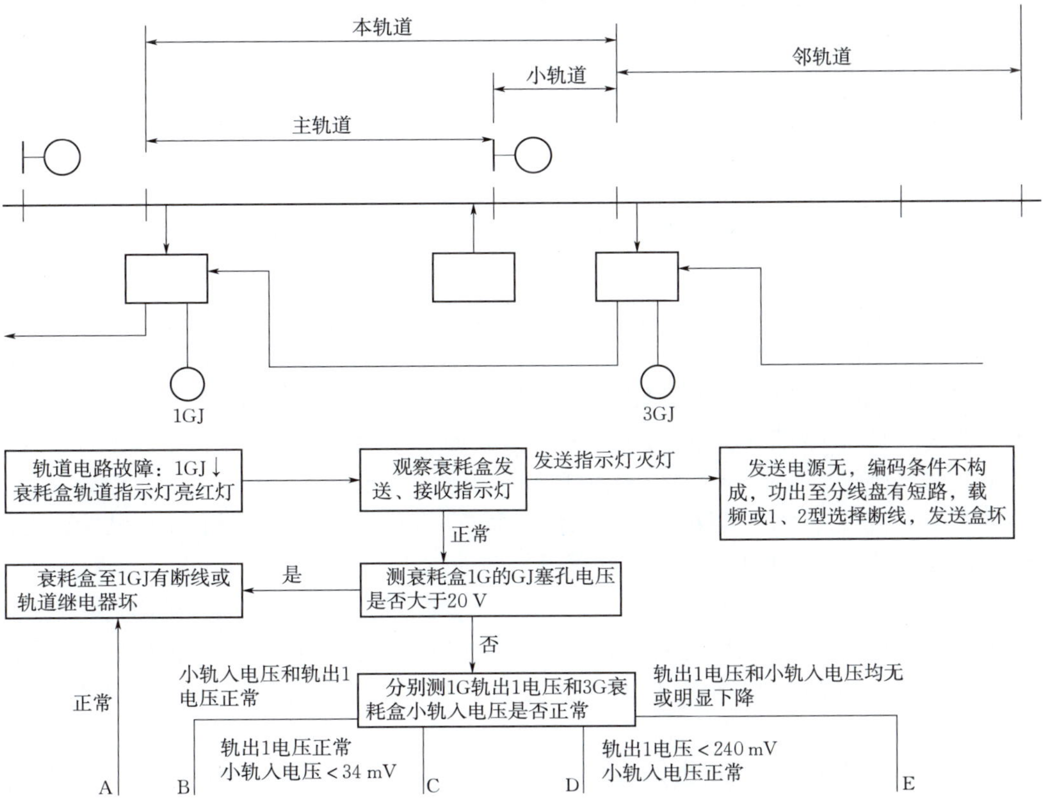

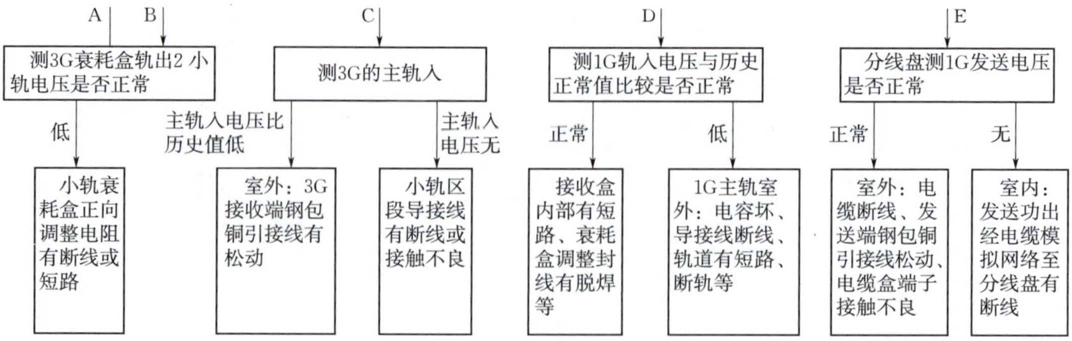

图 4-1-2　ZPW-2000A 型无绝缘轨道电路故障处理流程

说明：

1. 由于发送盒为两个，即主发送和＋1 发送，接收盒为双机并用，一般不考虑发送盒和接收盒坏。

2. 本故障处理流程只考虑一个轨道电路故障。

3. 若相邻两区段同时故障，一般为室外接收端引接线松、铜端头断、电缆断线或有短路。

第二节　典型案例

案例 1　移频柜电源线虚接造成区间红光带

（一）故障概况

某日 17 时 51 分，北降壁线路所至获鹿线路所间下行线 197BG 轨道电路区段着红光带，18 时 07 分电务销记，设备自然恢复。

故障原因：石太直通 1 号中继站室内 QY2-WD7-C 万可端子配线压接部位虚接，不能给 197BG 主备发送器提供－24 V 电源条件，造成主备发送器不能正常工作。

（二）分析处置

故障时信号集中监测二级报警信息：石太直通 1 号中继站 197BG 主备发送器和主备接收器同时出现工作状态异常报警；17 时 56 分，报警恢复。查看 197BG 故障时轨道功出电压、电流，接收入口主轨电压同时降至 0 V（图 4-2-1），197BG 同时出现红光带。

由于故障自复，天窗时间内电务人员对石太直通 1 号中继站室内设备继续排查。根据故障时主备发送、接收均报警的信息，重点排查共用部位。摇测电缆对地绝缘、检查主备发送器底座均正常，检查电源屏至移频柜电源线时发现，QY2-WD7-C 万可端子配线线头虚接（图 4-2-2），该端子影响 197BG 主备发送器及接收－24 V 电源。

根据《ZPW-2000 轨道电路设备》（TB/T 3532—2018）关于 ZPW-2000 轨道电路设备标准，发送器正常工作电压范围为“23～25 V”。QY2-WD7-C 端子影响 197BG 主备发送器及接收－24 V 电源，因该端子接触不良造成电压降低，发送器不能正常工作，导致无功出电压。

（三）问题研判

1. 机械室日常巡视检查不认真。石太直通 1 号中继站为无人值守中继站，按照段巡视检查要求，中继站巡视检查周期为 1 个月。班组于当月对 1 号中继站进行室内巡视检查，对线头

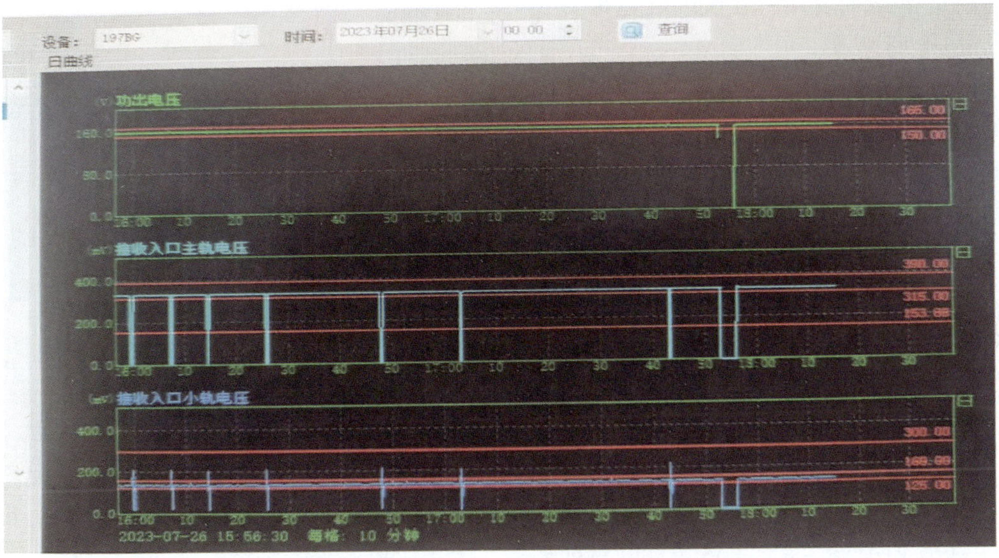

图 4-2-1　故障时 197BG 信号集中监测电压曲线

压接状态检查不认真，未能及时发现万可端子配线线头压接不实的隐患。现场检查发现该芯线没有正确压接到万可端子压片中间，端子压接不实，长时间过流发热导致芯线氧化，造成端子接触不良，落实室内巡视检查作业指导书要求有差距。

2. 万可端子隐患排查整治不彻底。对万可端子内部配线压接部位虚接的风险研判不足，未能及时采取针对性的排查整治措施，日常检修中没有指导班组对万可端子内部配线进行检查。

（四）防范措施

1. 深刻吸取故障教训，迅速组织排查整治。组织车间利用天窗点对管内机械室、中继站内万可端子配线进行平推检查，重点检查配线压接是否牢固，切实消除万可端子配线虚接隐患。

图 4-2-2　QY2-WD7-C 万可端子配线线头虚接

2. 加强设备维护管理。深刻吸取教训，认充分研判设备风险，制订针对性的检查整治措施，提高设备维护质量。

案例 2　移频柜 XGJ 条件线虚接造成区间红光带

（一）故障概况

某日 3 时 28 分至 3 时 55 分，5 时 44 分至 6 时 20 分，6 时 30 分至 6 时 52 分，7 时 16 分至 7 时 34 分，8 时 14 分至 8 时 30 分，涿州至琉璃河南站间 0456G 轨道电路区段先后五次着红光带，8 时 30 分经电务处理后恢复正常。

故障原因：琉璃河南站区间移频柜 QY1-203-9 万可端子压接线缆塑料端头被挤，线头压接不实，导致前方区段 0444G 接收器处理的小轨条件（XGJ、XGJH，电压不小于 20 V）因配线虚接不能稳定送回 0456G 接收器，造成 0456G 轨道继电器不能保持吸起状态，致使

0456G 轨道电路区段先后五次闪红光带。

（二）分析处置

工区人员接到故障信息后，立即向车间、段调度汇报，车间、段值班干部立即赶赴琉璃河南站。

3 时 31 分，电务到达运转室，发现控制台显示 0456G 轨道电路区段着红光带。进入机械室检查测试，发现 0456G 电压正常，0456G 轨道电路区段着红光带。

3 时 55 分，红光带自然恢复，进行销记。

5 时 44 分，0456G 轨道电路区段第二次着红光带，同时逻辑检查报警。

6 时 15 分，检查发现 0456G 采集衰耗器轨道灯亮红灯，测试 0456G 衰耗器 XGJ 电压为零，对 0456G 采集衰耗器进行预防性更换，逻辑检查盘解锁后轨道恢复，于 6 时 20 分进行销记。

6 时 30 分，0456G 轨道电路区段第三次着红光带，应急人员到机械室查看 0456G 衰耗器轨道灯亮红灯，同时控制台逻辑检查报警；检查发现 0456G 的 QGJ 落下，测试前方区段 0444G（上行三接近）采集衰耗器 XG 电压为 49 V（正常为 24 V），0456G 衰耗器 XGJ 电压为 0 V（正常为 24 V），6 时 35 分 0456G 自然恢复，对逻辑检查盘解锁后显示正常，于 6 时 52 分销记。

7 时 16 分，0456G 轨道电路区段第四次闪红光带。7 时 23 分，故障自然恢复。根据前期核对及测试结果，对 0444G 采集衰耗器和接收器进行预防性更换，于 7 时 34 分销记。

8 时 14 分，0456G 轨道电路区段第五次着红光带。通过分析，判断故障点在 0444G 给 0456G 送小轨条件的电路中，组织对该电路中的 QZ2-4 组合 QFJF 继电器、QZ2-5 组合 QZJF 继电器进行预防性更换。同时对 0444G 至 0456G 小轨条件进行逐段测试，测试过程中，8 时 16 分 15 秒，故障恢复。后续测试 QY1-203-9、QY1-203-10 端子时，8 时 16 分 35 秒至 8 时 16 分 40 秒、8 时 17 分 02 秒至 8 时 17 分 05 秒、8 时 17 分 15 秒至 8 时 17 分 18 秒，先后三次闪红光带后恢复。8 时 30 分，复查后销记。

11 时 17 分，申请故障天窗对 0456G 进行隐患排查，检查配线时发现区间移频柜 QY1-203-9 万可端子压接线缆塑料端头被挤（图 4-2-3），导致线头压接不实，重新插拔后发现万可端子接头处断裂，重新做头后进行插接，插接后轨道电路恢复正常。

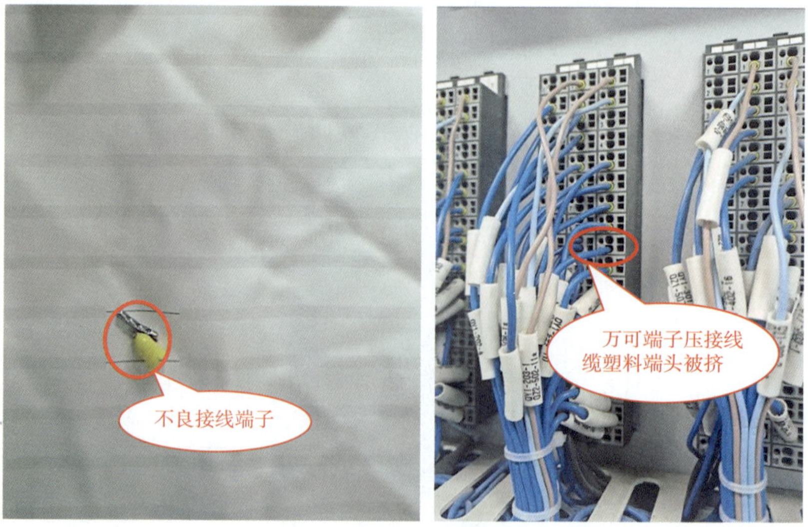

图 4-2-3　不良接线端子

（三）问题研判

1. 巡视检查不到位。日常对配线检查不全面细致，设备开通至故障发生时多次检查，均未能及时发现较为隐蔽处所配线不良的情况，对设备全覆盖检查还存在死角。

2. 处理人员业务素质不高，对区间 ZPW-2000A 型无绝缘轨道电路工作原理不清楚，特别是相邻区段小轨条件的逻辑控制关系不熟悉，故障处理缺少清晰的思路。

3. 应急分析能力有待提高。此故障为动态故障，多次自然恢复。处理人员不能在第一时间测试各部电压并查看故障现象，没有掌握第一手测试数据，迟迟未能找到故障点，导致区段多次闪红光带。

（四）防范措施

1. 开展设备检查。利用天窗对万可端子接线进行全面排查，及时发现处理同类安全隐患。

2. 做好技术业务培训。开展 ZPW-2000A 型无绝缘轨道电路知识和应急处置流程培训，重点对相邻区段小轨条件的逻辑关系进行学习，促进应急值守人员准确掌握 ZPW-2000A 型无绝缘轨道电路工作原理，不断提升干部职工业务素质和技术水平。

3. 抓好应急预案梳理。认真梳理 ZPW-2000A 型无绝缘轨道电路应急处置预案，优化应急处置流程，抓好应急值守人员培训，遇有突发问题能够落实应急处置流程，准确判断、快速有序处置。

4. 抓好应急演练。合理安排演练内容，强化应急演练实用性，增强干部职工的应急处置能力。遇突发故障，车间、工区及时启动应急预案，快速出动、快速查明原因、快速恢复设备使用，压缩故障延时。

案例 3　衰耗器小轨调整线虚接造成区间红光带

（一）故障概况

某日 14 时 32 分，义卜寨站至秦皇岛津山场间下行线 4141BG 轨道电路区段着红光带。14 时 57 分经电务检查设备正常。15 时 53 分至 15 时 57 分，电务在义卜寨站至秦皇岛津山场间下行线进行更换 4141BG 衰耗器作业。17 时 01 分，义卜寨站至秦皇岛津山场间下行线 4141BG 轨道电路区段着红光带，17 时 19 分经电务处理后恢复。

故障原因：4153BG 衰耗器小轨调整线氧化虚接，受电端设备侧小轨电压波动影响 4141G 出清顺序，导致 4141BG 逻辑检查报警。

（二）分析处置

接故障通知后，14 时 35 分信号值班人员到达运转室确认 4141BG 轨道电路区段着红光带，逻辑检查报警。14 时 37 分车站解锁 4141BG 逻辑检查报警后设备恢复正常。通过信号集中监测终端查看 4141BG 各部曲线正常（图 4-2-4），14 时 57 分电务销点（“经电务检查设备正常”）。

经信号集中监测回放发现：14 时 29 分 29 秒列车压入 4141BG，14 时 30 分 06 秒列车压入 4141AG，14 时 30 分 45 秒列车压入 4153BG，14 时 31 分 22 秒列车压入 4153AG，14 时 32 分 21 秒列车压入 4167G。

14 时 32 分 40 秒列车出清 4153AG，14 时 32 分 43 秒列车出清 4141AG，14 时 32 分 44 秒列车出清 4153BG，14 时 33 分 49 秒 4141BG 逻辑检查报警。

区段正常出清顺序：4141AG-4141BG-4153AG-4153BG；区段实际出清顺序：4153AG-4141AG-4153BG；故是因 4141G 出清顺序不正确造成 4141G 逻辑报警。区间设备布置如图 4-2-5 所示。

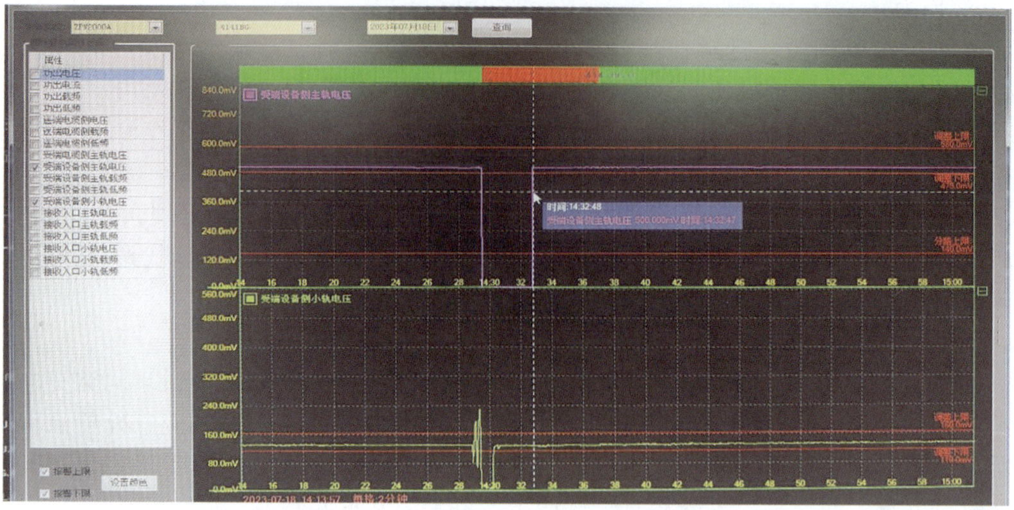

图 4-2-4　4141BG 各部曲线正常

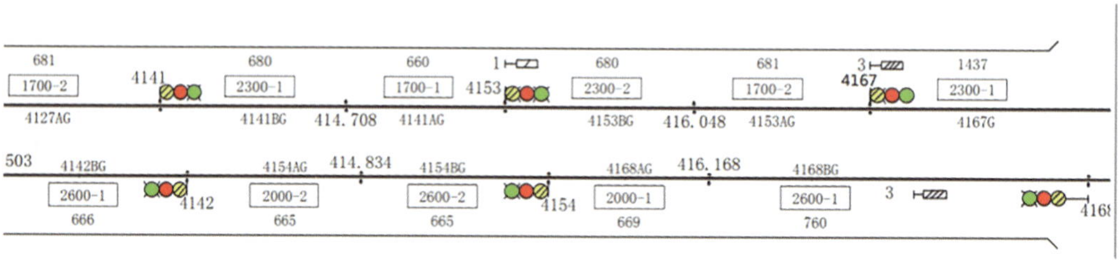

图 4-2-5　区间设备布置

处置人员发现 14 时 32 分 44 秒列车出清 4153BG 后轨出 2 电压升至 79.79 mV，未恢复到正常的 124 mV（正常电压值大于等于 100 mV）（图 4-2-6），小轨入电压为 72 mV（正常无异状）。15 时 00 分，车间干部进入机械室查找设备隐患。

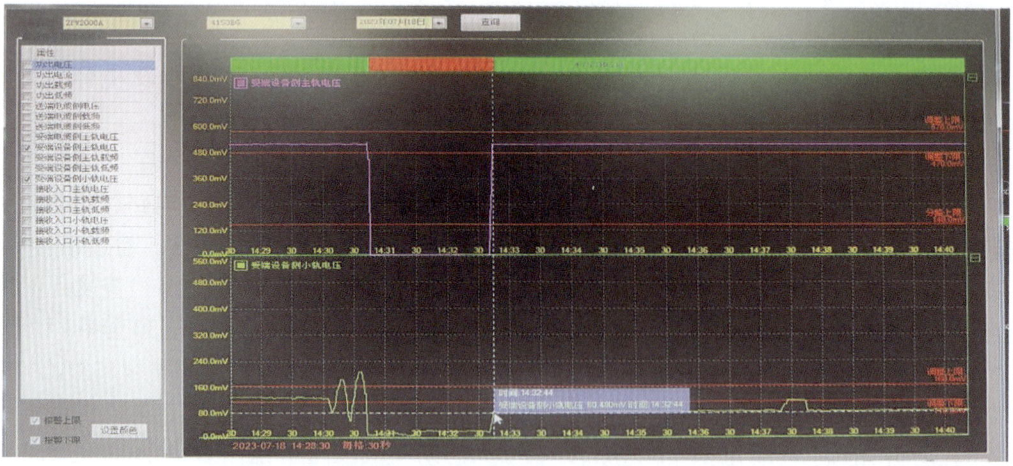

图 4-2-6　4153BG 轨出 2 电压

经分析，处置人员判断 4153BG 衰耗器存在隐患，立即申请抢修点准备更换。15 时 53 分至 15 时 57 分，应急处置人员更换 4153BG 衰耗器，更换完毕后 4153BG 受电端设备侧小轨电压恢复至 124 mV，如图 4-2-7 所示。

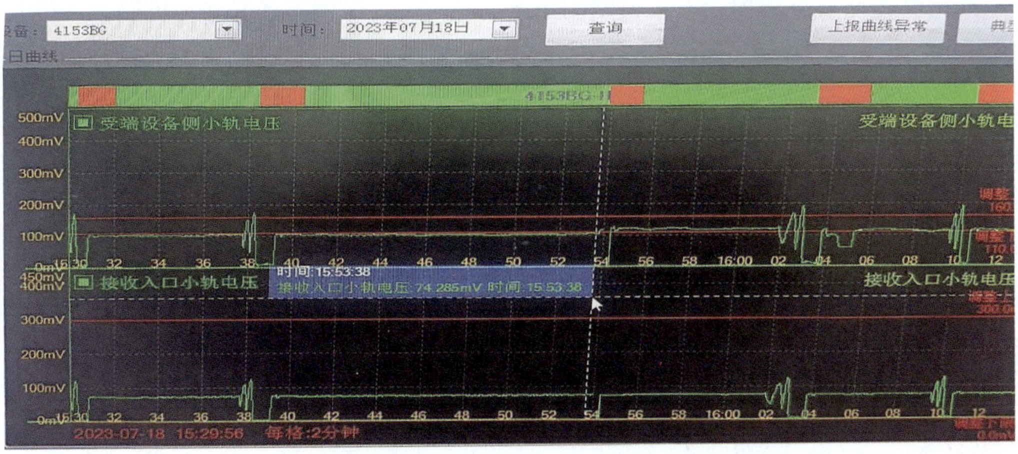

图 4-2-7　更换器材后 4153BG 受电端设备侧小轨电压恢复

17 时 01 分，4141BG 轨道电路区段再次着红光带，逻辑检查报警。处置人员查看曲线发现，过车后 4153BG 受电端设备侧小轨电压在 71～124 mV 间波动。

17 时 03 分处理人员检查 4153BG 衰耗器小轨调整线时小轨电压恢复正常，最终确定为衰耗器小轨调整线氧化虚接。

17 时 16 分对衰耗器小轨调整线更换后，4153BG 受电端设备侧小轨电压恢复正常。车站值班员人工解锁逻辑检查报警后 4141BG 恢复正常。17 时 19 分电务销记（“经电务处理，设备良好，交付使用，恢复正常行车”）。

电路分析：4141BG 的 JLJ 平时吸起。当列车依次占用时，前一区段 4127BG 占用时 4127BG 的 GJ 落下，4141BG 的 QGJF 落下时 4141BG 的 JLJ 落下。4141BG 的 JLJ 落下切断 4141BG 的 GJ，4141BG 轨道电路区段着红光带。

列车出清 4141BG、4141BG 的 QGJF 吸起时，因后方区段 4153BG 的 GJ 已经吸起，4141BG 的 JLJ 不能正常吸起，造成逻辑报警。4153BG 电路原理如图 4-2-8 所示。

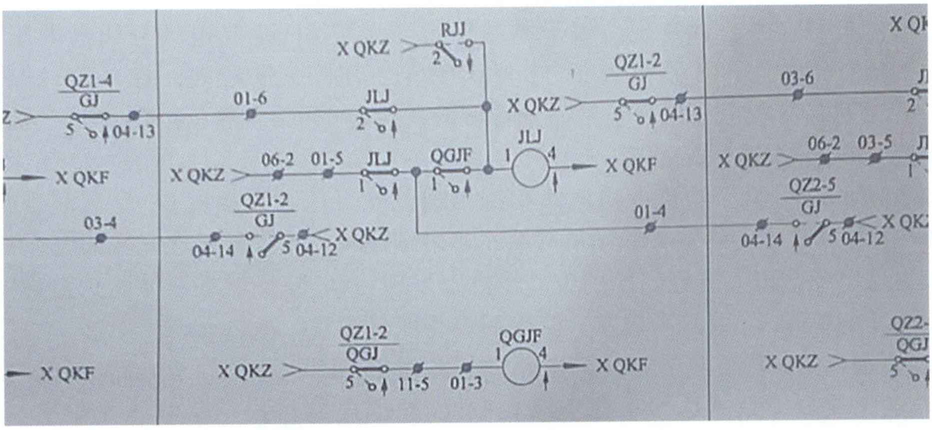

图 4-2-8　4153BG 电路原理

（三）问题研判

1. 故障判断不准确。第一次故障发生时，因故障反映在 4141BG 上，且该区段各部电压全部正常，处置人员在未认真查看信号集中监测的情况下判断为“逻辑检查误报警”，不影响设备的正常使用，所以销点（“经电务检查设备正常”）。

2. 单项设备预案不完善。专业科室制定的 ZPW-2000A 型无绝缘轨道电路故障处理流程不完善，未将检查衰耗器调整线等关键项点纳入处置流程，单项设备预案无法提供正确的处置流程，造成现场在未确认调整线状态良好的情况下主观认为衰耗器不良并进行更换，致使故障第二次出现。

3. 现场通信指挥不畅。段、车间、班组没能实现段调度的单一指挥，各级干部同时向现场了解情况，造成现场电话应接不暇，通信联络阻塞，影响了整体指挥处理。

（四）防范措施

1. 严格落实信号设备故障处理相关规定。由调度指挥中心负责，发生故障后指定应急专家一人进行指挥，其他人员不得无故向现场打电话了解情况。

2. 开展衰耗器调整线排查整治。对 ZPW-2000A 型衰耗器调整线压接头的形状进行排查，椭圆形压接头在万可端子内部为点接触，长时间使用会过流发热，容易导致压接头金属接触部件氧化虚接，应及时更换为厂家提供的标准调整线（方形压接头）。

3. 组织干部职工熟悉、掌握 ZPW-2000A 型发送器、接收器、衰耗器、防雷模拟网络盘等相关器材故障时的故障现象、测试数据，避免发生故障盲目更换器材。

案例 4 匹配单元 V_2 端子虚接造成区间红光带

（一）故障概况

某日 17 时 05 分，娘子关站下行一接近、二接近轨道电路区段着红光带，同时南峪站（邻站）下行线二离去、三离去轨道电路区段着红光带，17 时 45 分，娘子站电务销记设备恢复。

故障原因：娘子关站下行二接近 669G 受电端双体防护盒内调谐单元端子板连接匹配单元 V_2 的端子虚接，造成下行一、二接近轨道电路区段着红光带，同时触发二接近 669G 区间逻辑检查报警，人工解锁后区段红光带恢复。

（二）分析处置

娘子关站下行一、二接近轨道电路区段与相邻南峪站下行二离去、三离去轨道电路区段互为复示，两站电务值班人员接到通知后立即组织分析处置。

通过信号集中监测查看发现，娘子关站下行二接近 669G 受电端分线盘电压在 17 时 04 分 28 秒至 17 时 06 分 42 秒和 17 时 11 分 04 秒至 17 时 13 分 22 秒，在 0～8.2 V 间波动，17 时 13 分 22 秒后接收电压恢复正常，查看下行一接近 659G 发送、接收电压正常，判断为下行二接近 669G 室外接收端故障。

因 669G 和 659G 两个轨道电路区段相继出现红光带，导致触发 669G 区间逻辑检查报警，17 时 31 分，娘子关站电务驻站员联系车站解锁逻辑检查报警后红光带消失。

娘子关站电务值班人员赶到现场后，经排查发现，669G 受电端双体防护盒内调谐单元端子板连接匹配单元 V_2 的端子虚接，紧固后设备恢复正常。

659G 轨道电路区段着红光带故障电路分析：根据 ZPW-2000 轨道电路原理，娘子关站 669G 接收通道故障导致本区段着红光带，669G 轨道电路区段 XG 电压无输出，669G 的 XGJ 落下后，通过站联电路，南峪站 XGJ（邻）继电器落下，659G 轨道电路缺少小轨条件，引起相邻的 659G 轨道电路区段也着红光带。

逻辑检查报警分析：自动闭塞区间继电器式逻辑检查电路以 ZPW-2000A 型轨道电路为基础，利用新设记录继电器（JLJ）对列车占用区间轨道电路顺序进行记录。继电式逻辑检查按列车在区间正方向运行时，根据闭塞分区列车占用、出清的顺序关系，对区间闭塞分区的状态进行逻辑判定。当正常占用的闭塞分区轨道电路恢复空闲，而其区间闭塞方向前方闭塞分区轨道电路未被正常占用时，判定该闭塞分区为占用丢失，60 s 后逻辑检查人工解锁盘给出声光报警。此次娘子关站二接近 669G 轨道电路区段着红光带故障后，造成一接近 659G 轨道电路区段着红光带，未按闭塞分区列车正方向占用、出清的顺序。在区间逻辑检查电路中，区段记录继电器 JLJ 平时在吸起状态；当二接近 669G 轨道电路区段着红光带 QGJF 落下，切断本区段记录继电器 JLJ 一条自闭电路，一接近轨道电路区段着红光带、GJ 落下，切断本区段 JLJ 另一条自闭电路，造成 669G 的 JLJ 落下，触发逻辑检查占用丢失报警；需在逻辑检查人工解锁盘人工解锁后，方可解除。

（三）问题研判

1. 区间轨道箱合内设备巡检存在死角。经现场细致排查发现 669G 受电端双体防护盒内调谐单元端子板连接匹配单元 V_2 的端子虚接，暴露出班组对区间轨道箱合内设备执表质量不高，车间干部设备验收管理不到位，未对螺栓紧固情况进行细致检查，没有及时发现虚接隐患，导致故障的发生。

2. 故障应急处置能力亟待提高。值班人员查看信号集中监测曲线发现 669G 轨道电路区段电压恢复正常后，区段仍然显示红光带，由于不清楚区间逻辑检查报警电路工作原理，迟迟未找到红光带原因，直到段值班人员远程指挥，值班人员才发现 669G 存在区间逻辑检查报警，联系车站解锁区间逻辑报警，红光带消失。暴露出职工业务素质存在不足，应急能力有待进一步提高。

（四）防范措施

1. 组织开展区间设备平推检查，针对各种器材配线、端子紧固情况进行检查，整治克服设备缺点。

2. 强化设备执表质量，认真组织对设备隐蔽处所的隐患排查，消除设备维护死角死面问题，提高设备运用质量。

3. 加强特殊电路培训，组织班组做好区间逻辑检查电路原理、电路图纸的学习和培训，提高对逻辑检查电路的熟悉程度和故障应急处置能力。

案例 5　电缆混线造成区间红光带

（一）故障概况

某日 1 时 02 分，曹南线曹妃甸港站至曹妃甸站间 1301G 轨道电路区段闪红光带，1 时 50 分工务、电务登记设备正常。2 时 54 分该区段再次着红光带，5 时 14 分经电务处理后恢复。

故障原因：1301AG 接收端至 F9 电缆盒间（电缆 35 m，8 芯、备用 4 芯）接收电缆内部混线，倒备用电缆后恢复。

（二）分析处置

接故障通知，信号值班人员赶往运转时确认故障现象。到达运转室时故障现象已经消失。

处理人员先进入信号机械室对设备进行了检查，测试 1301AG、1301BG、1301CG 区段各部电压正常。调取信号集中监测 1301G 各区段电压曲线，发现 1301AG 在 1 时 02 分 24 秒至 1 时 03 分 48 秒接收侧电缆电压由正常的 10.7 V 突变为 0.1 V，发送端电缆电压为正常的 57.3 V，判断为 1301AG 室外故障，立即申请点外上线命令。

查看信号集中监测电压曲线：1时02分24秒至1时03分48秒1301AG接收侧电缆主轨电压由正常的10.7 V降为0.1 V。1301AG接收侧电缆主轨电压曲线如图4-2-9所示。

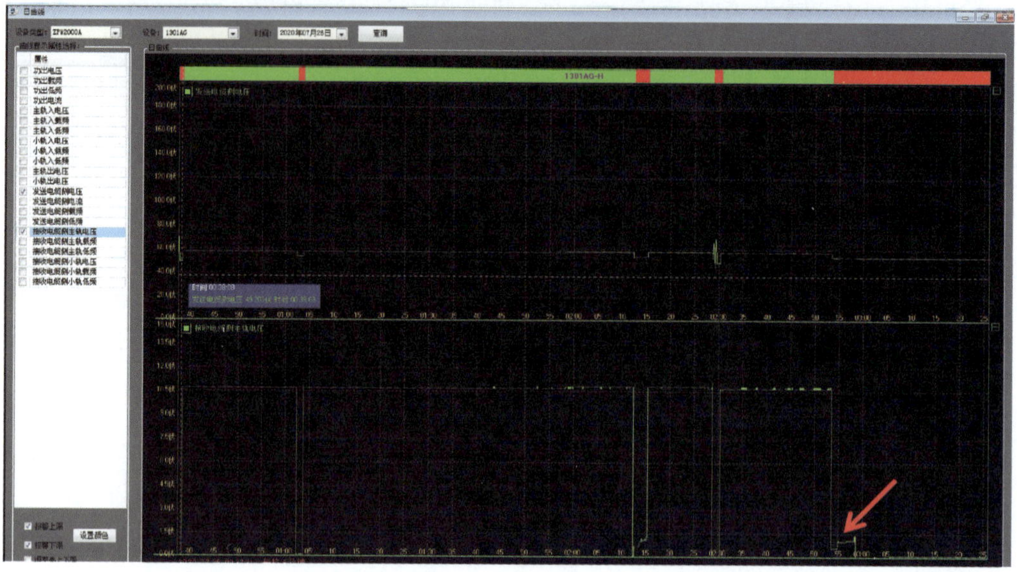

图4-2-9 1301AG接收侧电缆主轨电压曲线

2时12分，37145次行至该区间K130＋113处司机反映1301号通过信号机突变，驻站员发现控制台显示1301G轨道电路区段着红光带，1301信号机由绿变红，2时15分自行恢复正常。

2时54分，1301AG再次着稳定红光带。到达现场的处置人员测量1301AG受电端返室内的L1-L2电压降为0 V，怀疑受电端设备器材故障，立即组织人员往现场送备用器材，对接收端的匹配单元和调谐单元进行了更换，更换后故障现象未消失。

处理人员甩开受电端电缆，电压由正常的14.6 V升高至16 V，判断为受电端到室内的接收电缆不良，有混线现象，立即组织甩线查找，最终确定为1301AG接收端至F9电缆盒间（电缆35 m，8芯、备用4芯）接收电缆混线，倒备用电缆后，5时14分故障恢复。

（三）问题研判

1. 电缆防护不到位。1301AG接收端至F9电缆盒间电缆经桥涵墩体缝隙中穿过时无任何防护措施，造成电缆被挤压变形，最终故障。车间对电缆的防护工作不重视，电缆径路的巡视检查走过场，开通多年未能及时发现并处理。

2. 故障现象判断不准确，盲目更换备用器材。处理人员到达现场后未及时甩线测量接收电压，在缺乏数据支撑的情况下盲目决定更换受电端匹配单元及调谐单元。且在取送备用器材时沟通联系不畅，浪费了大量处置时间。

3. 电缆应急处置演练不到位。应急处理人员日常的电缆应急处置演练不到位，业务能力不足，在甩线测量电缆混线及核对备用电缆过程中多次找错配线，给本来就走了弯路的应急处置增加了较大障碍。

4. 路途遥远，出动不及时。曹妃甸站距离段机关有近100 km的路程，段机关及车间驱车赶到现场需要90 min左右。故障发生2 h后支援人员才陆续到达现场也是故障延时较长的重要原因。

5. 1301AG轨道电路区段的前两次故障是闪红光带，故障现象都未能持续超过3 min。

处理人员只能根据信号集中监测查看电压曲线进行分析，不能实际通过分段测量及甩线的方法判断大概故障点，不能及时缩小故障范围，也是造成故障延时较长的原因。

（四）防范措施

1. 加强电缆敷设源头管理。落实新建、改建繁忙干线电缆设置路肩电缆槽要求，对分支电缆、过轨电缆、埋深不足电缆，特别是掩埋在石砟中的电缆，采取扣水泥槽硬防护措施。新电缆全部敷设在铁路防护栅栏内，采用槽道或电缆槽防护，每条电缆间隔 100 m 加装电缆铭牌，标识电缆用途。

2. 加强栅栏外电缆径路防护。摸清栅栏外电缆径路详细数量，建立栅栏外电缆径路台账，根据电缆径路周边环境落实电缆分级管理。针对城市、农田、厂矿企业、乡村、道路等地段栅栏外局部危险的电缆径路，有重点地进行迁改入网或全径路硬化防护及标记，防范电缆外界妨害风险。

3. 加强桥涵两侧电缆防护。桥涵两侧路基与桥梁过渡地段信号电缆埋深不足易受外界妨害。要通过组织电缆下落防护、水泥包封护砌等方式进行集中整治，夯实电缆安全基础。

4. 加强电缆故障应急演练。各车间要定期开展电缆故障应急演练，重点演练电缆故障测试仪表的使用、大芯数电缆应急接续及电缆混线故障的查找方法和流程，提升干部职工针对电缆故障的应急处置能力。

5. 强化设备故障单一指挥。现场发生故障，调度指挥中心明确 1 名技术专家统一指挥，现场指定应急处置负责人单一指挥，严禁多头指挥形成误导，严禁随意给现场处置人员打电话形成干扰。

案例 6　电缆芯线虚断造成区间红光带

（一）故障概况

某日 16 时 10 分，河间西站至任丘站间上行线 1568G 轨道电路区段闪红光带，17 时 08 分经电务处理后恢复。

故障原因：任丘至河间西区间上行线 1554G 接收匹配单元至 F52 电缆盒间电缆第 4 芯虚断，造成 1554G 轨出 2 电压低，导致 1568G 无 XGJ 条件，1568G 轨道电路区段闪红光带。

（二）分析处置

16 时 11 分，信号工区值班人员接到故障信息后立即向车间、段调度汇报。车间立即启动预案，组织车间干部赶赴现场。

16 时 12 分，工区人员到达运转室确认故障现象，此时 1568G 轨道电路区段的红光带已消失。

应急处置人员通过信号集中监测回放，确认 16 时 10 分 17 秒至 16 时 10 分 41 秒间 1568G 轨道电路着红光带后，自然恢复。1568G 轨道电路区段闪红光带时 1568G 轨出 1、轨出 2 电压均无异常，查看 1568G 前方区段 1554G 轨出 1 电压为 300 mV（正常为 420 mV 左右），轨出 2 电压为 74 mV（正常为 130 mV）（图 4-2-10、图 4-2-11）。

16 时 20 分，应急处置人员赶赴现场。

16 时 40 分，测试 1554G 轨出 2 在 90～139 mV 波动，结合前期该区段轨道电压波动隐患排查处理情况，应急处置人员要点将室内分线盘至 F52 电缆盒间 1554G 接收主干电缆芯线更换为贯通芯线。17 时 08 分，电务销记并持续进行盯控，在盯控过程中发现 1554G 轨出 2 电压仍存在不稳定且偏低现象，继续在现场进行分析排查。

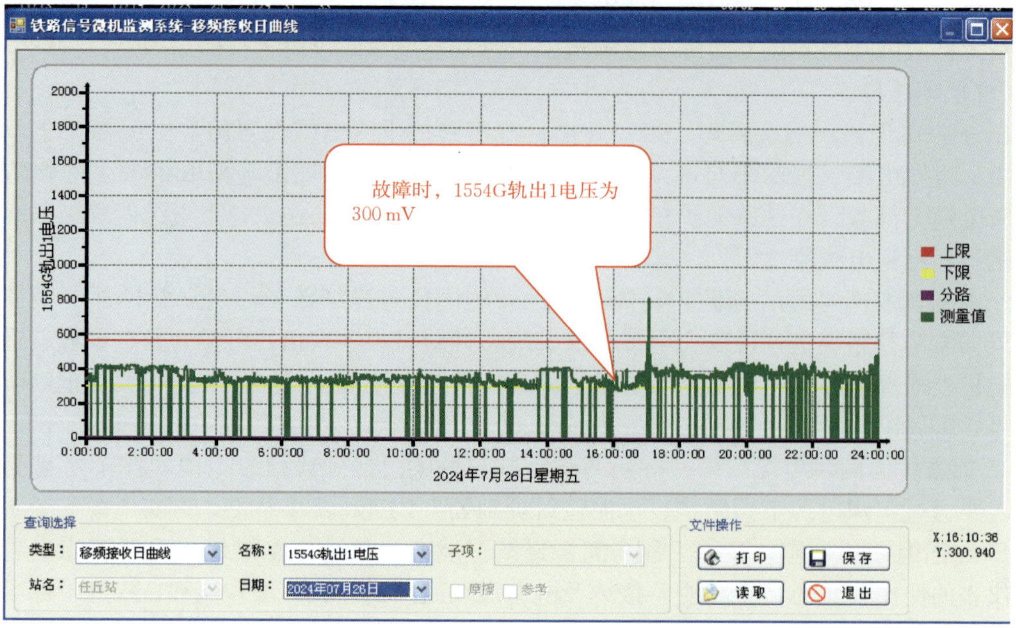

图 4-2-10 1554G 轨出 1 电压曲线

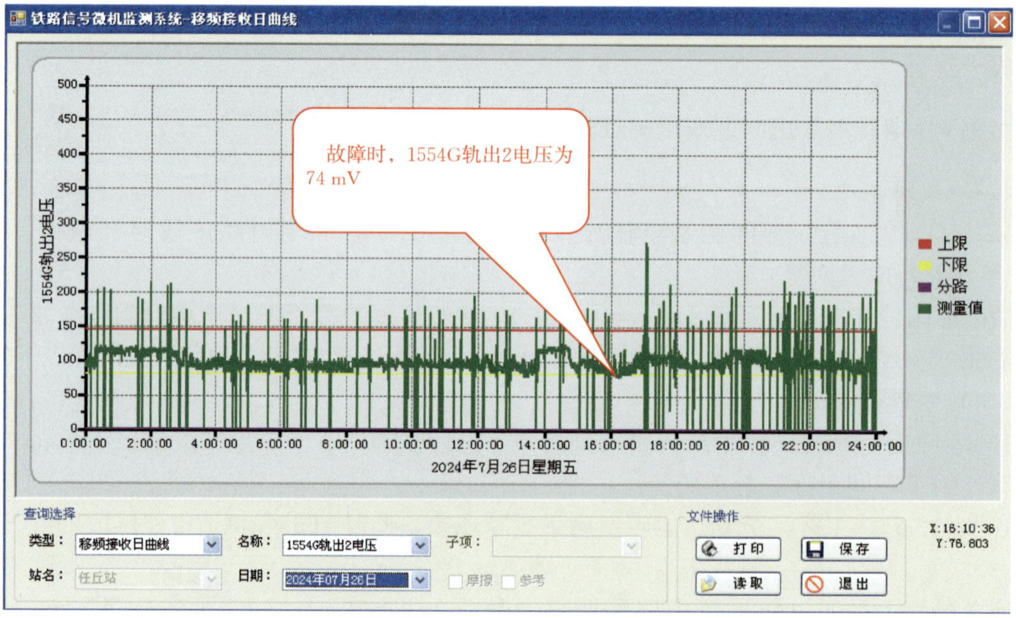

图 4-2-11 1554G 轨出 2 电压曲线

19 时 56 分，再次要点更换 1554G 接收匹配单元至 F52 电缆盒间分支电缆芯线，更换后电压恢复正常。对更换下的电缆芯线进行测试，第 4 芯（绿）与其他芯线环阻为 700 Ω（电缆长度 35 m，4 芯、备用 2 芯，正常环阻接近 0 Ω），确定该电缆芯线虚断。

（三）问题研判

1. 安全意识不强。前期发现轨道电路电压曲线波动后，主观认为数据波动不大，个别电容或器材特性出现稍许变化，不会造成大的问题；加之受天窗点限制，未立即申请故障天窗上线进行排查处理，也未及时向专业科室汇报；直至电压波动后第三天天窗才开始检查处理，多次排查无果后，才向专业科室汇报相关信息。

2. 技术业务素质不高。在前期的 1554G 电压曲线波动排查中，现场对区段相关器材进行更换后，电压再次波动时，未全面针对排查情况、测试数据、更换器材情况进行综合分析判断，没有排查电缆问题，只是根据经验对引接线、电容进行检查，设备隐患未消除。

3. 专业科室安全敏感性不高。接到车间对 1554G 电压曲线异常查找并更换了相关器材需进行补充的信息后，没有进行深度研判、了解具体情况，只是协调车间相关器材的补充，简单提示车间排查的重点，未能第一时间有效协助车间分析处理。

（四）防范措施

1. 加强贯通电缆芯线管理。贯通电缆芯线应从信号机械室分线盘贯通到现场设备终端盒，对应室内分线盘、箱盒信号电缆贯通芯线端子应设置贯通标志，对应明示分线盘、终端盒贯通端子号。每年须对信号电缆贯通芯线的环阻、线间绝缘进行测试并记录。

2. 加强电缆特性测试分析。在落实信号电缆全程对地绝缘测试周期的基础上，雨季每月要对电缆全程对地绝缘进行一次全面的测试分析，对地绝缘电阻值不达标或下降变化较大的要及时组织进行排查。

3. 加强 ZPW-2000A 型轨道电路技术培训。开展岗位练兵，组织干部职工认真学习 ZPW-2000A 型轨道电路图纸，熟练掌握电路原理、电气特性数据，有效提升应急处置能力。

案例 7　匹配单元特性不良造成区间红光带

（一）故障概况

某日 5 时 21 分，官厅西站至邢家堡站间 X1LQG 轨道电路区段着红光带，电务处理后 7 时 09 分恢复正常。

故障原因：X1LQG 匹配单元不良。

（二）分析处置

5 时 21 分，电务值班人员接到官厅西站车站值班员通知“X1LQG 红光带，货车 23539 次停于站内”。值班人员于 5 时 22 分到达运转室确认故障现象后，于 5 时 24 分通知车间调度及段调度。车间值班人员 5 时 25 分出发赶往现场。

值班人员测试室内 X1LQG 发送端电压异常升高至 155 V（正常为 88 V），测试接收端电缆侧无电压（正常为 20 V），判断为室外开路故障。5 时 38 分到达现场后，测试 X1LQG 接收端轨面无电压（正常为 3.4 V）。前往发送端检查测试发现电压异常升高至 150 V（正常为 64 V），再测试匹配单元内部 E_1、E_2 电压为 155 V（正常为 64 V），V_1、V_2 无电压（正常为 3.4～3.6 V）。判断为匹配单元不良，更换后故障消除，于 7 时 09 分销点恢复使用。

（三）问题研判

1. 应急处置流程不清晰。故障处置人员到达现场后，多名故障处理人员均在接收端进行查找，人员组织不力，未能提高故障处理效率。

2. 工区人员技术业务素质不足。工区人员在已经明确了故障位于室外的情况下，对 ZPW-2000A 型轨道电路设备故障查找、测试、分析能力不足。

（四）防范措施

1. 加强 ZPW-2000A 型轨道电路技术培训。组织干部职工认真学习 ZPW-2000A 型轨道电路图纸，熟练掌握电路原理、电气特性数据，有效提升应急处置能力。

2. 加强 ZPW-2000A 型轨道电路设备维护。结合区间轨道电路集中检修，组织学习标准化作业指导书，按照检修流程、作业标准，对补偿电容进行测试、引接线冷压头压接情况及塞钉头接触情况、匹配变压器内部电气端子配线连接情况、横向连接线及吸上线、贯通地线连接情况进行全面检查维护，提高设备维护质量。

案例 8　调谐单元特性不良造成区间红光带

（一）故障概况

某日 5 时 15 分，李家营至半壁山站间上行线 1884G 轨道电路区段着红光带，9 时 25 分经电务处理后恢复。

故障原因：受端调谐单元不良。

（二）分析处置

5 时 25 分，段调度接电务部调度通知“李家营至半壁山站间上行 1884G 轨道电路区段着红光带”。段调度接到故障信息后，立即通知现场车间调度，同时启动故障应急处置预案，通知值班段长及安全科、信号科、试验室值班干部到达调度指挥中心远程调阅轨道电压曲线、分析故障原因并指挥现场处理，后续值班副段长及值班干部赶往现场指挥处理。

经调取信号集中监测曲线（图 4-2-12），发现 1884AG 接收端电缆侧主电压由 6.6 V 下降到 3.6 V；1884AG 主接入电压由 322 mV 下降到 182 mV；1866CG 受电端电缆侧调电压由 1.8 V 下降到 1.1 V；1866CG 调接入电压由 826 mV 下降到 521 mV，同时 1884AG 发送端电缆侧电压为 65 V、无变化。通过上述数据分析判断为 1884AG 室发外送端故障。

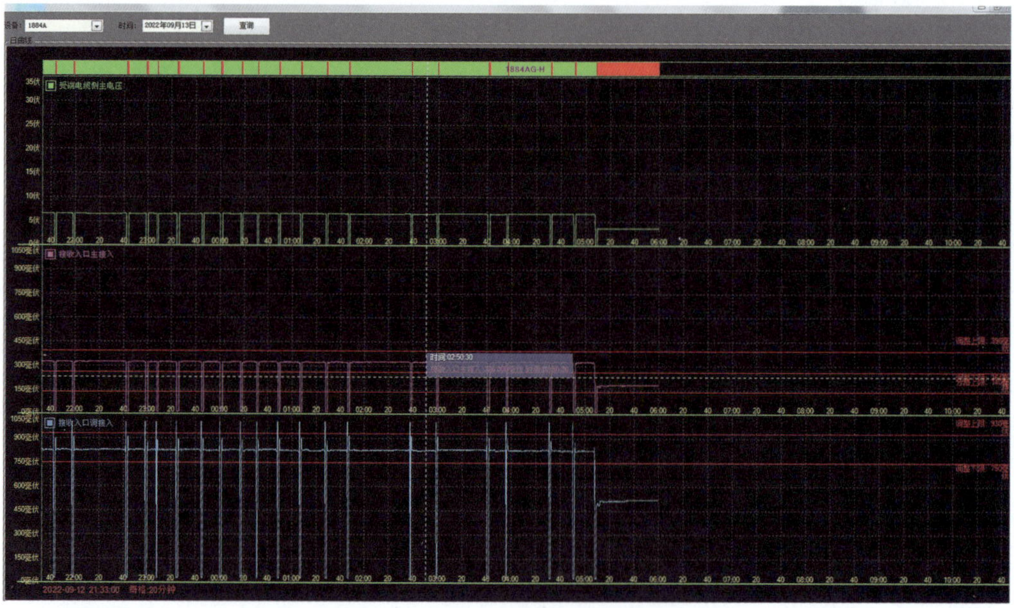

图 4-2-12　1884AG 轨道电压曲线

室外故障处理人员赶往现场途中，车间指挥室内人员于 7 时 41 分对 1884AG 接收器并机进行更换，7 时 54 分对 1884AG 衰耗器也进行了更换，故障均未恢复。

7 时 58 分故障处理人员到达 1884AG 发送端，对设备进行测试、箱线塞钉检查后，于 8 时 08 分至 8 时 18 分更换送电端匹配单元、8 时 23 分至 8 时 34 分更换调谐单元后故障仍未恢复。后续处理人员赶往受电端，到达受电端后测试 E_1、E_2 电压为 2 V（正常为 12 V），V_1、V_2 电压为 1 V（正常为 1.2 V），甩开匹配单元后测试轨面电压在 100 mV 至 1 100 mV

间波动。处理人员分组对受电端匹配单元、调谐单元进行更换。9 时 23 分更换完调谐单元后故障恢复，测试各部电压正常后于 9 时 25 分销记。

（三）问题研判

1. 数据分析不准确、范围判断不精准。故障发生后现场处置人员对测试数值变化没有正确的思维判断，没能通过数值变化迅速缩小故障范围，及时分析判断出故障点，导致处置过程走了弯路。

2. 故障应急处置亟待规范。故障处理人员对 ZPW-2000R 型轨道电路设备各项电气特性参数进行测试分析不准确，对故障点排查不细、原因分析不清，只判断出故障原因在室外，问题在发送端或接收端分析不清，造成故障点定位不准确；盲目更换室外送电端器材，更换后故障依旧未恢复，延长了故障处理时间。

（四）防范措施

1. 针对性开展设备专项检查。组织各站开展 ZPW-2000R 型轨道电路设备平推检查，对各部电气端子连接线，室内配线的焊接、紧固等全面检查，对塞钉有无裂纹、连接线有无破损进行重点检查和克缺整治。

2. 提升故障应急处理能力。组织对 ZPW-2000R 型轨道电路设备故障特征数据进行整理，对设备正常状态下，各部器材故障、电缆故障、短路电压、断路电压、开路电压等进行全面模拟并记录数据变化，并将模拟数值制作成表格，纳入故障应急处置预案，提高故障应急处置排查效率。

3. 强化监测设备运用。利用 ZPW-2000R 型轨道电路维护终端及信号集中监测设备，对区间移频轨道电路各部电气特性加强分析工作，对曲线异常及报警信息查明原因，消除隐患。

案例 9　闭塞按钮不良造成闭塞机无法复原

（一）故障概况

某日 11 时 02 分，新杖子站使用 S 事故按钮办理新杖子站至西大庙站闭塞机复原时，闭塞机无法复原，经电务处理后 11 时 58 分恢复。

故障原因：西大庙站自复式闭塞按钮内接点未断开。

（二）分析处置

11 时 02 分，电务值班人员接车站值班员通知“北京方向半自动闭塞设备故障，半自动闭塞无法复原”。值班人员接到通知后立即汇报车间及段调度，随后出发前往外站处理。

车间故障处理人员在路途中通过电话与车站值班员联系，指导车站值班员多次按压试验，其间故障恢复。故障处理人员到达后经回放信号集中监测发现，X 闭塞按钮一直处于接通状态（监测显示按钮亮红灯），通过查看开关量发现 XBSAJ 继电器一直处于吸起状态，查看半自动闭塞电压曲线发现持续发送电压（正常情况应为脉冲电压），如图 4-2-13 所示。通过以上设备状态判断原因为西大庙站免维护自复式闭塞按钮接点未断开。后续更换闭塞按钮后试验良好。

（三）问题研判

1. 外站室内设备巡视检查不到位。西大庙站为上板城信号工区管辖的外站，工区对外站室内设备，尤其是控制台设备巡视检查不到位。

2. 自复式闭塞按钮为免维护故障修器材，日常巡视检查过程中无法对按钮内部接点进行检查，设备巡视检查方式单一，未能利用天窗点对按钮进行试验。

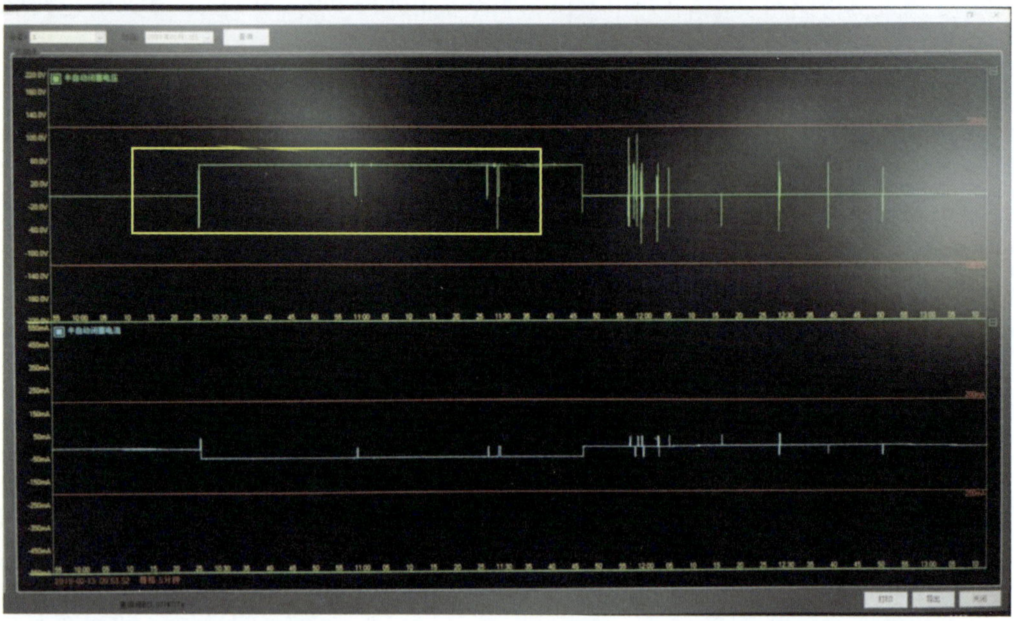

图 4-2-13 故障时西大庙站半自动闭塞电压及电流曲线（黄色框线内部为异常稳定电压）

（四）防范措施

1. 加强超大修期设备的备用器材调配，为班组补充备用闭塞按钮，确保应急有备。

2. 针对闭塞按钮不能自复故障，认真分析 BSAJ 继电器励磁、复原电路中各接点的作用、分线盘端子位置，制订闭塞按钮不能自复故障的应急处置方案，减少故障延时对行车的影响。

案例 10 闭塞电缆断线造成控制台没有闭塞显示

（一）故障概况

某日 11 时 15 分，密云北站闭塞机故障，经电务处理后 11 时 29 分恢复。

故障原因：信号机械室内分线盘处闭塞电缆 F207-4 号端子电缆头断线。

（二）分析处置

11 时 16 分，电务值班人员接车站值班员通知“密云北站向统军庄站办理上行发车闭塞时，控制台没有闭塞显示”。接到通知后信号工区值班人员立即赶到运转室确认故障现象，并向车间及段调度汇报。

11 时 18 分，工区值班人员在运转室试验闭塞设备，发现办理闭塞时控制台仍无闭塞显示，线路继电器未吸起，请求黄灯未点亮，系闭塞线路电路故障。立即进入信号机械室测试排查，值班人员准备在分线盘 F207-3/4 号端子处测量是否有闭塞电源时，发现 F207-4 号端子电缆头断线（图 4-2-14）；值班人员立即对该电缆重做电缆接头，并插接后试验办理闭塞，闭塞设备恢复正常，试验良好，于 11 时 29 分销记。

（三）问题研判

1. 设备巡视检查不到位。职工日常巡视未认真检查机械室分线盘电缆端子，未能提高室内设备巡视检查质量，未能及时发现电缆端子遗留隐患。

2. 施工完毕开通后，车间、工区组织平推检查工作不细致，室内线缆检查不到位，分线盘处电缆端子线脖遗留暗伤未能发现，导致发生断线故障。

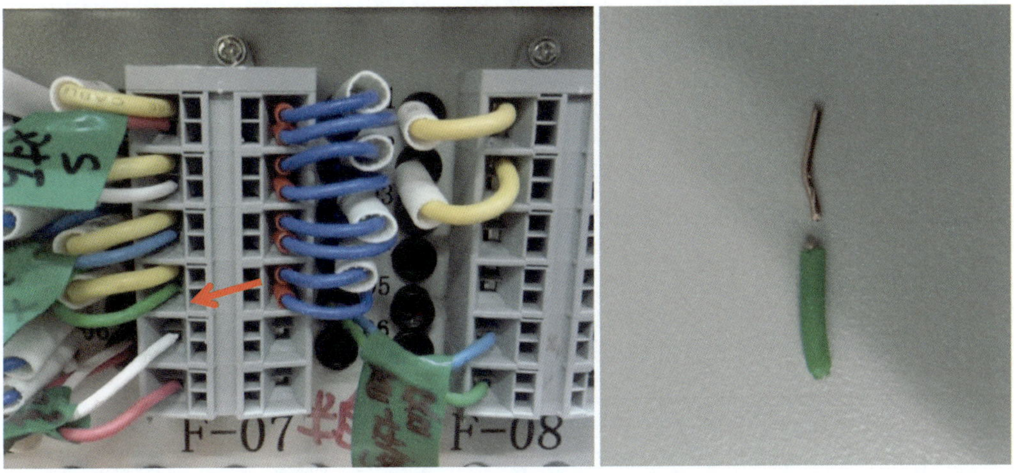

图 4-2-14　分线盘万可端子接线位置及断线

（四）防范措施

1. 组织对新开通站机械室分线盘进行平推排查，针对万可端子分线盘电缆芯线接头逐一进行排查，消除电缆芯线接头钳伤隐患。

2. 加强职工技术业务培训，掌握新设备、新工艺、新器材的工作原理、技术标准和检修方法，提升设备维修质量。

案例 11　接收器电源模块失效造成区间红光带

（一）故障概况

某日 21 时 07 分，固安站至西枣林站间上行线 554G 轨道电路区段着红光带，23 时 05 分电务登记故障恢复交付使用；21 时 20 分、22 时 12 分、22 时 24 分、23 时 09 分、23 时 34 分，西枣林站固安站间下行线 509G 轨道电路区段五次着红光带，23 时 35 分经工务检查设备正常，23 时 35 分电务登记故障恢复交付使用，影响货车 2 列。

故障原因：540G 接收器不良导致 509G 和 554G 轨道电路区段着红光带，更换备用后恢复。故障器材返厂后，经厂家技术人员测试、分析，确认 540G 接收器故障原因为电源模块老化失效，电源模块失效后信号入口输入阻抗降低，拉低信号源（即衰耗器小轨出端口）电压；导致接收器收到的 523G、540G 小轨出电压降低并判定其小轨道占用，停止输出 XG 信号；后方 509G、554G 无法收到 XGJ 信号，造成轨道电路红光带故障。

（二）分析处置

21 时 07 分，电务值班人员接到固安站车站值班员通知“固安站上行线 554G 红光带”。值班人员在运转室确认故障现象后，向工长、车间及段调度进行汇报。21 时 11 分登记 554G 相关信号设备停用。

1. 上行线 554G 轨道电路区段着红光带处置

处置人员确认故障现象为 554G 控制台显示红光带，信号集中监测曲线（图 4-2-15）显示该区段占用，值班人员初步观察室内发送、接收器材无报警，指示灯正常；经测试 554G 轨入电压为 1 700 mV，轨出 1 电压为 544 mV，轨出 2 电压为 136 mV，测试 540G 轨出 2 电压在 40～140 mV 间波动，判断为室外故障。工区立即组织就近人员及时到工区组织故障排查并准备上线。

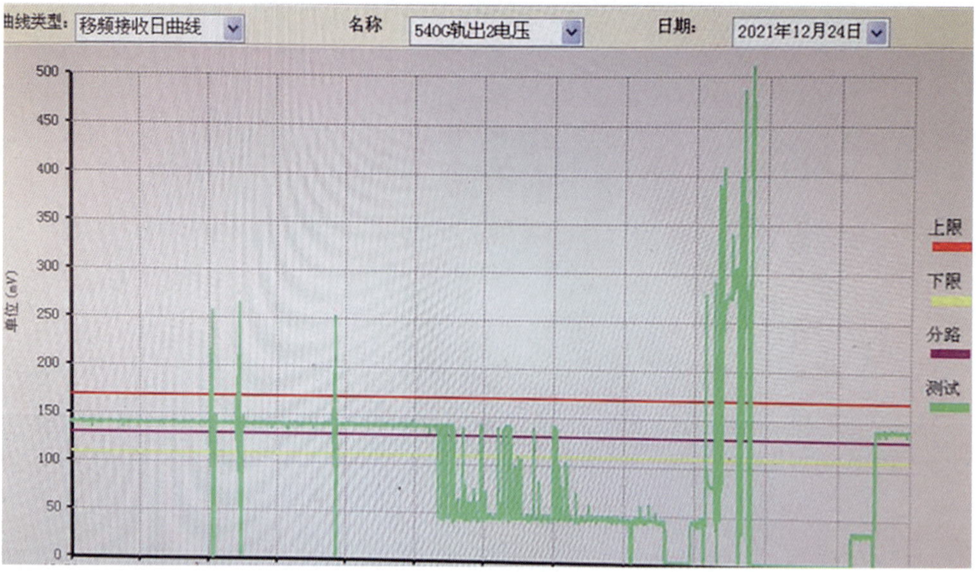

图 4-2-15 540G 轨出 2 电压曲线

21 时 27 分 S1LQG 轨道电路区段闪红光带，21 时 35 分电务销点恢复使用，此次闪红光带为处置人员排查更换 554G 衰耗器（使用工区备用衰耗器）影响 S1LQG 轨道接收条件造成。

工区应急处置组织人员于 21 时 50 分出发赶往现场。

22 时 10 分车间、工区处置人员到达室外现场。对 554G 送电端箱线检查及箱盒内部检查未发现问题，随后检查 540G 受电端未发现问题，组织更换 554G 发送调谐单元，更换后测试 554G 发送端轨道 E_1、E_2 电压为 44 V，V_1、V_2 电压为 2.1 V，轨面电压为 2.1 V，电压正常，554G 轨道电路区段着红光带故障未恢复。

室内故障处置人员排查发现 540G 轨出 2 电压异常，22 时 18 分更换 540G 衰耗器（使用 554G 衰耗器），22 时 30 分销记 540G 设备正常。

车间、工区处置人员于 22 时 40 分返回机械室，对 540G 室内设备进行测试检查，检查发现小轨出电压在临界值波动，为排除信号集中监测干扰，将监测隔离盒相关采集线甩开后故障仍未恢复。23 时 00 分更换 540G 衰耗器（使用原有 540G 衰耗器）、554G 衰耗器（使用组合架 $N+1$ 衰耗器）后 554G 轨道电路区段着红光带故障恢复，测试衰耗器各部电压正常后于 23 时 05 分销点。

2. 下行线 509G 轨道电路区段闪红光带处置

21 时 20 分 60273 次列车通过后 509G 轨道电路区段闪红光带；22 时 12 分 40115 次通过后 509G 轨道电路区段闪红光带；22 时 39 分 Z225 次列车通过后 509G 轨道电路区段闪红光带；23 时 09 分 10651 次列车通过后 509G 轨道电路区段闪红光带。4 次闪红光带原因均为列车通过后小轨出电压值（即 523G 轨出 2）处于临界值上下波动状态（图 4-2-16），故障自然恢复后因该时段下行列车较多，为降低设备故障对运输秩序的影响，检查未发现异常后即销记恢复使用。

23 时 34 分，509G 轨道电路区段在 51391 次通过后再次着红光带，处置人员更换 540G 接收器后故障恢复。23 时 35 分电务销记。

为彻底消除故障隐患，车间根据设备厂家建议更换 523G 接收器，次日申请危及行车安全点对 523G 接收器进行了更换，更换后设备曲线良好。

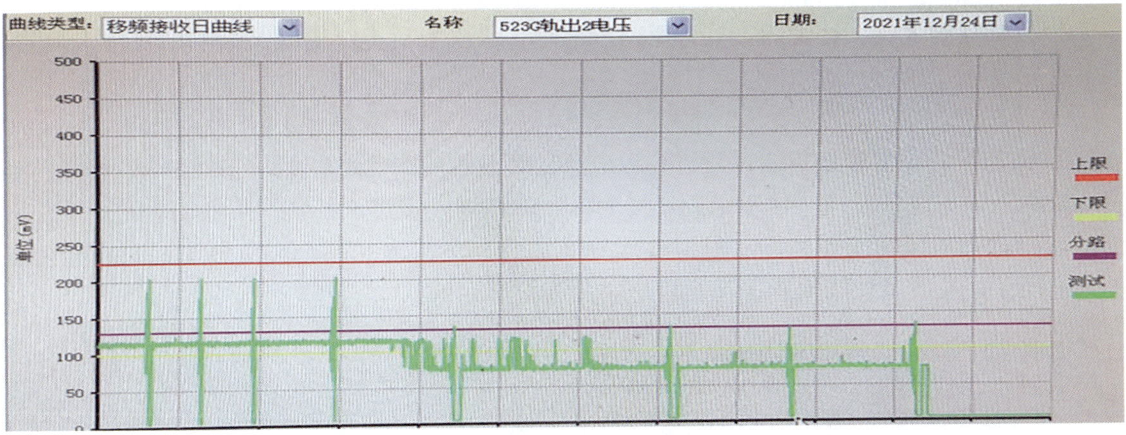

图 4-2-16　523G 轨出 2 电压曲线

后续电务部、电务段组织车间及厂家技术人员组织对 540G 接收器故障现象进行复原试验。试验中，将 540G 接收器替换为故障设备后，554G 轨道继电器落下，显示 554G 轨道电路区段着红光带；测试 540G 和 523G 小轨出电压发现，540G 小轨出电压由正常时的 137 mV 降低为 40 mV，523G 小轨出电压由正常时的 120 mV 降低为 77 mV（509G 轨道电路区段未着红光带）；故障时 540G 衰耗器上“接收”灯点绿灯。故障现象复现，与故障现象及监测数据一致。

故障复现测试数据见表 4-2-1（红色为非正常数值）。

表 4-2-1　故障复现测试数据

名　称	540G		523G	
衰耗器端孔	试验前	复现时	试验前	复现时
轨入	1 102 mV/207 mV	1 100 mV/207 mV	1 222 mV/87 mV	1 216 mV/87 mV
轨出 1	556 mV	556 mV	534 mV	531 mV
轨出 2	137 mV	40 mV	120 mV	77 mV
GJ(Z)	30.8 V	0.47 V	28.5 V	23.5 V
GJ(B)	30.8 V	25 V	28.5 V	0 V
GJ	30.2 V	24.6 V	27.9 V	22.8 V
XG(Z)	34.3 V	0 V	32.4 V	26.2 V
XG(B)	34.3 V	0 V	32.4 V	0 V
XG	33.7 V	0 V	31.7 V	25.5 V

（三）问题研判

1. 故障现象描述不清。未明确汇报 523G 与 540G 接收器为主并关系，对故障现象描述停留在表面的 509G 与 554G，造成故障处理方向不正确。

2. 故障排查能力不足。处置人员在室内简单观察衰耗器面板指示灯均正常后即准备前往现场处理，未在第一时间通过衰耗器面板测试孔进行故障数据测试记录以区分室内外故障点。

3. 故障处置无绪。处置人员处理思路不清晰，多次盲目更换器材，影响设备正常运用，混淆故障现象。

（四）防范措施

1. 提升职工设备检修技能。针对故障应急处置过程中暴露的问题，制定详细培训计划，进一步加强职工设备原理、作业标准、技术标准的培训，促进设备维护质量的提升。

2. 加强故障模拟实操演练。模拟故障真实场景，对故障登销记、应急工机具、材料准备、上线路径及故障处置流程等进行优化，压缩故障延时。

案例 12　半自动闭塞通信电缆不良造成无法办理闭塞

（一）故障概况

某日 13 时 07 分，三合庄站至云居寺站间不能办理闭塞；13 时 42 分，电务登记“云居寺站至三合庄站间半自动闭塞停止使用”；13 时 46 分，三合庄站至云居寺站间停用基本闭塞法，改用电话闭塞法行车；14 时 45 分电务登记设备正常，16 时 35 分经通信处理后恢复正常。

故障原因：电务设备正常，半自动闭塞通信电缆不良导致三合庄站至云居寺站间不能办理闭塞。

（二）分析处置

13 时 07 分，信号工区人员接故障通知后，立即向段调度和车间进行了汇报，并前往运转室确认故障现象。

13 时 08 分到达车站运转室确认故障现象，未见现象，经询问车站值班员确认“三合庄向云居寺站申请办理闭塞，云居寺站（S 方向）接车闭塞指示灯绿灯短时点亮后熄灭”。

随后，工区应急处置人员赶往机械室，通过信号集中监测及电务维修机回放查看故障现象。通过监测回放，发现三合庄站向云居寺办理闭塞时，云居寺站同意闭塞后，接车绿灯短时点亮后熄灭（图 4-2-17、图 4-2-18）。

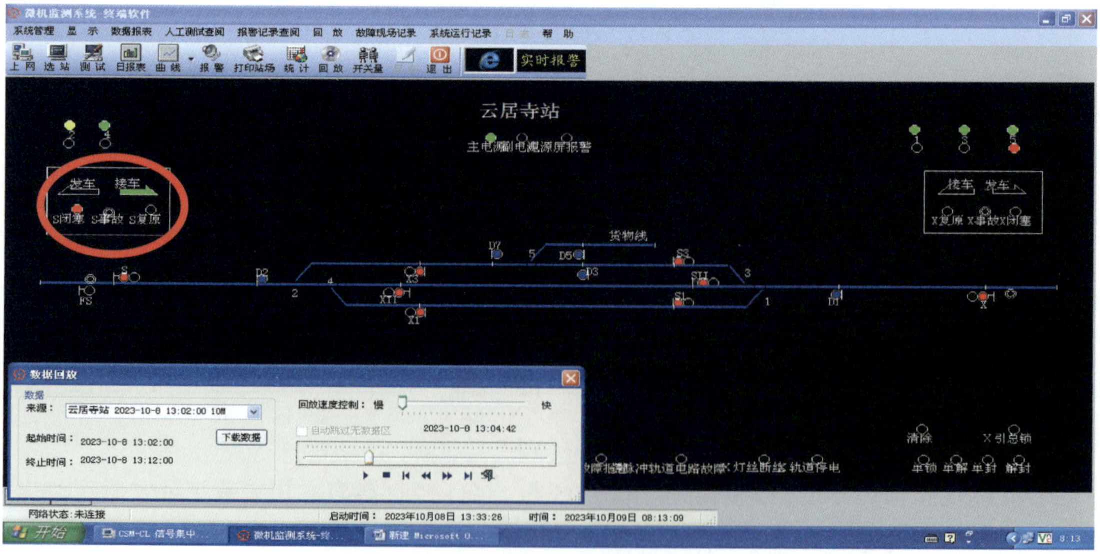

图 4-2-17　云居寺站闭塞绿灯点亮

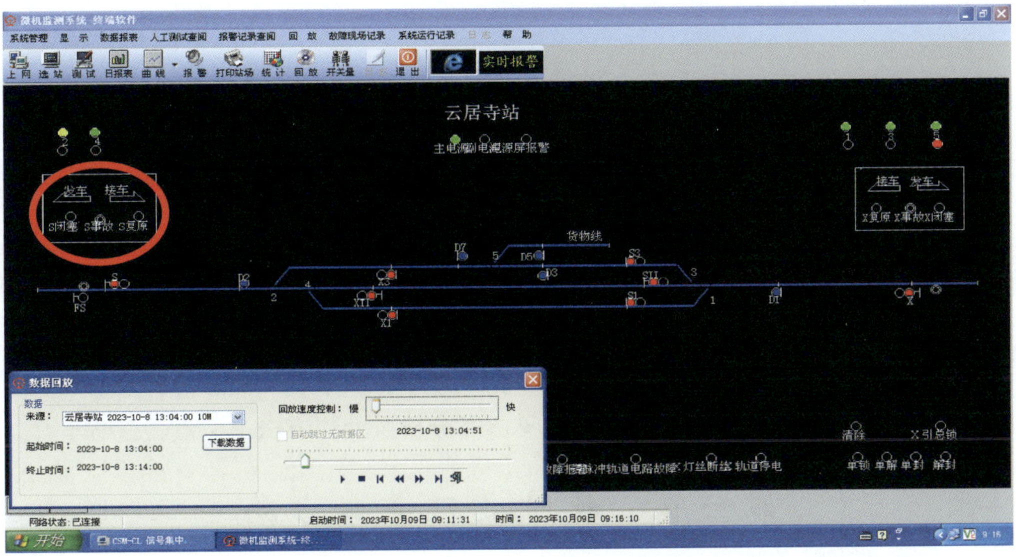

图 4-2-18 云居寺站闭塞绿灯熄灭

13 时 35 分，工区一名应急人员乘车赶往三合庄站，14 时 20 分到达三合庄站。

13 时 42 分，登记停用了三合庄至云居寺站半自动闭塞设备，车站使用电话闭塞办理行车。随后继续组织查找。

14 时 05 分，联系车站值班员试验云居寺站向三合庄站闭塞申请，成功开放闭塞信号。

14 时 35 分，组织测试闭塞外线通信电缆环阻，为 150 Ω 左右（正常为 290 Ω）。在两站分线盘处甩开室内设备，摇测外线通信电缆线间、对地绝缘均为 0.2 MΩ，进一步在两站运转室甩开通信电缆，摇测由信号机械室至运转室的信号电缆均正常，判断电务设备正常，确认为通信电缆不良，通信处理后恢复。

（三）问题研判

1. 故障排查用时较长。一是故障涉及云居寺、三合庄两站，故障的排查判断必须由两站人员共同配合查找。二是故障发生后，应急处置人员在进行现场试验时，前期故障现象不稳定，由三合庄向云居寺站办理闭塞时闭塞不能办理，当由云居寺站向三合庄站办理闭塞时出现办理正常现象，误认为通道正常，给后续排查带来不便。

2. 与通信沟通机制落实不到位。故障发生后，未第一时间将故障情况向通信通报。故障排查过程中，电务与通信未充分联劳协作，各自排查，导致故障查找判断时间较长。

3. 应急人员技术业务素质有待提高。职工对半自动闭塞电路掌握不熟练，故障后关键测试点掌握不准。对半自动闭塞结合部设备发生问题后的查找处理方法学习、培训较少，尤其是采取现场演练方式的培训缺乏，造成遇到此类问题后现场处置应对手段不足。

（四）防范措施

1. 开展半自动闭塞设备应急处理程序的学习，尤其是结合部方面问题的查找程序和方法的学习，实操演练，提高应急处理能力。

2. 抓好职工业务培训，提高业务素质。结合天窗作业，组织职工进行现场教学、现场测试，进行故障应急演练，规范故障处理程序，提高实际故障处理能力，压缩故障延时。

3. 加强应急处置沟通机制落实。健全与通信的沟通联系机制，发生结合部问题后，第一时间相互沟通，在问题查找判断中，充分发挥联劳协作，尽快处理。

第五章　信号机设备故障处理方法及典型案例

铁路信号机是铁路信号系统的重要组成部分，利用不同颜色和数量的灯光来显示指挥列车行进方向和调车命令。通过铁路信号机的显示，司机可以了解前方的信号状态和道岔开通方向等信息，从而执行相应的驾驶指令，防止列车发生碰撞事故，保障行车安全，提高运输效率。本章主要以地面信号机为例，介绍常见故障分析及处理方法。

第一节　故障处理基本方法

一、信号机故障分析

1. 控制台排列进路开放信号试验，确认故障现象。

2. 信号电源屏故障。若大面积信号机灭灯，应查找电源屏电源供电。

3. 组合熔丝熔断。先检查断路器是否故障，再用万用表测试经过的电流，如果电流超标可判断为短路故障。甩开分线盘电缆判断室内外故障，然后分段甩线排查。

4. 测试信号电源无输出，查室内电源部分及联锁网路。

5. 测试信号电源有输出，恢复回线，立即到室外进行查找。

6. 测试信号变压器电压，Ⅱ次电压为正常值，可判断为信号灯泡断丝或机构引入线断线；Ⅱ次电压为零，断开输出一端复测。如Ⅱ次电压为正常值，可判断为机构引入线混线或灯座混线；Ⅱ次电压仍为零，继续检测Ⅰ次电压。Ⅰ次电压为正常值，可判断为信号变压器故障；Ⅰ次电压为零，可判断为至室内电缆断路或短路。

7. 对已确认的故障进行修复。

二、信号机故障处理流程

信号机故障处理流程如图 5-1-1 所示。

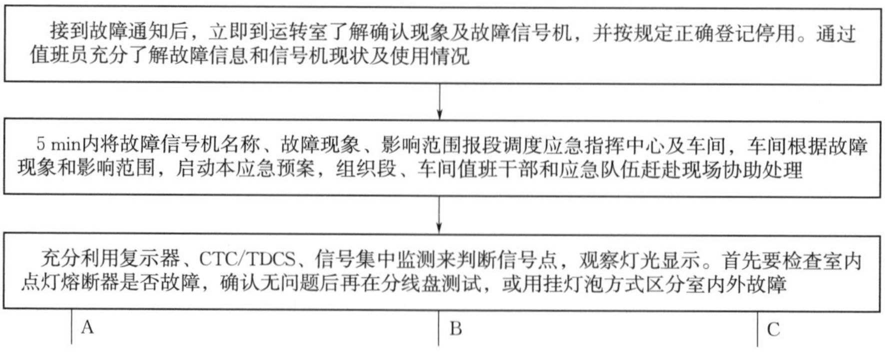

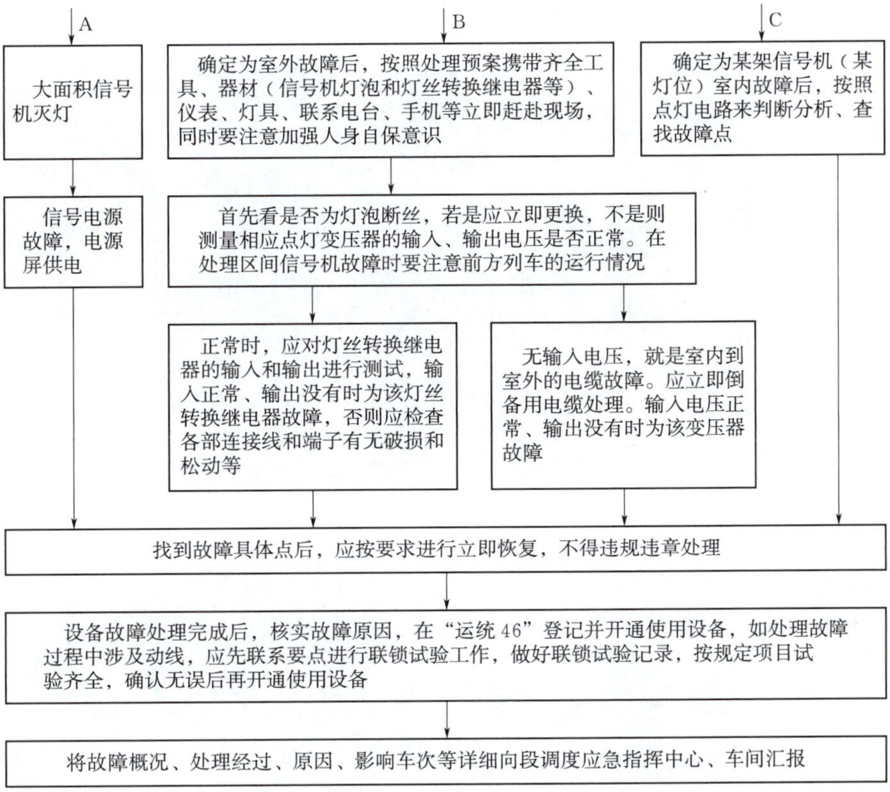

图 5-1-1　信号机故障处理流程

第二节　典型案例

案例 1　点灯单元不良造成信号机显示闪烁

（一）故障概况

某日 32125 次列车行至黄粱梦站至邯郸站间下行线，司机反映 4251 号通过信号机故障，8 时 43 分停，9 时 13 分开，10 时 38 分经电务处理后恢复。

故障原因：4251 号通过信号机绿灯点灯单元不良，更换绿灯点灯单元后故障恢复。

（二）分析处置

接故障通知后，电务值班人员通过查看信号集中监测发现，4251 号通过信号机点灯电流曲线正常（图 5-2-1）。通过 TDCS 终端回放，4251 号通过信号机绿灯显示正常。

通过 TDCS 终端回放，4251 号通过信号机绿灯显示正常（图 5-2-2）。

9 时 07 分，电务值班人员赶到 4251 号通过信号机处（护网外），查看 4251 号通过信号机绿灯在点亮状态后，于 9 时 30 分销记。

9 时 38 分，K1525 次列车司机再次反映 4251 号通过信号机绿灯闪烁，电务检查 4251 号通过信号机绿灯点灯正常，10 时 06 分销记。

10 时 11 分，K385 次列车司机再次反映 4251 号通过信号机绿灯闪烁，电务于 10 时 17 分登记设备停用。电务在距 4251 号通过信号机 400 m 处持续观察信号机显示发现，4251 号通

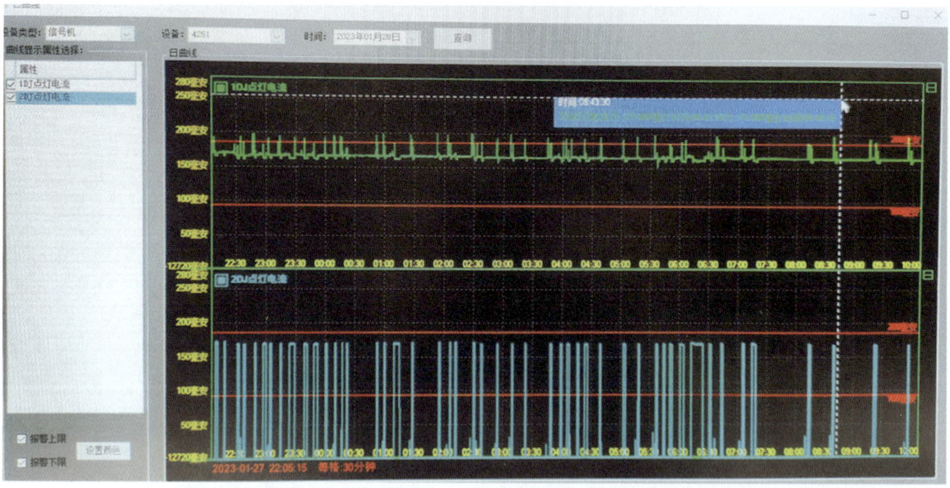

图 5-2-1 4251 号通过信号机点灯电流曲线正常

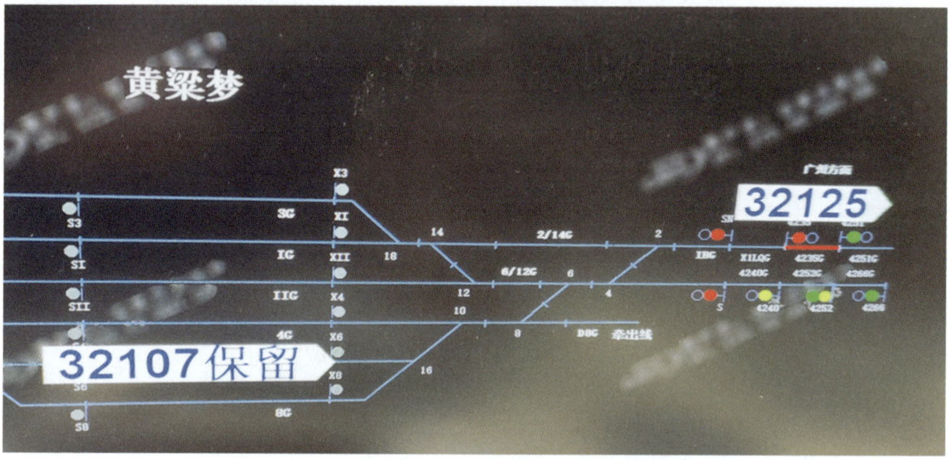

图 5-2-2 4251 号通过信号机绿灯显示正常

过信号机绿灯间歇性出现渐暗渐亮的现象，未灭灯（图 5-2-3），判断 4251 号通过信号机绿灯点灯单元不良，立即组织对 4251 号通过信号机绿灯点灯单元进行更换。

图 5-2-3 4251 号通过信号机绿灯间歇性出现渐暗渐亮的现象

10 时 30 分左右，更换绿灯点灯单元后观察信号机显示正常，进行灯丝转换试验后于 10 时 38 分销记开通。

（三）问题研判

1. 应急处置流程执行不规范。第二次接到司机反映信号机绿灯显示故障后，应急人员在现场观察信号机绿灯显示亮灯后，没有使用仪表测量室外相关电压数据，误判信号机处于正常状态，未能及时定位故障点。

2. 故障现象确认不准确。应急人员在接到通知后，虽然赶往现场查看故障现象，但是前两次均是站在距信号机约 80 m 位置观察，因距离不够远，对于信号机明暗的变化不易区分，查看绿灯在点亮状态后认为设备正常，直到第三次站到距信号机约 400 m 处持续观察一段时间，才发现绿灯间歇性出现渐暗渐亮的现象。因该信号机绿灯未灭灯，且不定时出现渐暗渐亮的现象，应急人员缺乏类似故障处置经验，造成故障现象确认不及时。

3. 故障数据无异常给分析判断造成困难。此次故障发生时，由于信号机没有灭灯，且信号机点灯电流曲线、TDCS 和控制台显示均正常，机械室分线盘测试信号机点灯电压正常，误认为信号机无异常，值班人员在室内未能掌握故障现象，故障范围难以确认。

（四）防范措施

1. 提高器材源头质量。通过点灯单元器材厂家技术人员对 4251 号通过信号机绿灯点灯单元测试，发现测试中无规律性出现点灯单元二次侧输出电压在 9.2～11.3 V 间波动，分析该点灯单元内部电解电容特性不良，督促厂家整改，提高器材出厂质量。

2. 提高应急处置能力。针对信号机点灯单元故障组织应急演练，规范信号机故障应急处置流程，发生故障后，严格执行故障应急处置流程，按要求测量各部电压、电流值，准确掌握故障状态下各部电气特性数据，为故障点判断提供依据。

案例 2　站联电压传感器短路造成地面信号显示与机车信号不一致

（一）故障概况

某日 7 时 15 分，T369 次列车行至石家庄普速场至平南站间下行线，司机反映机车信号与 2739 号通过信号机显示不一致，经电务处理后恢复。

故障原因：石家庄普速场机械室内 QZ1 第 2 层第 9 位站联电压传感器内部短路。

（二）分析处置

T369 次列车行至石家庄普速场至平南站间下行线，司机反映机车信号与 2739 号通过信号机显示不一致，电务值班人员接通知后立即组织处理。

通过信号集中监测查看发现石家庄普速场至平南站间 2739 号通过信号机在点绿灯的情况下，2725 号通过信号机点黄灯（图 5-2-4），监测发现 2725G 低频接收 26.8 Hz（HU 码）。同时现场电务值班人员在机械室排查发现普速场 QZ1 架（区间组合架 1）2 层 1GJ、2GJ（JPXC-1000 型）落下；QZ1 架 4 层 DJ（邻）（JWXC-1000 型）落下。初步判断为站联电路故障。

石家庄普速场测量分线盘（2F-1202-5 及 2F-1202-6）电压为 4 V，平南站电务值班人员配合测量普速场 X-XTJ2 及 X-XTJ2H 电源送出正常（60 V），随即组织倒贯通电缆进行恢复。

倒贯通电缆后测量（普速场分线盘 2F-1202-5 及 2F-1202-6）电压为 4 V，甩掉电缆测量电缆端电压恢复正常，挂上电缆之后电压降为 4 V，确认为石家庄普速场室内侧站联电路有短路。

在 QZ1 架 2 层 04-10 及 05-17 进行测量，测量电压仍为 4 V，怀疑 2F-1202-5 至 QZ1 架 204-10 配线与另一侧短路。

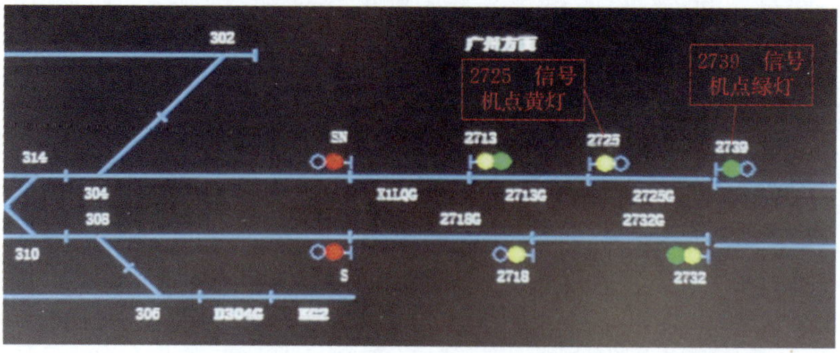

图 5-2-4 2739 号通过信号机在点绿灯的情况下 2725 号通过信号机点黄灯

更换 2F-1202-5 至 QZ1 架 204-10 配线，更换后故障仍未恢复，随后继续向继电器线圈方向查找。

经排查发现与 2GJ 的 1-4 线圈并联的站联电压传感器存在虚短，立即将短路器材甩开，故障恢复。

（三）问题研判

1. 该故障为站联电路短路故障。一方面，需要普速场和平南站双方共同配合查找，在各自测试和相互联系确认上需要一定时间；另一方面，故障原因为室内采集模块内部短路，短路故障不易查找，且该故障器材处于站联继电器电路的末端，需要从分线盘一步一步甩线确认，查找难度较大，客观上造成延时较长。

2. 现场处理人员在普速场分线盘测量站联 2 电压几乎为零时，在未能全面判断区分是室内外故障的情况下，凭经验怀疑为站间电缆不良，双方联系更换贯通电缆，故障未能恢复，耽误了一定时间，造成延时较长。

（四）防范措施

1. 加强特殊电路培训。针对方向电路、站联电路、站内区间结合电路等特殊联锁电路，组织职工熟悉电路图纸，熟悉机械室内的组合位置、器材用途、分线盘及组合架侧面端子位置等，提高技术业务素质。

2. 完善站联电路应急预案。模拟站联电路中各局部电路及相关器材发生故障的各种场景，熟悉掌握故障现象，积累故障数据，规范站联电路故障的判断区分方法，优化站联电路故障处置流程。

案例 3 电缆芯线虚断造成信号机不能正常开放

（一）故障概况

某日 15 时 16 分至 16 时 30 分，石家庄太青场自动触发 D1638 次列车 6 道接车进路，ST 进站信号机黄闪黄信号不能开放，重新开放 ST 进站信号机黄闪黄信号，故障自然恢复。

当日 16 时 43 分至 16 时 54 分，石家庄太青场自动触发 D2780 次列车 9 道接车进路，ST 进站信号机由双黄灯突变为红灯，重新开放 ST 进站信号机双黄信号，故障自然恢复。

次日 16 时 19 分至 18 时 31 分，石家庄太青场自动触发 D1672 次列车 6 道接车进路，ST 进站信号机黄闪黄信号不能开放，使用贯通电缆倒接 LUH 电缆后，故障恢复。

故障原因：ST 进站信号机 1U 变压器箱内 D6 端子至机械室分线盘 LUH（绿黄回）电缆芯线虚断。

（二）分析处置

第一次接到故障通知后，由于故障自然恢复，电务值班人员赶到现场后对室外设备各部电压测试检查未发现异常，预防性更换 ST 进站信号机室外 1U、2U 点灯单元及信号灯泡，开放信号试验正常后于 16 时 30 分下道销点。

第二次接到故障通知后，处置人员对 ST 进站信号机室内外设备进一步分析排查，开放信号试验，故障现象未复现，检查室内外设备正常后预防性更换了 ST 进站信号机室内 2DJ、LXJ、ZXJ、TXJ 相关继电器，试验良好后销点。

第三次接到故障通知后，17 时 27 分，待 D1675 次列车出站后，17 时 35 分，电务赶到 ST 进站信号机处进行排查。因黄闪黄信号无法开放转红灯显示，联系室内请求 CTC 多次开放 ST 进站信号机黄闪黄信号，室内应急人员在分线盘位置分别测试 1U 与 LUH、2U 与 LUH 端子间电压，均测试到有 220 V 瞬间电压。判断为室外故障，并通知室外应急人员。

室外应急人员多次联系室内开放 ST 进站信号机双黄信号，ST 进站信号机双黄信号也无法开放，转红灯显示，室外测试 ST 进站信号机变压器Ⅱ箱 D1、D3 端子（2U 的点灯和回线）仍未测得 220 V 瞬间电压。

室外应急人员随即联系室内请求 CTC 开放 1 黄信号，1 黄信号无法开放转红灯显示，室内分线盘测试有 220 V 瞬间电压，室外测试变压器箱Ⅰ箱 D1、D6 端子（1U 的点灯和回线）仍未测得 220 V 电压，初步判断 ST 进站信号机 LUH 电缆不良。

室外与室内核对确认贯通电缆状态良好后，室外使用贯通电缆做母线分别连接 1U 和 LUH 电缆，室内测试 1U 导通，LUH 不通，确认 LUH 电缆不良。

使用贯通电缆更换 LUH 电缆后，开放信号分别试验绿灯、黄灯、黄闪黄和双黄信号，显示良好。

（三）问题研判

1. 施工源头质量不高。使用万用表对割接下道的 ST 进站信号机电缆接头进行检查测试，确认 42 芯中第 5 束的白芯线断线。敲打震动该电缆接头部位时，第 5 束的白芯线能够测得瞬间接通又断开的现象，分析为电缆接头内部第 5 束的白芯线压接不实导致虚接。反映出电缆接续过程中，接续质量不高，没有严格落实电缆接续工艺标准。

2. 应急组织指挥不力。一是段调度指挥中心应急指挥与现场应急处置人员沟通联络不畅，对现场应急处置情况未能实时掌握，现场相关信息反馈不及时，未能对现场应急处置人员提供有效的技术支持。二是数据分析能力有待提升，ST 进站信号机先后发生 2 次故障，信号集中监测数据显示 2DJ 均有 7 mA 的电流，段应急处置人员被 2DJ 有 7 mA 的点灯电流所误导，把排查重点放在 2U 点灯单元Ⅱ次侧点灯回路，对点灯单元Ⅰ次侧点灯回路电缆虚断时 2DJ 也能采集到 10 mA 电流的现象缺乏认知，忽视了对点灯单元Ⅰ次侧点灯回路的排查，故障范围判断失误。三是对故障现象没有冷静判断，在 ST 进站信号机黄闪黄、双黄信号、1 黄信号均无法开放情况下，未及时查找 1U、2U 共用 LUH 电缆部分，而是先查找 1U、2U 点灯电路电缆，在排查确认 1U、2U 点灯电路电缆都没有问题后，才查找确认共用的 LUH 回线电缆虚断，在故障处理判断上走了弯路。

3. 自复故障判断不准。一是由于信号机电缆虚断，前 2 次故障均自然恢复，要点试验时故障现象未复现，未能及时捕捉故障场景下的相关测试数据，准确定位具体故障点。二是分析判断故障原因不全面，在故障自然恢复、未能查明故障原因情况下，多次预防性更换相关器材，未考虑到电缆故障原因，对电缆只是测试绝缘和环阻正常，未及时预防性倒接贯通电缆。三是现场检查发现灯座共用端子螺母松动，且与故障时点灯电流曲线相同，未对其他影响条件进行查找，盲目判断为故障原因，隐患排查不彻底，延误真实原因的处置。

4. 应急联系沟通不畅。故障现象为ST进站信号机黄闪黄、双黄灯、黄灯信号不能开放转红灯，故障处置过程中测试1U、2U点灯电压需要反复开放黄闪黄、双黄、1黄信号，室内外联系、与CTC协调联系、沟通过程中延误了一定时间。

（四）防范措施

1. 扎实开展隐患排查。一是重点检查电缆接续台账是否齐全、电缆接续处所是否完好、电缆有无外界损伤，清单式记录检查发现的问题，明确整改时限，落实闭环管理。二是对电缆位置、芯线用途、贯通明示进行排查，确保图实相符、应急有备，进一步强化车间的电缆管理。三是加强电缆电气特性测试工作，通过电缆全程对地绝缘摇测、贯通电缆芯线环阻测试等，每次测试完毕与前期数据进行比对，准确掌握电缆动态特性数据，及时发现电缆不良问题。

2. 提升设备源头质量。一是健全完善隐蔽工程档案，组织摸查管内电缆接续底账，在既有的电缆基础台账上，增加电缆接续台账，明确接续处所、接续时间、接续人等，进一步加强电缆管理。二是加强隐蔽工程质量监护，涉及地下电缆接续的安排专人全程监护，督促施工单位严格落实电缆接续工艺标准，对电缆接头逐处检查，杜绝电缆接头内部芯线压接不实的隐患。

3. 强化信号集中监测数据分析。严格落实信号集中监测查看分析制度的基础上，合理调整车间数据分析控制工区和各工区信号集中监测查看时间，实行错峰查看，做好各种场景下信号机DJ、2DJ电流曲线的查看分析，密切掌握设备运用状态，发现曲线有异常的立即组织查找，确保设备运用良好。

4. 加强技术业务培训。一是积极开展信号机故障应急演练，利用车间练功场所，组织工区开展信号机故障应急演练，重点检验职工应急处置流程，通过模拟演练，积累实战经验。二是加强职工技术业务培训，充分利用班前会、每周技术业务学习时机，对职工开展技术业务培训，组织职工定期到教育基地培训考试，整体提高职工检修业务能力。三是选拔技术业务骨干，组建段、车间两级应急专家队伍，提升专业应急能力。

案例4 远程隔离变压器调整线虚接造成区间信号机灭灯

（一）故障概况

某日，K972次列车行至榆关站至抚宁站间上行线，司机反映“区间3936通过信号机灭灯（机车信号显示正常）”。3时32分停于该区间K393＋213处，3时47分开车，3时56分经电务处理后恢复。

故障原因：3936通过信号机室内远程隔离变压器调整线脱焊虚接。

（二）分析处置

接故障通知，工区值班人员立即查看信号集中监测，确认3936通过信号机灭灯、灯丝电流为0 mA后通知段调度及车间。

段调度查看信号集中监测，发现区间3936轨道电路区段空闲，3936通过信号机灭灯。调取3936通过信号机点灯电流曲线，发现3时08分40秒1DJ点灯电流曲线由正常的179 mA突变为0 mA，初步判断为信号机点灯电路故障，立即通知现场。故障时1DJ点灯电流曲线如图5-2-5所示。

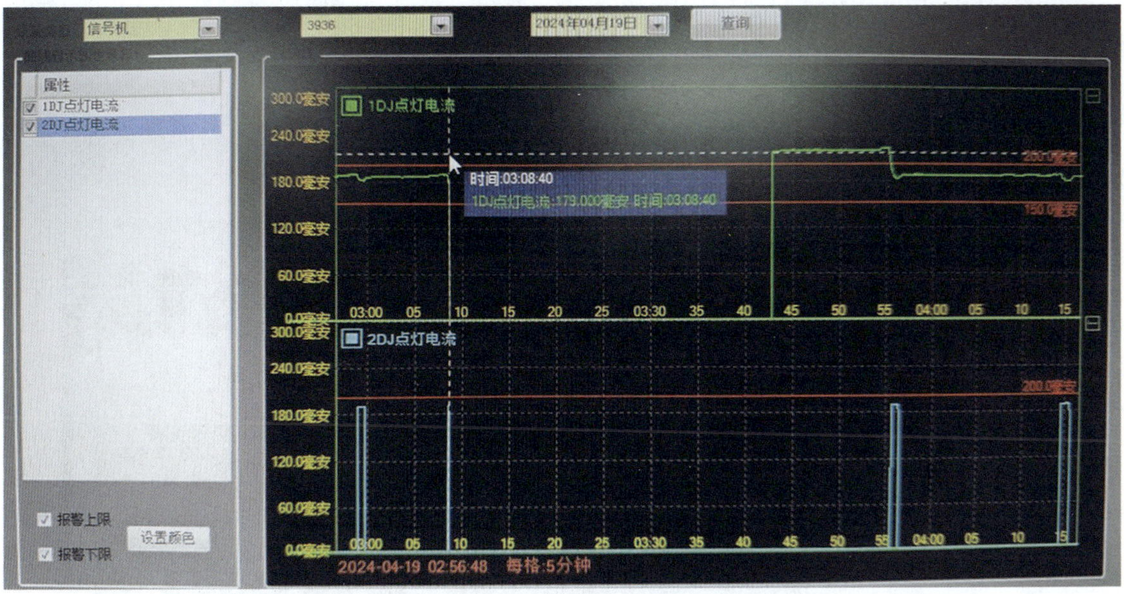

图 5-2-5　故障时 1DJ 点灯电流曲线

3 时 33 分，工区值班人员登记停用设备。机械室入室命令下达后，值班人员进入机械室查看点灯相关断路器状态良好。3 时 38 分车间副主任赶到机械室，检查发现 3936 通过信号机远程隔离变压器调整线虚接，3 时 46 分修复设备缺点。

（三）问题研判

1. 故障出动不迅速。接车站值班员故障通知后，电务值班人员双人查看信号集中监测，20 min 后才到运转室确认故障现象及登记停用设备。

2. 施工质量把控不到位。车间未能把好施工质量验收第一关，对开通时工程单位的施工质量无验收措施，对调整线及线头的焊接质量未进行全面检查及验收，施工质量把控不到位。

3. 超大修期设备维护不到位。抚宁站于 2006 年进行的大修改造施工，距故障发生已超大修期，各级日常维护无针对性措施，超大修期设备质量维护不到位。

（四）防范措施

1. 利用天窗时间对管内同期上道使用设备的焊接工艺及焊接强度进行一次全面排查。采取眼看、手抻的方法进行检查，发现焊点不饱满、焊接不牢固、插件松脱不吃力等不良隐患及时做好处理。

2. 筛查管内设备，建立超大修期设备台账，对应不同设备制定不同的针对性措施，采取但不限于缩短巡视检查周期、定期测量试验及隐患集中处理等维修手段，减少超大修期设备隐患造成的故障。

3. 加强施工源头质量管理，设备大修改造施工安排专人配合监护，落实工艺标准，填写施工监护日志；开通前组织对新设备进行开推检查、克缺整治，责任落实到人，提高源头质量。

案例 5　室内断路器输出端配线接触不良造成信号机灭灯

（一）故障概况

某日 9 时 09 分，北仓站 SⅡ出站信号机故障，9 时 24 分经电务处理后恢复。

故障原因：由于SⅡ信号机室内断路器输出端配线松动、接触不良，造成无电源输出，导致信号机灭灯。

（二）分析处置

电务接到通知后，赶到行车室确认故障现象为控制台SⅡ信号机复示器显示灭灯。查看信号机点灯电流曲线，1DJ灯丝电流降为0 mA（图5-2-6）。

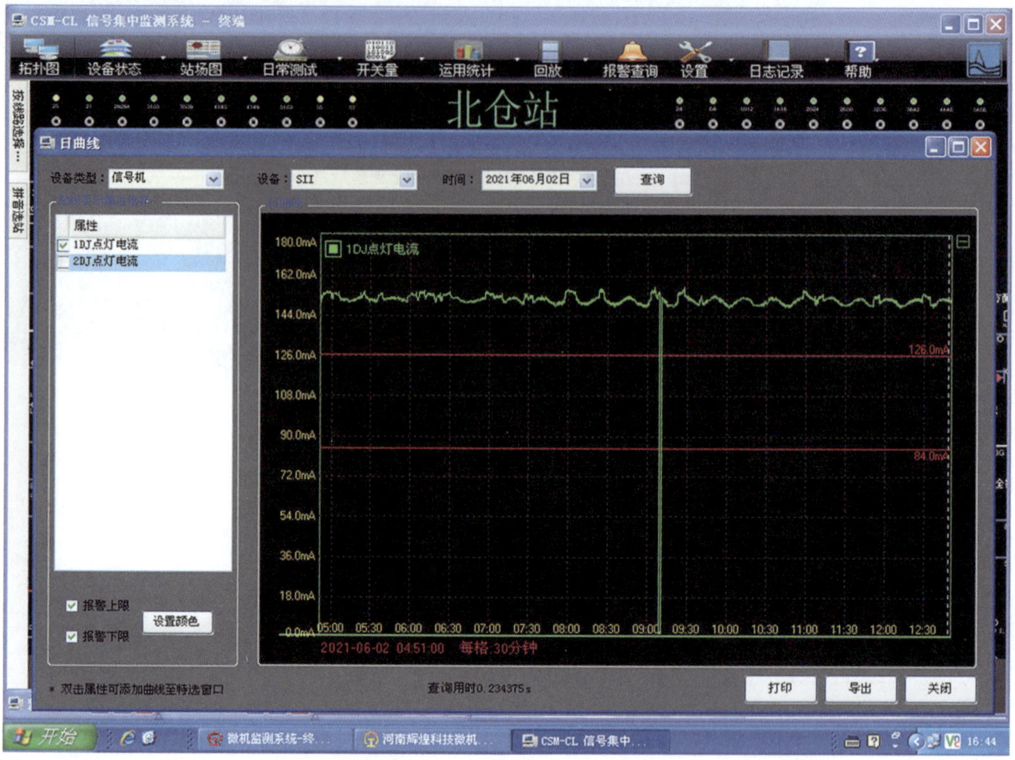

图5-2-6　1DJ点灯电流曲线

9时10分，工区值班人员到达机械室，经检查SⅡ信号机1DJ（灯丝继电器）处于落下状态，随后进一步对该信号机断路器进行检查时发现，断路器输出端配线松动接触不良，处理后故障恢复。

9时24分，销点销记，交付使用。

（三）问题研判

1. 设备日常巡视检查不到位。工区室内设备巡视检查流于形式，在设备春融春检工作中，工区对室内设备检查不够重视，没有加强对室内设备的检查，设备维修检查工作落实不到位。

2. 车间干部履责不到位。车间干部在日常工区盯控检查时，对室外设备检查的多，对机械室设备检查的少，盯控干部存在“重室外轻室内”的思想，设备检查存在死角死面，导致断路器配线接触不良的安全隐患问题未能及时发现解决，在具体工作布置、提示和指导工区维修检查时没有发挥应有作用，致使工区对该类隐患未能引起足够重视，最终造成设备隐患升级为故障。

3. 信号集中监测曲线分析不到位。工区在日常进行信号集中监测查看分析时未能及时发现SⅡ信号机点灯电流曲线波动的隐患问题，未能在第一时间采取有效防控措施，盲目认为曲线波动是正常现象，致使该隐患问题长期存在，错过了发现故障的最佳时机，给故障的发生埋下了隐患。

（四）防范措施

1. 加强设备巡视检查。加强对室内设备的巡视检查，重点对分线盘、组合架零层、侧面配线情况进行检查，发现问题及时处理，确保设备良好使用。

2. 强化干部现场盯控责任。加强对现场作业标准的指导和监督，要切实履行安全管理岗位职责，深入现场要把住关键、不留死角，指导工区精检细修，提高发现和解决问题的能力。同时做好问题追踪整改，形成闭环，突出干部安全管控作用。

3. 加强特性测试对比分析。充分利用信号集中监测设备，加大对设备特性曲线变化的监控分析力度，严格落实监测数据的查看分析制度，强化利用技防手段分析研判设备风险隐患的作用，做到安全隐患超前防范。

案例 6　点灯单元底座簧片接触不良造成信号机不能正常开放

（一）故障概况

某日 7 时 40 分，魏善庄站京沪三线 SN 进站信号机由绿灯（实际为双黄灯）突变红灯，9 时 31 分经电务处理后恢复。

故障原因：SN 进站信号机室外 2U 灯点灯单元底座簧片接触不良。

（二）分析处置

7 时 40 分，电务值班人员接到车站值班员通知“SN 进站信号机不能开放，7 道无法接车”。接到通知后，电务值班人员立即前往运转室确认故障现象并向车间及段调度汇报。工区值班人员通过回放信号集中监测设备发现排列 7 道接车进路后 SN 进站信号机异常关闭。

工区故障处置人员检查确认控制台各部按钮正常，补办接车信号无法点亮，7 时 46 分登记 SN 进站信号机停用，7 时 50 分办理上线手续后前往现场处置。

7 时 55 分，工区故障处置人员携带信号机灯泡、万用表、应急工具到达 SN 进站信号机处，首先更换 1U 灯泡后试验开放信号，故障未恢复；随后更换 2U 灯泡后试验开放信号，故障未恢复；8 时 15 分，更换 1U 点灯单元后故障仍未恢复。

8 时 40 分，室内对 2DJ（第二灯丝继电器）进行更换，更换后故障未恢复；8 时 50 分，室内更换 ZXJ（正线继电器）后故障未恢复；9 时 00 分，室内更换 LXJ（列车信号继电器），更换后故障仍未恢复，随后通过开放信号试验并在分线盘测试方式确认点灯电源 220 V 已送出，确认故障点位于室外。

9 时 20 分，室外测试排查发现 2U 点灯单元一次侧电压正常、二次侧无电压；将点灯单元由底座拆下后检查测试试验良好，二次侧输出电压正常；将不良点灯单元底座拆除、更换后联系室内开放信号，试验正常，9 时 31 分销点恢复使用。

后续处置人员对不良点灯单元底座进行检查测试（图 5-2-7），发现底座插接簧片外观不良，测试底座插接簧片间电阻较大。

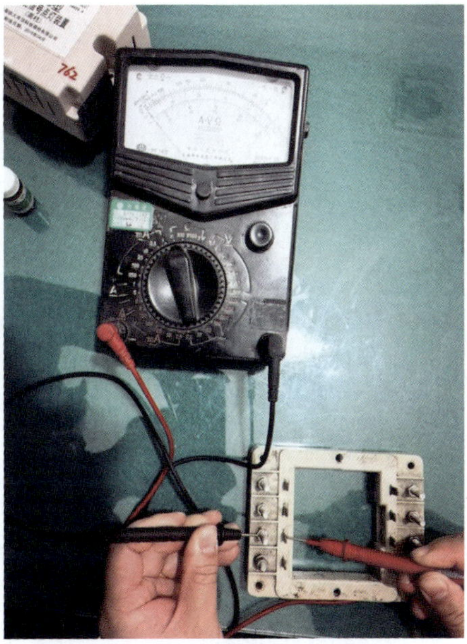

图 5-2-7　更换下道的点灯单元底座电阻测试

（三）问题研判

1. 故障排查处置分析能力薄弱。故障发生后，工区应急人员未通过分析信号集中监测电流曲线、在分线盘测试点灯电压等方式确定故障范围就前往室外，更换灯泡及点灯单元无效后又更换室内器材排查，更换多个器材故障未恢复后其他车间支援人员到达后才确认故障点位于室外，故障处置流程混乱，造成延时过长。

2. 故障处置协调联系不到位。故障发生后，室内外处置人员协调联系不畅，现场人员未将排查情况、处置进度及时向段调度指挥中心汇报，造成段调度指挥中心无法及时掌握现场应急处置进度及远程指导执行情况。

3. 设备巡视检修标准执行不到位。现场车间、班组对信号机设备运用质量控制不足，对信号机设备、器材检查不够细致，对点灯单元底座接点接触情况检查不到位。

（四）防范措施

1. 组织开展信号机点灯单元底座同批次、同类型器材的细致排查，发现问题及时处置，消除同类隐患。

2. 梳理完善故障处置应急预案，提高故障应急响应效率，遇原因复杂、处置难度大的故障要积极协调邻近车间、班组予以支援，同时段内组织相应专家组人员赶往现场支援，减少设备故障对运输秩序的影响。

案例 7　电缆芯线断线造成信号机不能正常开放

（一）故障概况

某日 2 时 23 分，燕落站 SⅡ信号机故障，2 时 47 分经电务处理后恢复。

故障原因：SⅠ信号机变压器箱至 SⅡ信号机变压器箱间电缆断线。

（二）分析处置

2 时 23 分，兵马营信号工区值班人员接燕落站车站值班员电话通知“控制台 SⅡ信号机闪光”。工区应急处置人员接到通知后，立即由工区出发前往燕落站，同时汇报车间及段调度，于 2 时 40 分到达现场。

处置人员到达后前往 SⅡ信号机处进行检查，结合图 5-2-8，通过测试发现：SⅡ信号机变压器箱内 2 号和 5 号端子电压为 0 V；测试 SⅠ信号机变压器箱内 22 号和 25 号端子电压为 195 V；进一步排查后确认故障原因为 SⅠ信号机变压器箱 22 端子至 SⅡ信号机变压器箱 2 端子间电缆断线，立即更换备用芯线，更换后故障现象消除。测试电压正常后于 2 时 47 分销点恢复使用。

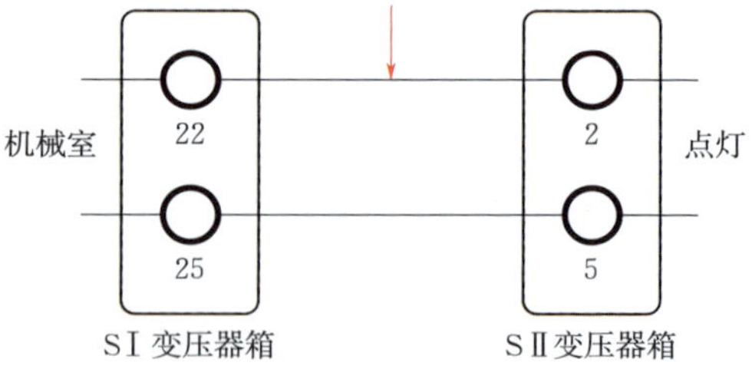

图 5-2-8　SⅡ信号机点灯电缆走向示意

（三）问题研判

1. 超大修期电缆不良风险分析研判不到位，缺乏有效防控手段。

2. 信号集中监测运用分析存在不足，未能通过信号机点灯电流变化情况细致分析电缆可能存在的隐患并提前加以防范。

（四）防范措施

1. 加强贯通电缆芯线管理，制作电缆芯线贯通图；贯通电缆芯线应从信号机械室分线盘贯通到现场设备终端盒，对应室内分线盘、箱盒信号电缆贯通芯线端子应设置通标志，对应明示分线盘、终端盒贯通端子号，确保发生电缆芯线故障能够快速倒接恢复。

2. 组织京通线各站对室内外电缆全程对地绝缘测试，发现电缆对地绝缘电阻下降明显或特性不良的，及时查明原因；确定因电缆老化造成的，及时更换新电缆。

3. 超大修期电缆要加密测试周期，安排干部加强日常检查分析，完善电缆故障应急预案，加强电缆故障应急演练。

第六章　车载设备故障处理方法及典型案例

车载设备主要实现自动控制、信息交换、实时监测功能。即通过通信设备，实现列车之间以及列车与地面指挥中心的信息交互；实时监测列车的运行状态，包括速度、位置；实现列车调度通信、调度命令信息无线传送、车次号校核数据无线传送功能。车载设备能确保列车在正确的时间和地点执行正确的操作，防止超速、脱轨等事故的发生，并通过自动控制，提高列车运行的稳定性和效率。本章主要介绍车载列车运行监控装置（LKJ）、列车自动防护（ATP）设备的故障分析及处理方法。

第一节　故障处理基本方法

一、车载 ATP 设备故障查找、分析及处理方法

（一）直观法

1. 原理

直观法是通过人的眼睛或其他感觉器官去发现故障、排除故障的一种检修方法。

2. 应用

直观法是最基本的检查故障的方法之一，实施过程中应坚持先简单后复杂、先外面后里面的原则。实际操作时，首先观察设备外观结构状态、开关状态、设备指示灯状态等。

直观法主要有两个方面的检查内容：

（1）对实物的观察。观察设备安装状态，是否有松动、滑脱、脱落、变形的现象。

（2）对设备工作状态的观察。观察设备启动状态，工作的各指示灯状态；人机界面（DMI）显示屏显示内容，是否有故障报警等文本信息；是否有语音提示或声光报警提示灯。

通过直观法检修时，主要分成以下四个步骤。

（1）设备外观检查：检查设备外观状态，是否有破损和松动现象。查看机器上的按键、插口，电器设备的连线有无损坏等。

（2）设备内部检查：观察线路板及机内各种装置，看熔丝是否熔断；元器件有无相碰、断线；电阻有无烧焦、变色；电解电容器有无漏液、裂胀及变形；印刷电路板上的铜箔和焊点是否良好，有无已被他人修整、焊接的痕迹等，在机内观察时，可用手拨动一些元器件、零部件，以便直观检查。

（3）设备通电检查：这时眼要看主机各面板指示灯自检时或自检后状况，电器内部有无打火、冒烟现象；耳要听电器内部有无异常声音；鼻要闻电器内部有无炼焦味；手要摸一些管子、集成电路等是否烫手，如有异常发热现象，应立即关机。

（4）设备工作状态检查：设备上电，检查设备自检状态，是否有故障报警信息，可根据相关报警提示判断故障范围。同时可进行相关功能测试，查看设备各项功能是否达标。

3. 常见故障应急处理办法

（1）CTCS3-300T 型（以下简称 300T 型）ATP 设备 DMI（显示屏）报 ATPCU 故障，多为软件逻辑错误造成，一般重启 ATP 设备后可以使用。若多次重启均未解决则需要下载 Log 数据确认模块是否故障，及时更换解决。

（2）无线闭塞中心（RBC）无法连接。一是先检查 ATP 机柜中右侧壁下方托扣开关中 GSM-R 开关是否断开，若断开则 GSM-R 天线单元无法上电，闭合托扣开关后，相关单元上电，再次呼叫 RBC 即可。二是更换 RBC 号码后重新呼叫，查看是否能够连接，若可以呼通则设备正常。三是倒系重启查看是否能够连接，若能连接则怀疑插件模块故障，联系人员更换。四是一种特殊情况，当 G 网施工或暂时停止使用时也无法呼通，G 网施工可以向通信工区询问。五是车体附近存在干扰，影响天线接收信号也会导致无法呼通，联系移动车体或多次尝试呼叫一般可以解决问题。

（3）DMI 报应答器传输模块（BTM）故障，首先重启 ATP 设备查看故障信息能否消除，若无法消除则倒系重启，倒系后正常则说明原系中 BTM 故障，立即下载数据检测分析是否为模块故障，判断故障模块后更换，再次启动 ATP 设备排除设备故障信息。

（4）ATP 设备有一系无法启动，检查无法启动系的模块连接插头中 MOBAD 电池是否有电，若没电则更换后可以正常开机。另有一种情况是换系倒屏后无法开机，应先检查 ATP 电源，因为 ATP 电源与显示屏电源相距很近，有时会误碰而导致 ATP 电源断开，此时恢复 ATP 电源即可恢复。

（5）北京和利时系统工程有限公司的设备在司机动车或做机能试验过程中无法制动无法缓解，可能是动车组车体门有未关闭的情况，关好车体门或切除司机室车门开关即可解决。

（6）司机无法操纵动车，无法开车，检查司机室司法记录单元（JRU）电源开关是否关闭，若 JRU 开关关闭，则任何动车操纵无效。

（7）根据相关文件，CTCS2-200C 型（以下简称 200C 型）ATP 设备软件特殊操作要求：如需目视行车模式运行，应先重新启动 ATP 设备；在区间以完全监控模式运行，遇 DMI 提示“线路数据不足进入部分监控模式，请确认”时，司机应停车并重启车载 ATP 设备。

（二）数据分析法

1. 原理

数据分析法是利用车载数据分析软件，对列控车载设备记录的运行数据进行分析，查看数据中是否有故障信息记录和异常记录，根据数据分析的相关信息和提示，来分析判断故障范围和故障点。

2. 应用

数据分析法是列控车载设备故障查找和分析的重要的手段，在现场故障处理中经常运用，对故障判断和处理有较大的帮助。列控车载设备具备较强的设备自检功能和数据记录功能，由于设备判定标准较严格，同时均具备冗余设计要求，一般的软性故障没有明显的表象，且在 DMI 上没有相关的故障信息和故障现象。因此需要借助专业分析软件，对车载设备记录的数据进行分析，由于不同类型的 ATP 记录的数据不一样，利用分析软件进行数据分析时的重点也不一致。

（1）CTCS2-200H 型（以下简称 200H 型）ATP 设备

利用 PC 卡数据分析软件对 PCF 数据进行分析，重点查看“故障触发信息”中的故障信息内容。

(2) 200C 型 ATP 设备

利用 PCSAM 数据分析软件对 MID 数据进行分析，重点查看设备报警信息。

(3) 300T 型 ATP 设备

利用 AE Log 记录数据查看设备状态信息；利用 JRU 分析软件分析 JRU 记录数据中的故障信息和报警信息。

(4) CTCS3-300S 型（以下简称 300S 型）ATP 设备

利用 DUMP 记录数据查看设备状态信息；利用 JRU 分析软件分析 JRU 记录数据中的故障信息和报警信息。

(5) CTCS3-300H 型（以下简称 300H 型）ATP 设备

利用 PC 卡、CF 卡记录数据查看设备状态信息。

(三) 互换试验法

1. 原理

互换试验法是用规格相同、性能良好的设备和配件，代替故障器件和某个被怀疑而又无法定位的设备，从而来判断故障的一种检测方法，是列控车载设备故障处理中一种较为常用的故障处理方法。

2. 应用

互换试验法在确定故障原因时准确性为百分之百，但操作时较麻烦，有时很困难，且对线路板有一定的损伤。所以使用互换试验法要根据电器故障具体情况，以及检修者现有的备件和互换的难易程度而定。应该注意，在互换元器件过程中，连接要正确可靠，不要损坏周围其他元件，这样才能正确地判断故障，提高检修速度，又避免人为造成故障。特别在显示屏、插件板代换时要确认版本、厂家和电压值（75 V、110 V）。

互换试验法是缩小故障范围，判断故障板件最有效、最常使用的一种方法，互换法的运用有较多的方式。一般来说采用直接互换的方式，利用良好的备品配件对故障设备或疑似故障的设备进行更换，对更换前后的设备状态现象进行比较，从而可以判断故障部位。

另一种是利用互换设备的手段进行排除判断，一般情况下，某些大型的设备部件或安装工艺较复杂的配件不便于直接进行互换，此时可对其相关的有故障嫌疑的部件进行互换，通过对相关设备的更换，观察更换前后的现象和设备工作状态，如果相关设备更换后故障依然存在，利用排除法进行分析，基本可以判断为该设备故障概率较高，可进一步对该设备进行检查。

(四) 对比法

1. 原理

对比法是对电子设备，尤其是热备双套电子设备（同样功能、作用、电路原理），在输入或输出信号一致相同条件下采用相互对比手段，能够迅速缩小或判定出其中某一插件板或某一单元电路中存在故障元器件的一种检测方法。

2. 应用

(1) 相同插件板或单元电路在输入或输出信号一致条件下，对比指示灯显示状况、自检前后同定义状态，或采用上述各种测试方法进行对比。

(2) 相同插件板或单元电路受到磁场干扰等因素影响下比对共性点和个性点差异，经各项检测排除后判定某一插件板或单元电路存在故障。

（五）敲打试验法

1. 原理

敲打试验法是对电子设备出现时好时坏的故障现象，又难以判定故障点，所采用纵向、横向震动的手段，能够迅速判定或检测出电路中接触不良元器件的一种简易检测方法。

2. 应用

（1）敲打试验法主要运用于设备接触不良，故障现象不能保持的情况下，可使故障再现，同时可初步判断故障范围的一种较为有效的方法。

（2）电子元器件脚经锡熔焊接在电路板上，在特定场合，特别是大功率晶体管长期受到热胀冷缩的影响，焊点周围形成裂纹产生的接触不良现象难以发现，此时可使用敲打试验法。

（3）车载设备长期工作在恶劣环境中，动车组运行中各种震动，特别是“共振”会产生金属疲劳，使元器件断裂或形成接触不良现象，使用频率计、电子毫伏表、低频信号发生器、双踪示波器等不易查找到，使用敲打试验法较为方便。

二、车载 LKJ 故障分析及处理方法

（一）监控装置无电源

故障分析：此种现象多为提供给监控装置电源故障，或监控装置过压抑制板故障，应重点检查机车电源及查找造成监控设备电源故障的诱因。

故障原因：

1. 蓄电池未闭合，或自停 DZ 未闭合。
2. 监控主机电源开关未打开，或监控主机电源熔断器烧毁断开。
3. 监控主机 X30 插头未插好，或插头接线状态不良。
4. 端子排上监控（或机车）电源线接线状态不良。
5. A 机或 B 机电源板指示灯不亮。
6. 监控主机过压抑制板故障。

故障处理方法：

1. 合上蓄电池，或闭合自停 DZ。
2. 打开监控主机电源开关，或更换监控主机电源熔断器。
3. 紧固主机 X30 插头，或恢复插头或接线状态。
4. 处理接线排监控（或机车）电源线，用万用表测量电压应为 110 V±20 V。
5. 更换 A 机或 B 机电源板，或更换主机。

（二）监控主机开机后插件面板指示灯不能正常显示

故障分析：此种现象多为插件不能正常自检，有 CPU 的插件应重点检查 CPU 及周围电路或写入程序，没有 CPU 的插件，应重点检查错误指示的相应通道电路。

故障处理方法：

1. 检查各插件指示灯指示情况。
2. 更换相应插件。
3. 更换主机。

（三）不能进入监控状态或监控功能不正常

故障分析：如果不能进入监控状态，多为输入的交路号或车站代码非法，或地面数据有

问题。如果监控功能不正常，在保证软件设置正常的情况下，一般为监控记录插件故障。

故障处理方法：

1. 检查所输入的交路、车站代码是否正确。

2. 检查监控数据、程序芯片是否符合规定，显示器刷屏文件是否与芯片相符。

3. 更换监控主机插件。

（四）机车工况显示不正确

故障分析：机车工况条件的各路 110 V 信号，都是通过过滤板处理后送入数字量输入/输出插件，进行滤波、隔离、整形后送上总线。出现这种现象多为连线出问题或数字量输入/输出插件出故障导致。

故障处理方法：

1. 检查机车工况连线。

2. 更换数字量输入/输出插件。

3. 检查监控主机 X30 插头状态。

（五）显示器不能正常显示，或自检不正常

故障分析：显示器是一个独立的 CPU 系统（包括数码和屏显），如果自检不正常，多为显示器本身的问题。如果不能正常显示，可以检查另一端的显示器显示是否正常，如果显示也不正常，应怀疑监控记录插件，否则可能是通信电缆或显示器有故障。

故障处理方法：

1. 检查主机与显示器连线状态是否良好。

2. 检查显示器刷屏文件是否与监控芯片版本相符。

3. 更换显示器。

4. 更换监控记录插件。

（六）无压力显示或压力显示不正确

故障分析：LKJ2000 型装置可以同时引入四路压力信号，压力信号是通过压力传感器将 0～1 000 kPa 的压力信号转换成 0～5 V 的电压信号，送入模拟量输入/输出插件，处理后送到监控记录插件的。所以出现这种现象多为压力传感器故障、压力传感器工作电压不正常、模拟量输入/输出插件故障所致。

故障原因：

1. 压力传感器损坏。

2. 压力传感器插头接触不良，监控主机 X34、X33 插头接触不良。

3. 压力传感器至主机 X34、X33 连线，或压力传感器至端子排、再至主机连线故障。

4. 模拟量输入/输出插件故障。

5. 监控记录插件故障。

6. 电源插件故障（无+15 V 电源）。

故障处理方法：

1. 更换压力传感器，并在测试台上检测。

2. 分段检查各连线连接是否正确，有没有短路、断路现象，线号是否正确，检查压力传感器工作电压。

3. 更换模拟量输入/输出插件。

4. 更换监控记录插件。

5. 更换电源插件。

（七）无速度信号显示或速度显示不正确

故障分析：速度信号是通过光电传感器送给模拟量输入/输出插件，经过整形、滤波处理后送给监控记录插件。如果无速度信号显示，多为速度传输通道故障，使传感器发出的脉冲信号不能传入；如果速度信号显示不正确，可以检查机车轮径输入与实际是否相符，或传感器有无故障，导致实际发出的脉冲数/周与理论值不符；如果速度信号显示不稳定，多为机车上各种信号干扰所致，应先检查机车的速度传感器部分，以及模拟量输入/输出插件速度通道中的抗干扰电路。

故障原因：

1. 速度传感器损坏。
2. 速度传感器插头接触不良，监控主机 X34 插头接触不良。
3. 速度传感器至车体或端子排至主机连线故障。
4. 模拟量输入/输出插件速度通道故障。
5. 监控记录插件故障。
6. 电源插件故障（无＋15 V 电源）。
7. 机车轮径值不正确。

故障处理方法：

1. 更换速度传感器，并在测试台上检测。
2. 紧固插头。
3. 分段检查各连线连接是否正确，有无短路、断路现象，线号是否正确。
4. 更换模拟量输入/输出插件，检查速度通道。
5. 更换监控记录插件。
6. 更换电源插件。
7. 如果速度显示与机车实际速度不符，乘务员频繁使用前进（或等待）键，应确认机车轮径值是否正确。

（八）无信号显示，或显示与机车信号显示不一致

故障分析：如果机车信号显示正常，而监控装置无任何信号显示，多为机车信号条件地线断线或接触不良所致。如果某一个信号灯不显示或显示与机车信号显示不一致，多为连线出故障或数字量输入插件上的某一通道故障。

故障处理方法：

1. 检查监控主机 X32 插头、机车信号 X22 插头及连线状态。
2. 更换数字量输入插件。
3. 检查机车信号上/下行开关位置、前/后位置。
4. 更换电源板插件。

（九）过机校正功能故障

故障分析：LKJ2000 型装置提供上灯、电平、码形频率、码形幅值、地面埋点、数据上设置校正点等多种方法。当出现此故障时，应先判断是哪种校正方式，分辨出故障所在点。如果上灯、电平校正方式失效，与数字量输入插件、机车信号有关；如果码形频率、码形幅值、地面埋点校正失效，与地面信息处理插件、地面点式设备有关。如果数据上设置校正点校正失效，只和软件有关。

故障处理方法：

1. 检查监控主机 X32 插头、机车信号 X22 插头及连线状态。

2. 更换数字量输入插件。

3. 更换地面信息处理插件。

4. 检查机车感应器的安装及连线。

（十）紧急制动不能动作

故障分析：监控装置对列车实施紧急制动时，是向电空阀或停车继电器送出 110 V 的正电源条件，由电空阀执行对列车实施紧急制动的控制。出现这种故障先要判断是监控装置故障还是机车制动执行机构故障，检查 110 V 条件是否送入电空阀是判断故障的关键。

故障处理方法：

1. 紧急制动时，测量机车接线排的紧急线 X30、X15 点是否有 110 V 输出，若有输出则通知机务处理执行下面的步骤。

2. 检查紧急制动阀与主机间接线。

3. 检查主机 X30 插头及接线状态。

4. 更换数字量输入/输出插件。

5. 更换监控记录板插件。

（十一）常用制动不能动作或减压量不正确

故障分析：监控装置对列车实施常用制动时，是向常用制动阀（由于制动机不同，在现场常用制动装置也有所区别）送出 110 V 的正电源条件，由常用制动装置执行对列车实施常用制动的控制。如果常用制动不能动作，首先要判断是监控装置故障还是常用制动装置故障，检查 110 V 条件是否送入常用制动装置是判断谁故障的关键。如果减压量不正确，多为排风速率调整不对。

故障处理方法：

1. 常用制动时，测量机车接线排的常用线 X30、X11 点是否有 110 V 输出，若有输出则通知机务人员处理，执行下面的步骤。

2. 检查主机 X30 插头及接线状态。

3. 更换数字量输入/输出插件。

4. 更换主机。

5. 通知机务调整常用制动排风速率。

（十二）IC 卡参数不能输入

故障分析：IC 卡参数由显示器输入，然后经显示器和 LKJ 主机间通信电缆，送给 LKJ 主机监控记录板记录。出现此问题的原因多为监控记录板，如果两端显示器同时出现此问题，则可判断为监控记录板故障；如果只有一端显示器出现此问题，则多为显示器故障。

故障处理方法：

1. 只有一端出现此问题，先检查或更换对应的显示器。

2. 检查主机和显示器间电缆。

3. 两端同时出现此问题，先检查或更换监控记录板。

4. 检查两端显示器和主机间电缆有无接地或短路现象。

5. 检查监控主机记录板 2B、3B 指示灯显示是否正常，异常时更换相应插件或主机。

（十三）LKJ 显示器刷新不及时有停顿现象

故障分析：显示器出现停顿现象一般是由于主机显示器间或主、备监控记录板见通信不畅。

故障处理方法：

1. 如果两端显示器同时出现此现象，先切换 LKJ 主、备机，如果故障现象消失，判断为原主监控记录板故障。

2. 如果切换主、备机后仍不能排除，检查、更换主机。

3. 如果单端显示器出现此现象，多为主机、显示器间电缆或显示器故障。

（十四）显示器屏幕右边状态窗口“故障”灯亮起

故障分析：当 CAN 总线故障时点亮此灯，显示“CANA”表示 CAN 总线 A 路有故障；显示“CANB”表示 CAN 总线 B 路有故障；显示“故障”表示 CAN 总线 A 路和 B 路都有故障；所谓故障的含义是与所有的通信单元均无法通信。

故障处理方法：

1. 发生此种故障应为 CPU 的插板通信问题，注意检查各插件的插接状态。

2. 检查主机与显示器的通信电缆问题。

3. 显示器的安装是否因松动造成线路的松虚。

4. 排除后可查显示器或主机的设备本身质量问题，可根据实际情况更换设备。

第二节　典型案例

案例 1　300T 型 ATP 设备因 DX 模块故障导致死机

（一）故障概况

某日，G305 次列车（300T 型 ATP 设备）因 ATP 设备故障，12 时 39 分至 12 时 59 分，停于正定机场站至石家庄高速场间下行线 K270+200 处；13 时 16 分至 13 时 23 分，停于石家庄高速场至高邑西站间下行线 K280+570 处；14 时 02 分至 14 时 12 分，停于邢台东站至邯郸东站间下行线 K499+300 处；14 时 18 分到邯郸东站，更换车底后，15 时 36 分开。

故障原因：因数字输入/输出单元（DX）故障导致 ATP 设备死机触发制动停车。更换 DX 单元后恢复正常。

（二）分析处置

1. 数据分析

第一次死机 ATPCU LOG 数据：

88 23-06-06 12:38:41；747 FID:bc _ decelerat LID:　243

TID:SMGM _ LogTask

　　006888785　　ATP A AF16U000 Invalid module tried to apply the brake

89 23-06-06 12:38:41；746 FID:　tih _ a. cpp LID:　1932

TID:SMGM _ LogTask

　　006888783　　ATP A 45F1R781 Timeout Lifesign 8 tih.（生命信号 8 超时）

90 23-06-06 12:38:41；716 FID:　tih _ a. cpp LID:　1890

TID:SMGM _ LogTask

006888782　　ATP A A5F1R711 Timeout Lifesign 1 tih.（生命信号 1 超时）

第二次死机 ATPCU LOG 数据：

65 23-06-06 13:14:56；903FID:bc _ decelerat LID：　243

TID:SMGM _ LogTask

001472937　　ATP A AF16U000 Invalid module tried to apply the brake

66 23-06-06 13:14:56；902 FID：　tih _ a. cpp LID：　1932

TID:SMGM _ LogTask

001472935　　ATP A 45F1R781 Timeout Lifesign 8 tih.（生命信号 8 超时）

67 23-06-06 13:14:56；900 FID：　tih _ a. cpp LID：　1890

TID:SMGM _ LogTask

001472935　　ATP A A5F1R711 Timeout Lifesign 1 tih.（生命信号 1 超时）

第三次死机 ATPCU LOG 数据：

29 23-06-06 14:01:31；958 FID:bc _ decelerat LID：　243

TID:SMGM _ LogTask

002554988　　ATP A AF16U000 Invalid module tried to apply the brake

30 23-06-06 14:01:31；957 FID：　tih _ a. cpp LID：　1932

TID:SMGM _ LogTask

002554986　　ATP A 45F1R781 Timeout Lifesign 8 tih.（生命信号 8 超时）

31 23-06-06 14:01:31；955 FID：　tih _ a. cpp LID：　1890

TID:SMGM _ LogTask

002554986　　ATP A A5F1R711 Timeout Lifesign 1 tih.（生命信号 1 超时）

通过分析以上数据，三次死机原因均为生命信号 1、8 超时导致，因 CR400BF 动车组 300T 型 ATP 设备生命信号 1、8 由 DX 单元输出，所以判断为 DX 单元故障。

2. 电路分析

DX 单元具有 10 路输入和 6 路输出，10 路输入或 6 路输出中任意一路自检失败，均会影响生命信号；6 路输出均带有输出回采电路，如发生输出和回采信号不一致，则自检失败，系统会报生命信号 1 和 8 失败，导致系统故障。DX 单元输出电路原理如图 6-2-1 所示。

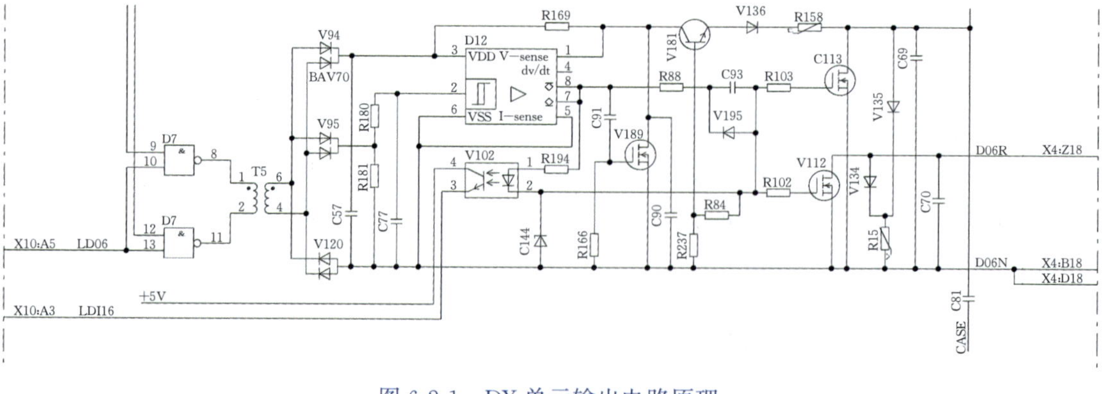

图 6-2-1　DX 单元输出电路原理

（三）问题研判

1. 车载设备应急处置研判不到位。G305 次列车在石家庄进站前第 1 次停车故障后电务已经与机械师联系确认设备已经切换到冗余系了，后续在石家庄站发车后出现第 2 次故障时，电务处置人员没有抓住第 2 次停车 5 min 的宝贵时间及时申请换车，致使后续运行时在邯郸东站出现第 3 次故障停车。本次如果在石家庄站发车故障后及时申请换车，能大幅减少故障对运输的影响。

2. 车载数据分析上还存在短板。DX 单元故障相对少见，复兴号动车组 JRU 数据提供了 DX 单元状态分析功能，前期电务没有把该数据分析纳入日常维护范畴，在认识上存在不足。

（四）防范措施

1. 对于具有数据记录功能的各单元模块，尽可能将数据分析纳入维修范畴，周期查看，提前防范故障发生。

2. 对于没有数据记录功能的各单元模块，督促设备厂家进一步完善记录功能，在完善前充分利用现有工装、工具、仪器、仪表进行周期性测试。

案例 2　300T 型 ATP 设备因插头缩针导致总线工作异常

（一）故障概况

某日 15 时 24 分，京西联线 G659 次列车（300T 型 ATP 设备）运行至北京西站至杜家坎线路所间下行线，ATP 显示“主机与 DMI 通信中断，C2 级故障”，停于该区间 K6＋900 处。重启 ATP 倒系（2 系倒 1 系）处理后，15 时 40 分开车；15 时 53 分行至该区间下行线 K16＋000 处，又因上述故障停于该区间 K16＋600 处；经重启 ATP 倒系（1 系倒 2 系）处理后 16 时 07 分开车，行至杜家坎线路所至涿州东站间下行线 K34＋000 处，ATP 显示“C2 级故障，无机车信号”，16 时 20 分停，16 时 35 分改隔离模式后开车；17 时 16 分到达涿州东站（图定 15 时 45 分到，15 时 47 分开），更换车底后，17 时 42 分开。

故障原因：因 ATPCUb 侧母头 X3 端子 3 号针有缩针现象，导致双系的 ATPCU 和 C2CU 通信不稳定，影响车载设备双系的正常工作。更换 Profibus 总线后恢复正常。

（二）分析处置

1. 数据分析

A 系日志，第一次故障 ATPCU LOG 数据：

197 23-07-18 15:23:49；847 FID:　stmm. cpp LID:　5305

TID:SMGM _ LogTask

000721778　ATP A 64C6R000 STM connection _ closed.

198 23-07-18 15:23:47；347 FID:bih _ b _ mode. c LID:　458

TID:SMGM _ LogTask

000719673　ATP A 1EF1R000 Lost link to STM in DA.

199 23-07-18 15:23:47；264 FID:bih _ a _ stm. cp LID:　661

TID:SMGM _ LogTask

000719386　ATP A 10B1R000 Lost link to STM in DA.（ATPCU 检测到与 C2CU 连接丢失）

A 系日志，第二次故障 ATPCU LOG 数据：

152 23-07-18 15:52:18；846 FID:　stmm. cpp LID:　2350

TID:SMGM _ LogTask

001038279　ATP A 48C6R1E3 STM in failure _ state.

153 23-07-18 15:52:18；844 FID： stmm. cpp LID： 2320
TID:SMGM _ LogTask
001037977 ATP A E0C6R000 STM in DA state _ failed.
154 23-07-18 15:52:18；346 FID： stmm. cpp LID： 3083
TID:SMGM _ LogTask
001037683 ATP A 85C6I000 Active STM in（DA）_ failed.（ATPCU 判断 C2CU 故障）

A 系日志，第三次故障 ATPCU LOG 数据：
114 23-07-18 16:17:13；675 FID： stmm. cpp LID： 2350
TID:SMGM _ LogTask
000946779 ATP A 48C6R1E3 STM in failure _ state.
115 23-07-18 16:17:13；089 FID： stmm. cpp LID： 3058
TID:SMGM _ LogTask
000946475 ATP A 05C6I000 STM in standby（CS，HS）_ failed. AS5940.
116 23-07-18 16:17:13；087 FID： stmm. cpp LID： 1343
TID:SMGM _ LogTask
000946185 ATP A 80C6R000 STM in CS state _ failed.（C3 运行时 ATPCU 判断 C2CU 故障）

B 系日志，第一次故障 ATPCU LOG 数据：
108 23-07-18 15:09:26；947 FID： stmm. cpp LID： 5305
TID:SMGM _ LogTask
001322372 ATP A 64C6R000 STM connection _ closed.
109 23-07-18 15:09:24；948 FID:bih _ b _ mode. c LID： 458
TID:SMG M _ LogTask
001320271 ATP A 1EF1R000 Lost link to STM in DA.
110 23-07-18 15:09:24；947 FID:bih _ a _ stm. cp LID： 661
TID:SMGM _ LogTask
001319972 ATP A 10B1R000 Lost link to STM in DA.（ATPCU 检测到与 C2CU 连接丢失）

B 系日志，第二次故障 ATPCU LOG 数据：
74 23-07-18 15:31:06；247 FID： stmm. cpp LID： 1002
TID:SMGM _ LogTask
000150543 ATP A C0C6R000 STM in CO state _ failed.
75 23-07-18 15:31:06；246 FID： stmm. cpp LID： 2884
TID:SMGM _ LogTask
000150240 ATP A 04C6R0E1 STM connection is lost.
76 23-07-18 15:31:05；745 FID： stmm. cpp LID： 5305
TID:SMGM _ LogTask
000149953 ATP A 64C6R000 STM connection _ closed.（ATPCU 判断与 C2CU 连接丢失）

B 系日志，第三次故障 ATPCU LOG 数据：

48 23-07-18 15:58:49；861 FID:spl _ common _ r LID： 1458

TID:vTask100

000140303　ATP A　SPL _ AB _ ERROR：A=-99 B=1016（ATP 判断 Profibus 通信异常）

B 系日志，第四次故障 ATPCU LOG 数据：

31 23-07-18 16:25:17；146 FID：　stmm. cpp LID：　1002

TID:SMGM _ LogTask

000076437　ATP A C0C6R000 STM in CO state _ failed.

32 23-07-18 16:25:17；144 FID：　stmm. cpp LID：　2884

TID:SMGM _ LogTask

000076138　ATP A 04C6R0E1 STM connection is lost.

33 23-07-18 16:25:16；645 FID：　stmm. cpp LID：　5305

TID:SMGM _ LogTask

000075850　ATP A 64C6R000 STM connection _ closed. （ATPCU 判断与 C2CU 连接丢失）

2. 现场排查

上车后对双系 Profibus 总线阻值、终端电阻、Profibus 总线模块管脚阻值进行测量，均正常。

经检查发现 ATPCUb 至 C2CUa 间 Profibus 总线，ATPCUb 侧母头 X3 端子 3 号针有轻微缩针（图 6-2-2），初步判断由于线缆缩针，导致 Profibus 总线通信异常，进而影响 ATP 设备正常工作。

图 6-2-2　X3 端子 3 号针缩针

3. 原理分析

Profibus 总线用于 300T 型 ATP 设备的内部通信，依次串联双系的 ATPCU、C2CU、SDP、TSG 及 JRU 单元（图 6-2-3）。SPL 协议是 Profibus 总线安全层协议，为 Profibus 通信提供时间同步与数据完整性检查服务。若因连接器缩针，器件性能下降，线路干扰等因素导致 Profibus 底层通信异常或质量下降，SPL 协议会中断模块间的通信，并通知上层软件。

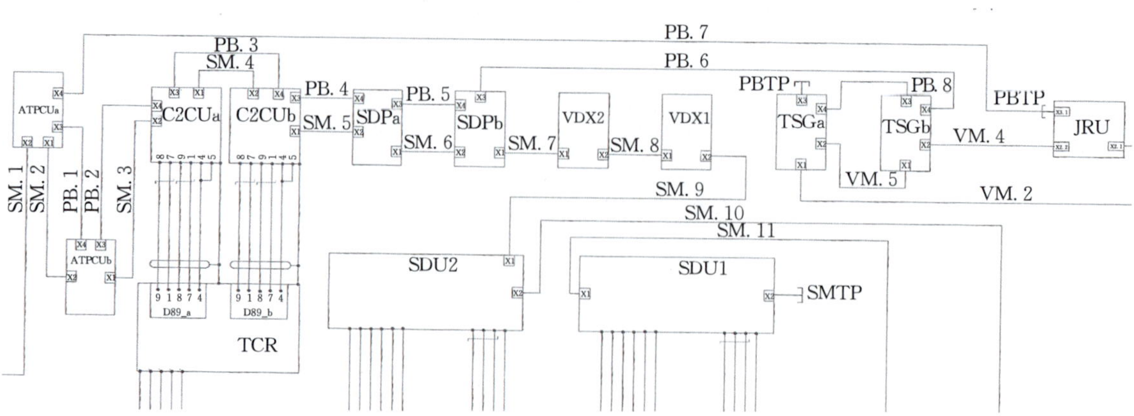

图 6-2-3　设备基本电路

现场排查中发现 ATPCUb 与 C2CUa 间的 Profibus 总线（PB. 2），在 ATPCUb 侧母头 X3 端子 3 号针有缩针现象。

由于 Profibus 总线（PB. 2）用于连接 ATPCU 和 C2CU（图 6-2-4），缩针导致双系的 ATPCU 和 C2CU 间通信不稳定，影响了车载设备双系的正常工作。

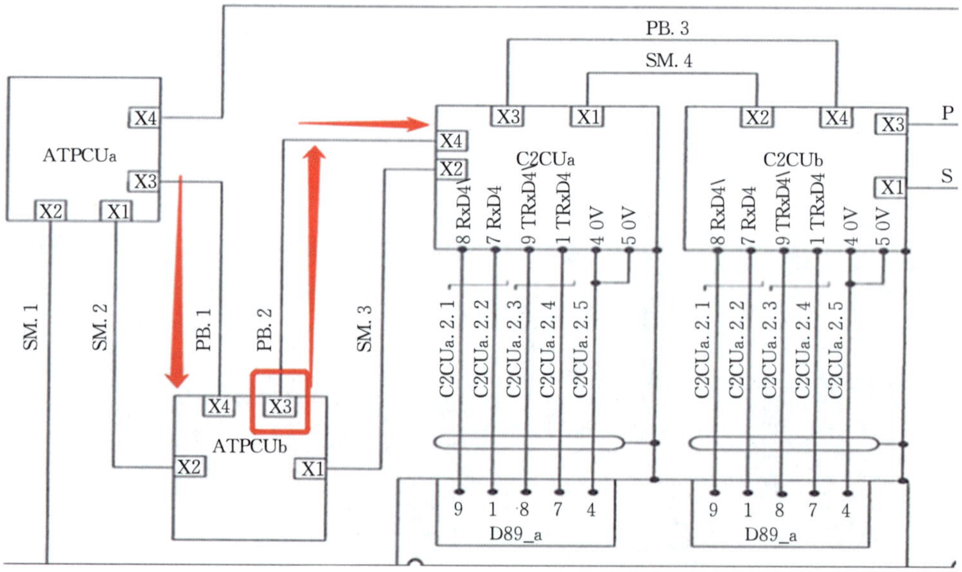

图 6-2-4　ATPCU 和 C2CU 间连接情况

（三）问题研判

1. 电缆、终端等关键技术指标掌握不清。现场对 300T 型 ATP 设备各模块、单元的终端电阻，线缆阻值等关键指标掌握不到位，未纳入技术管理。

2. 日常维修中插头内部检查不到位。现场在模块、单元的日常更换前后，未同步对电缆的插接进行检查确认，对缩针、退针现象检查不到位。

（四）防范措施

1. 对于 300T 型 ATP 设备各主要单元模块更换后，不能简单认为是模块自身问题导致，对其相关连接总线要进行一并排查。

2. 尽可能将模块插头检查纳入高级修检查范畴中，组织集成商在高级修中对插头状态进行状态检查、测试。

案例 3　300T 型 ATP 设备因 DX 模块故障导致无法输出制动故障

（一）故障概况

某日 18 时 27 分，C2307 次列车（300T 型 ATP 设备）天津城际场 3 道待开时，司机反馈“1 车 ATP 显示常用制动输出反馈不良”。18 时 55 分，司机请求救援，停运 C2307 次列车及后续交路。

故障原因：因 DX（数字输入/输出单元）单元故障，导致 FSB（全常用制动继电器）未能有效输出常用制动信号，DMI 报“常用制动输出反馈不良”故障。更换 DX 单元后恢复正常。

（二）分析处置

1. 数据分析

A 系日志，ATPCU LOG 数据：

177 21-07-08 18:25:11；197 FID:bih _ a _ braketLID：　841

TID:SMGM _ LogTask

ATP A 0A15RC41 BI-H BT SBR feedback error.（常用制动反馈错误）

178 21-07-08 18:25:10；697 FID:bih _ a _ sbr. cp LID：　161

TID:SMGM _ LogTask

ATP A 5A15RBF1 Time 88919 BI-H SBR feedback out of time.（常用制动反馈超时）

179 21-07-08 18:24:24；603 FID：　tih _ a. cpp LID：　2863

TID:SMGM _ LogTask

ATP A 9535R000 Vehicle Ready Active（Lifesign 8 OK）tih.

180 21-07-08 18:24:24；105 FID：　tih _ a. cpp LID：　2073

TID:SMGM _ LogTask

ATP A 5B35R720 Alive Lifesign 2 tih.

181 21-07-08 18:24:23；602 FID：　tih _ a. cpp LID：　2067

TID:SMGM _ LogTask

ATP A D B35R710 Alive Lifesign 1 tih.

B 系日志，ATPCU LOG 数据：

47 21-07-08 18:40:14，642 FID:bih _ a _ braket LID：　841

TID:SMGM _ LogTask

ATP A 0A15RC41 BI-H BT SBR feedback error.（常用制动反馈错误）

48 21-07-08 18:40:14；641 FID:bih _ a _ sbr. cp LID：　161

TID:SMGM _ LogTask

ATP A 5A15RBF1 Time 83514 BI-H SBR feedback out of time.（常用制动反馈超时）

49 21-07-08 18:39:33；603 FID：　tih _ a. cpp LID：　2863

TID:SMGM _ LogTas

ATP A 9535R000 Vehicle Ready Active（Lifesign 8 OK）tih.

50 21-07-08 18:39:33；103 FID：　tih _ a. cpp LID：　2073

TID:SMGM _ LogTask

ATP A 5B35R720 Alive Lifesign 2 tih.

51 21-07-08 18:39:32；602 FID： tih _ a. cpp LID： 2067

TID:SMGM _ LogTask

ATP A DB35R710 Alive Lifesign 1 tih.

两系 ATPCU LOG 数据中均报常用制动反馈超时，常用制动反馈错误。

2. 现场排查

对 FSB 继电器接点电压进行测试。在 ATP 输出常用制动的情况下，测量 FSB 继电器 5、9 接点（图 6-2-5），正常情况下电压应为 110 V，实测电压为 0 V，说明常用制动实际未输出。因前期应急处置已更换 FSB 继电器，所以排除 FSB 继电器问题。判断为 FSB 继电器的控制单元 DX 单元故障。

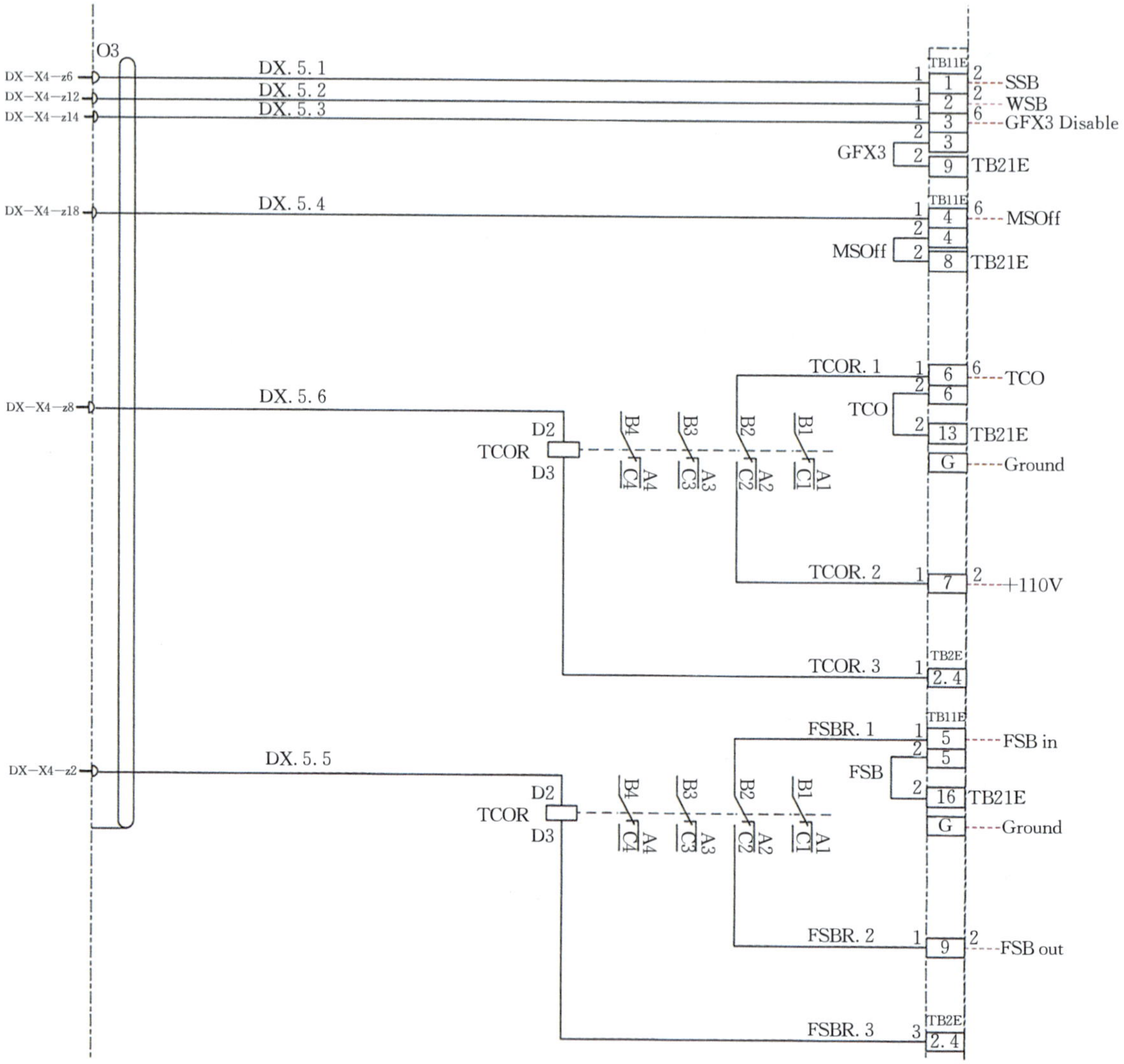

图 6-2-5 FSB 继电器 5、9 接点示意

（三）问题研判

1. 对非冗余设备管理不到位。现场车间对 300T 型 ATP 设备中非冗余模块、单元缺乏

检查、检测手段，也未针对非冗余设备加强数据分析和运行情况跟踪。

2. 对于制动不良类问题缺乏深度分析，根据以往对于常用制动反馈不良的问题分析往往局限于继电器，缺乏对 DX、数字输入单元（DI）以及安全数字输入输出（VDX）等控制单元相关分析。

（四）防范措施

1. 完善非冗余设备管理，在日常维修工作中要有意识地对非冗余设备进行计划性、周期性检查、分析，强化对非冗余设备管理。

2. 提高对制动反馈不良类问题分析。重点结合此类故障现象、设备电气连接图及工作原理等方面规范分析、检查方法，将继电器相关的控制单元纳入问题分析。

案例 4　300T 型 ATP 设备因线缆连接器不良导致总线工作异常

（一）故障概况

某日，C2565 次列车（300T 型 ATP 设备）行至永乐至武清站间下行线 K72＋500 处因 BTM 故障，9 时 53 分停，经司机重启 ATP 后恢复，10 时 09 分开。C2301 次列车（天津至滨海站）行至塘沽至滨海站间下行线 K161＋500 处因 ATP 主机与 DMI 通信中断，13 时 24 分停，经司机重启 ATP 后恢复，13 时 38 分开；行至滨海站内 6 道 ATP 主机与 DMI 再次通信中断，13 时 39 分停，经司机处理后，13 时 56 分开，13 时 58 分停妥。

故障原因：因 BTMa 单元与 BTMb 单元间连接的 MVB 通信电缆连接器不良导致 ATP 设备双系无法正常启机。更换 MVB 总线后恢复正常。

（二）分析处置

1. 数据分析

B 系日志，第一次停车 ATPCU LOG 数据：

17. 11865583 124 23-01-05 09:50:34；413 FID:btmh _ a _ balis LID：244

TID:SMGM _ LogTask

17. 11866833　001558437　ATP A 425CS081 4 15 57567 BT A -> Balise Po rt1 invalid

17. 11867972 125 23-01-05 09:50:33；838 FID：B-Channel LID：0

TID:SMGM _ LogTask

17. 11868833　001558157　ATP A FA42S000 [BTMS] BTM1 State Package not _ valid

17. 11871000 126 23-01-05 09:50:33；836 FID:btmc _ status _ LID：247

TID:SMGM _ LogTask

17. 11872028　001557829　ATP A 562ES081 StatusPort notvalid in BTM1（BTM 端口无效）

根据数据显示，9 时 50 分，BTM 端口无效导致 ATP 系统宕机，输出制动停车。

A 系日志，第二次停车 ATPCU LOG 数据：

16. 98848306　71 23-01-05 13:24:31；361 FID:bih _ a _ vdx. cp LID：226

TID:vTask 100

16. 98849167 003956710 ATP A BI-H A VDX1 telegram state ＝ 4 (invalid)（VDX1 报文无效）

B 系日志，换系重启 ATPCU LOG 数据：

17.11676333 44 23-01-05 13:29:29；671 FID： B-Channel LID： 0
TID:SMGM _ LogTask
17.11677278 000032041 ATP A FA42S000 [BTMS] BTM1 State Package not _ valid
17.11678306 45 23-01-05 13:29:29；650 FID:btmc _ status _ LID： 247
TID:SMGM _ LogTask
17.11679056 000032041 ATP A 562ES081 StatusPort notvalid in BTM1

数据显示，13 时 24 分，VDX1 报文无效导致 ATP 输出制动停车。换 B 系重启，BTM 端口无效导致 ATP 启动失败。由于 BTM 与 VDX1 均连接于 MVB 总线，因此判断故障点应为 MVB 总线故障。

2. 现场排查

列车回库后，双系均能复现故障，且故障记录与运营时发生故障一致，根据 A 系故障报“ATP A BI-H A VDX1 telegram state = 4 (invalid)”、B 系故障报“ATP A 562ES081 Status-Port notvalid in BTM1”的特点分析，判断为总线通信异常导致启机失败，经分析将范围缩小至 VDX1b、VDX2a、BTMa、BTMb、VDX1a 之间的 MVB 总线存在异常。对从 VDX1b 到 VDX1a 之间的 MVB 电缆 1、2、6 管脚进行测量。

断开 VDX1a-X1 的 MVB 电缆，断开 VDX1b-X1 的 MVB 电缆，测量 VDX1a-X1 与 VDX1b-X1 的 1、2、6 管脚之间的阻值，见表 6-2-1。

表 6-2-1 电阻测试 1

序号	VDX1a-X1 的 DB9 连接器	VDX1b-X1 的 DB9 连接器	阻值
1	1	1	20 kΩ
2	2	2	1.3 Ω
3	6	6	1.3 Ω

测试发现 VDX1a-X1 与 VDX1b-X1 管脚 1 之间的阻值过大，需要进一步查找导致阻值过大的点。

断开 VDX2a-X2 的 MVB 电缆，测量 VDX1a-X1 与 VDX2a-X2 的 1、2、6 管脚之间的阻值，见表 6-2-2。

表 6-2-2 电阻测试 2

序号	VDX1a-X1 的 DB9 连接器	VDX2a-X2 的 DB9 连接器	阻值
1	1	1	20 kΩ
2	2	2	1.3 Ω
3	6	6	1.3 Ω

断开 BTMa-X1 的 MVB 电缆，测量 VDX1a-X1 与 BTMa-X1 的 1、2、6 管脚之间的阻值，见表 6-2-3。

表 6-2-3　电阻测试 3

序号	VDX1a-X1 的 DB9 连接器	BTMa-X1 的 DB9 连接器	阻值
1	1	1	20 kΩ
2	2	2	1.3 Ω
3	6	6	1.3 Ω

断开 BTMa-X2 的 MVB 电缆，测量 VDX1a-X1 与 BTMa-X2 处取下电缆的 1、2、6 管脚之间的阻值，见表 6-2-4。

表 6-2-4　电阻测试 4

序号	BTMa-X1 的 DB9 连接器	BTMa-X2 处取下电缆的 DB9 连接器	阻值
1	1	1	1.1 Ω
2	2	2	1.1 Ω
3	6	6	1.1 Ω

经进一步测量，BTMa 的 X1 的 1 脚和 X2 的 1 脚之间的阻值为 0.25 Ω，确定 BTMa 的 X1 与 X2 正常，从而确定为与 BTMa-X2 相连的电缆连接器异常（图 6-2-6）。

更换 BTMa 与 BTMb 的 MVB 电缆后，测量阻值正常，且双系多次启机均正常。

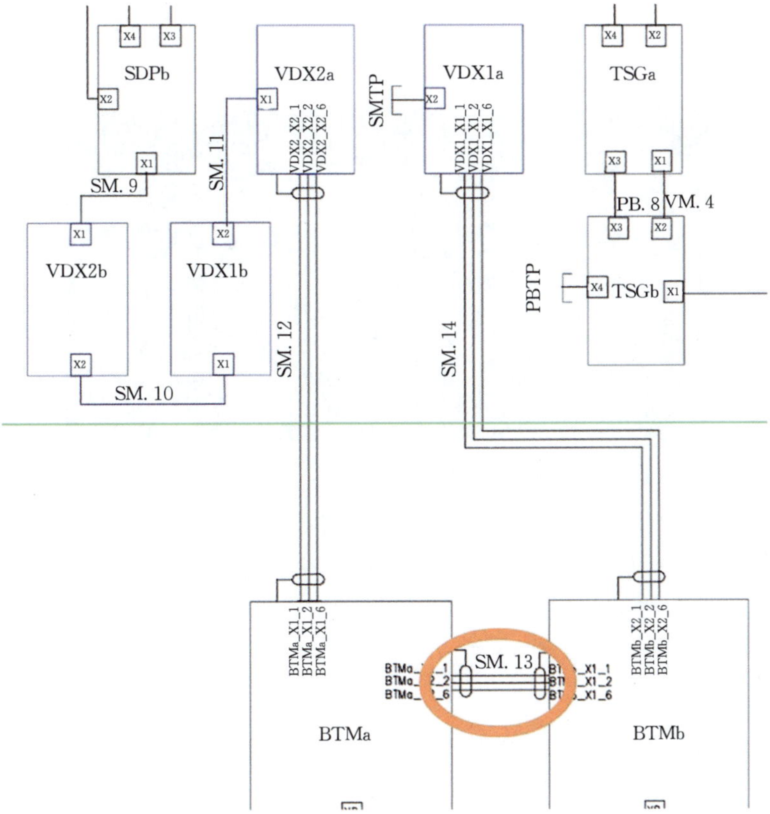

图 6-2-6　MVB 总线故障点示意

（三）问题研判

1. 电缆、终端等关键技术指标掌握不清。现场车间对300T型ATP设备各模块、单元的终端电阻、线缆阻值等关键指标掌握不到位，未纳入技术管理。

2. 对于新造车、高级修动车组等出厂时未要求对关键MVB总线相关指标进行测试。

（四）防范措施

1. 强化技术培训，掌握MVB总线测试方法。做好现场人员技术业务培训，重点对此类故障现象、设备电气连接图及测量方法开展学习，掌握分析、处置的基本方法。

2. 完善总线测试、检查关键项点，遇BTM、VDX等关键单元、模块更换时，要重点对其连接电缆进行检查测试。

3. 将MVB总线性能测试工作纳入新造车、高级修电缆测试项目中，接车时要求设备厂家出具相关测试数值证明，无误后方可开展接车工作。

案例5　300H型ATP设备因软件异常导致DMI无法正常显示

（一）故障概况

某日8时45分，0097次列车（300H型ATP设备）行至广安门至白盆窑线路所间下行线K5+075因ATP屏故障停车，ATP转为隔离模式后，9时02分开。

故障原因：因ATP显示屏显示软件中的D00-D13文件损坏导致ATP在完全监控模式下绘制计划区时出现周期性屏闪现象。更换显示器，并重新烧写DMI软件后恢复正常。

（二）分析处置

故障时刻ATP显示屏出现周期性屏闪（图6-2-7）。通过观察ATP显示屏各区域显示，当前列车处于完全监控模式，D区（计划区）未能正常显示计划信息。

图6-2-7　D区显示异常

结合故障现象初步判断为ATP显示屏显示软件中的D00-D13文件出现损坏，导致在完全监控模式下绘制计划区时出现周期性屏闪现象。ATP显示屏软件中的D00-D13文件只在ATP处于完全监控模式时被调用。在ATP处于待机、调车、目视行车等模式时，上述文件损坏，无法通过常规功能测试发现。

（三）问题研判

1. 软件安全风险认知不足。现场对于日常软件更新、更换设备重装软件等工作存在的安全风险认知不足，仅核对数据版本，对于相关功能检查不到位。

2. 对于新装软件缺乏针对性的测试手段。日常软件更新后，相关测试仍停留于上电试验，未针对软件变更内容进行针对性的测试、检查。

（四）防范措施

1. 加强软件管理。电务要进一步规范软件换装、烧写等工作管理，针对每版软件的变更内容要制定针对性的测试和检查方案，必要时可增减添乘验证要求。

2. 做好软件升级盯控。对于各车载设备厂家人员在升级作业中的行为要重点规范，使用经验证良好的转储装置和电脑。

案例 6　200C 型 ATP 设备因 B 组匣故障导致无法正常译码

（一）故障概况

某日 11 时 07 分，D1109 次列车（200C 型 ATP 设备）清河站 8 道待开时，司机反映 ATP 无机车信号显示，更换动车组后，12 时 21 分开。

故障原因：因 200C 型 ATP 设备的 B 组匣故障，导致 CFSK 轨道电路信号通道中断，影响 CFSK 译码。更换 B 组匣后恢复正常。

（二）分析处置

1. 数据分析

查看 SAM 数据 152 包，8 时 12 分 25 秒，C2 等级模式下机车信号无码；8 时 20 分 29 秒，C0 等级模式下机车信号无码，如图 6-2-8 所示。

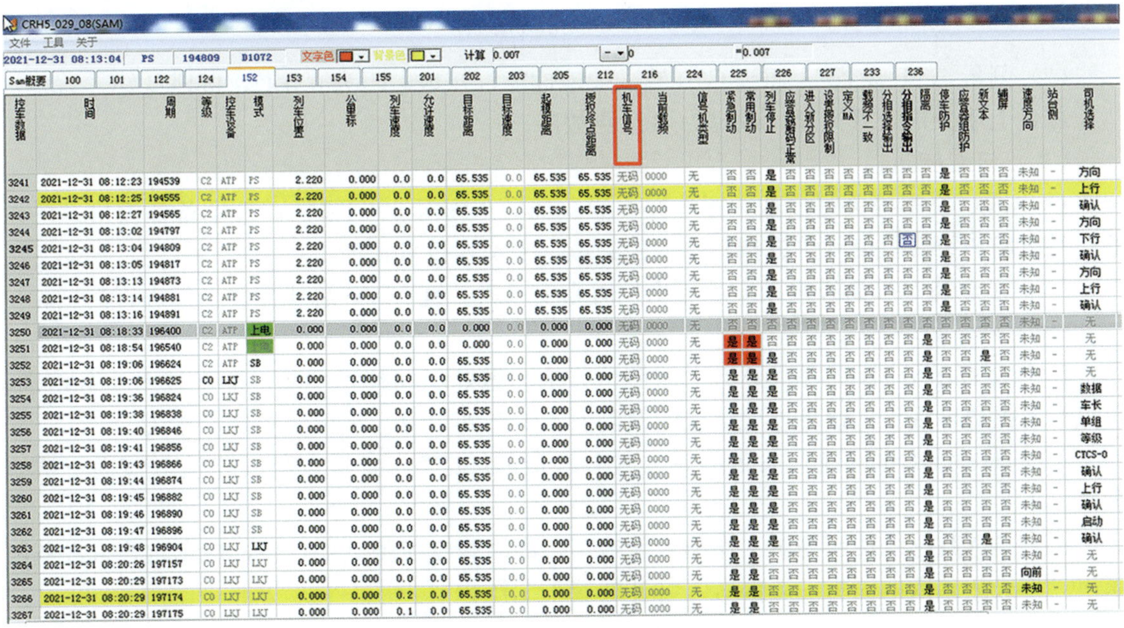

控车数据	时间	周期	等级	控车设备	模式	列车位置	公里标	列车速度	允许速度	目标距离	目标速度	起模距离	授权终点距离	机车信号	当前载频	信号机类型	紧急制动	常用制动	列车停止	应答器解码正常	进入新分区	设置授权限制	定义MA	载频不一致	分相选择输出	分相指令输出	隔离	停车防护	应答器组防护	新文本	辅屏	速度方向	站台侧	司机选择
3241	2021-12-31 08:12:23	194539	C2	ATP	PS	2.220	0.000	0.0	0.0	65.535	0.0	65.535	65.535	无码	0000	无	否	否	是	否	否	否	否	否	否	否	否	是	否	否	否	未知	-	方向
3242	2021-12-31 08:12:25	194555	C2	ATP	PS	2.220	0.000	0.0	0.0	65.535	0.0	65.535	65.535	无码	0000	无	否	否	是	否	否	否	否	否	否	否	否	是	否	否	否	未知	-	上行
3243	2021-12-31 08:12:27	194565	C2	ATP	PS	2.220	0.000	0.0	0.0	65.535	0.0	65.535	65.535	无码	0000	无	否	否	是	否	否	否	否	否	否	否	否	是	否	否	否	未知	-	确认
3244	2021-12-31 08:13:02	194797	C2	ATP	PS	2.220	0.000	0.0	0.0	65.535	0.0	65.535	65.535	无码	0000	无	否	否	是	否	否	否	否	否	否	否	否	是	否	否	否	未知	-	方向
3245	2021-12-31 08:13:04	194809	C2	ATP	PS	2.220	0.000	0.0	0.0	65.535	0.0	65.535	65.535	无码	0000	无	否	否	是	否	否	否	否	否	否	否	否	是	否	否	否	未知	-	下行
3246	2021-12-31 08:13:05	194817	C2	ATP	PS	2.220	0.000	0.0	0.0	65.535	0.0	65.535	65.535	无码	0000	无	否	否	是	否	否	否	否	否	否	否	否	是	否	否	否	未知	-	确认
3247	2021-12-31 08:13:13	194873	C2	ATP	PS	2.220	0.000	0.0	0.0	65.535	0.0	65.535	65.535	无码	0000	无	否	否	是	否	否	否	否	否	否	否	否	是	否	否	否	未知	-	方向
3248	2021-12-31 08:13:14	194881	C2	ATP	PS	2.220	0.000	0.0	0.0	65.535	0.0	65.535	65.535	无码	0000	无	否	否	是	否	否	否	否	否	否	否	否	是	否	否	否	未知	-	上行
3249	2021-12-31 08:13:16	194891	C2	ATP	PS	2.220	0.000	0.0	0.0	65.535	0.0	65.535	65.535	无码	0000	无	否	否	是	否	否	否	否	否	否	否	否	是	否	否	否	未知	-	确认
3250	2021-12-31 08:18:33	196400	C2	ATP	上电	0.000	0.000	0.0	0.0	0.000	0.0	0.000	0.000	无码	0000	无	否	否	否	否	否	否	否	否	否	否	否	否	否	否	否	未知	-	无
3251	2021-12-31 08:18:54	196540	C2	ATP	[illegible]	0.000	0.000	0.0	0.0	0.000	0.0	0.000	0.000	无码	0000	无	是	是	否	否	否	否	否	否	否	否	是	否	否	否	否	未知	-	无
3252	2021-12-31 08:19:06	196624	C2	ATP	SB	0.000	0.000	0.0	0.0	65.535	0.0	0.000	0.000	无码	0000	无	是	是	是	否	否	否	否	否	否	否	是	否	否	是	否	未知	-	无
3253	2021-12-31 08:19:06	196625	C0	LKJ	SB	0.000	0.000	0.0	0.0	65.535	0.0	0.000	0.000	无码	0000	无	是	是	是	否	否	否	否	否	否	否	是	否	否	否	否	未知	-	无
3254	2021-12-31 08:19:36	196824	C0	LKJ	SB	0.000	0.000	0.0	0.0	65.535	0.0	0.000	0.000	无码	0000	无	是	是	是	否	否	否	否	否	否	否	是	否	否	否	否	未知	-	数据
3255	2021-12-31 08:19:38	196838	C0	LKJ	SB	0.000	0.000	0.0	0.0	65.535	0.0	0.000	0.000	无码	0000	无	是	是	是	否	否	否	否	否	否	否	是	否	否	否	否	未知	-	车长
3256	2021-12-31 08:19:40	196846	C0	LKJ	SB	0.000	0.000	0.0	0.0	65.535	0.0	0.000	0.000	无码	0000	无	是	是	是	否	否	否	否	否	否	否	是	否	否	否	否	未知	-	单组
3257	2021-12-31 08:19:41	196856	C0	LKJ	SB	0.000	0.000	0.0	0.0	65.535	0.0	0.000	0.000	无码	0000	无	是	是	是	否	否	否	否	否	否	否	是	否	否	否	否	未知	-	等级
3258	2021-12-31 08:19:43	196866	C0	LKJ	SB	0.000	0.000	0.0	0.0	65.535	0.0	0.000	0.000	无码	0000	无	是	是	是	否	否	否	否	否	否	否	是	否	否	否	否	未知	-	CTCS-0
3259	2021-12-31 08:19:44	196874	C0	LKJ	SB	0.000	0.000	0.0	0.0	65.535	0.0	0.000	0.000	无码	0000	无	是	是	是	否	否	否	否	否	否	否	是	否	否	否	否	未知	-	确认
3260	2021-12-31 08:19:45	196882	C0	LKJ	SB	0.000	0.000	0.0	0.0	65.535	0.0	0.000	0.000	无码	0000	无	是	是	是	否	否	否	否	否	否	否	是	否	否	否	否	未知	-	上行
3261	2021-12-31 08:19:46	196890	C0	LKJ	SB	0.000	0.000	0.0	0.0	65.535	0.0	0.000	0.000	无码	0000	无	是	是	是	否	否	否	否	否	否	否	是	否	否	否	否	未知	-	确认
3262	2021-12-31 08:19:47	196896	C0	LKJ	SB	0.000	0.000	0.0	0.0	65.535	0.0	0.000	0.000	无码	0000	无	是	是	是	否	否	否	否	否	否	否	是	否	否	否	否	未知	-	启动
3263	2021-12-31 08:19:48	196904	C0	LKJ	LKJ	0.000	0.000	0.0	0.0	65.535	0.0	0.000	0.000	无码	0000	无	是	是	是	否	否	否	否	否	否	否	是	否	否	是	否	未知	-	确认
3264	2021-12-31 08:20:26	197157	C0	LKJ	LKJ	0.000	0.000	0.0	0.0	65.535	0.0	0.000	0.000	无码	0000	无	是	是	否	否	否	否	否	否	否	否	是	否	否	否	否	未知	-	无
3265	2021-12-31 08:20:29	197173	C0	LKJ	LKJ	0.000	0.000	0.0	0.0	65.535	0.0	0.000	0.000	无码	0000	无	是	是	否	否	否	否	否	否	否	否	是	否	否	否	否	向前	-	无
3266	2021-12-31 08:20:29	197174	C0	LKJ	LKJ	0.000	0.000	0.2	0.0	65.535	0.0	0.000	0.000	无码	0000	无	是	是	否	否	否	否	否	否	否	否	是	否	否	否	否	未知	-	无
3267	2021-12-31 08:20:29	197175	C0	LKJ	LKJ	0.000	0.000	0.1	0.0	65.535	0.0	0.000	0.000	无码	0000	无	是	是	否	否	否	否	否	否	否	否	是	否	否	否	否	未知	-	无

图 6-2-8　SAM 数据 152 包

查看 SAM 数据 153 包，8 时 12 分 27 秒，C2 等级模式下机车信号无码；8 时 20 分 48 秒，C0 等级模式下机车信号无码，CFSK-A 和 CFSK-B 双系均未译出码序，如图 6-2-9 所示。

2. 现场排查

（1）检查 ATP 设备 J4 插头，外观无异常。

（2）检查 ATP 设备 J4 插头相关接线端子，使用万用表测量 P4 电缆插头 G6、G7 端子间直流电阻，测试值为 9.7 Ω（标准值为 9～11 Ω）；测量 G8、G9 端子间直流电阻，测试值为 9.2 Ω（标准值为 9～11 Ω），均符合标准。

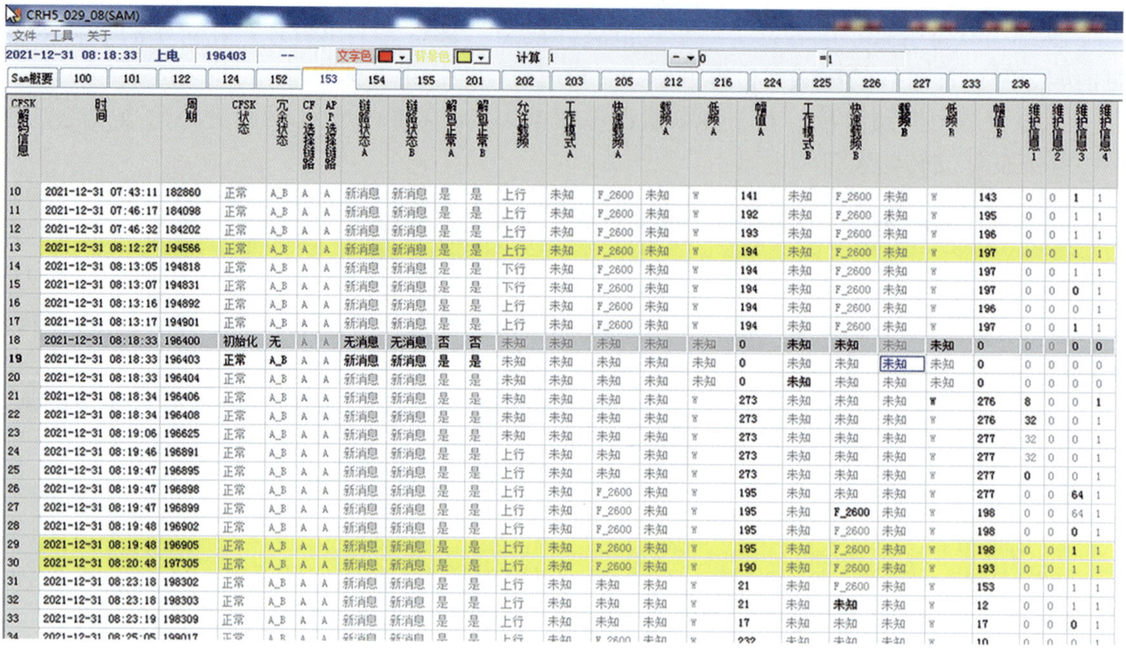

CFSK解码信息	时间	周期	CFSK状态	冗余状态	CFG选择链路	APP选择链路	链路状态A	链路状态B	解包正常A	解包正常B	允许载频	工作模式A	快速载频A	载频A	低频A	幅值A	工作模式B	快速载频B	载频B	低频B	幅值B	维护信息1	维护信息2	维护信息3	维护信息4
10	2021-12-31 07:43:11	182860	正常	A_B	A	A	新消息	新消息	是	是	上行	未知	F_2600	未知	W	141	未知	F_2600	未知	W	143	0	0	1	1
11	2021-12-31 07:46:17	184098	正常	A_B	A	A	新消息	新消息	是	是	上行	未知	F_2600	未知	W	192	未知	F_2600	未知	W	195	0	0	1	1
12	2021-12-31 07:46:32	184202	正常	A_B	A	A	新消息	新消息	是	是	上行	未知	F_2600	未知	W	193	未知	F_2600	未知	W	196	0	0	1	1
13	2021-12-31 08:12:27	194566	正常	A_B	A	A	新消息	新消息	是	是	上行	未知	F_2600	未知	W	194	未知	F_2600	未知	W	197	0	0	1	1
14	2021-12-31 08:13:05	194818	正常	A_B	A	A	新消息	新消息	是	是	下行	未知	F_2600	未知	W	194	未知	F_2600	未知	W	197	0	0	1	1
15	2021-12-31 08:13:07	194831	正常	A_B	A	A	新消息	新消息	是	是	下行	未知	F_2600	未知	W	194	未知	F_2600	未知	W	197	0	0	0	1
16	2021-12-31 08:13:16	194892	正常	A_B	A	A	新消息	新消息	是	是	上行	未知	F_2600	未知	W	194	未知	F_2600	未知	W	196	0	0	0	1
17	2021-12-31 08:13:17	194901	正常	A_B	A	A	新消息	新消息	是	是	上行	未知	F_2600	未知	W	194	未知	F_2600	未知	W	197	0	0	1	1
18	2021-12-31 08:18:33	196400	初始化	无	A	A	无消息	无消息	否	否	未知	未知	未知	未知	未知	0	未知	未知	未知	未知	0	0	0	0	0
19	2021-12-31 08:18:33	196403	正常	A_B	A	A	新消息	新消息	是	是	未知	未知	未知	未知	未知	0	未知	未知	未知	未知	0	0	0	0	0
20	2021-12-31 08:18:33	196404	正常	A_B	A	A	新消息	新消息	是	是	未知	未知	未知	未知	未知	0	未知	未知	未知	未知	0	0	0	0	0
21	2021-12-31 08:18:34	196406	正常	A_B	A	A	新消息	新消息	是	是	未知	未知	未知	未知	W	273	未知	未知	未知	W	276	8	0	0	1
22	2021-12-31 08:18:34	196408	正常	A_B	A	A	新消息	新消息	是	是	未知	未知	未知	未知	W	273	未知	未知	未知	W	276	32	0	0	1
23	2021-12-31 08:19:06	196625	正常	A_B	A	A	新消息	新消息	是	是	未知	未知	未知	未知	W	273	未知	未知	未知	W	277	32	0	0	1
24	2021-12-31 08:19:46	196891	正常	A_B	A	A	新消息	新消息	是	是	上行	未知	未知	未知	W	273	未知	未知	未知	W	277	32	0	0	1
25	2021-12-31 08:19:47	196895	正常	A_B	A	A	新消息	新消息	是	是	上行	未知	未知	未知	W	273	未知	未知	未知	W	277	0	0	0	1
26	2021-12-31 08:19:47	196898	正常	A_B	A	A	新消息	新消息	是	是	上行	未知	F_2600	未知	W	195	未知	未知	未知	W	277	0	0	64	1
27	2021-12-31 08:19:47	196899	正常	A_B	A	A	新消息	新消息	是	是	上行	未知	F_2600	未知	W	195	未知	F_2600	未知	W	198	0	0	64	1
28	2021-12-31 08:19:48	196902	正常	A_B	A	A	新消息	新消息	是	是	上行	未知	F_2600	未知	W	195	未知	F_2600	未知	W	198	0	0	0	1
29	2021-12-31 08:19:48	196905	正常	A_B	A	A	新消息	新消息	是	是	上行	未知	F_2600	未知	W	195	未知	F_2600	未知	W	198	0	0	1	1
30	2021-12-31 08:20:48	197305	正常	A_B	A	A	新消息	新消息	是	是	上行	未知	F_2600	未知	W	190	未知	F_2600	未知	W	193	0	0	1	1
31	2021-12-31 08:23:18	198302	正常	A_B	A	A	新消息	新消息	是	是	上行	未知	未知	未知	W	21	未知	F_2600	未知	W	153	0	0	1	1
32	2021-12-31 08:23:18	198303	正常	A_B	A	A	新消息	新消息	是	是	上行	未知	未知	未知	W	21	未知	未知	未知	W	12	0	0	1	1
33	2021-12-31 08:23:19	198309	正常	A_B	A	A	新消息	新消息	是	是	上行	未知	未知	未知	W	17	未知	未知	未知	W	17	0	0	0	1
34	2021-12-31 08:25:05	199017	正常	A_B	A	A	新消息	新消息	是	是	上行	未知	F_2600	未知	W	232	未知	未知	未知	W	10	0	0	0	1

图 6-2-9 SAM 数据 153 包

（3）测量 ATP 设备 J4 插头 G10 端子接地性能，接地电阻为 0.1 Ω，接地良好。

综合上述分析处置情况，确定为 B 组匣故障。

（三）问题研判

1. 电缆、终端等关键技术指标掌握不清。现场车间对 300T 型 ATP 设备各模块、单元的终端电阻、线缆阻值等关键指标掌握不到位，未纳入技术管理。

2. 对于新造车、高级修动车组等出厂时未要求对关键 MVB 总线相关指标进行测试。

（四）防范措施

1. 强化技术培训，掌握 MVB 总线测试方法。做好现场技术干部、职工技术业务培训，重点对此类故障现象、设备电气连接图及测量方法开展学习，掌握分析处置方法。

2. 完善总线测试、检查关键项点。遇 BTM 模块更换，要重点对其连接电缆进行检查测试。

3. 将 MVB 总线性能测试工作纳入新造车、高级修电缆测试项目中，接车时要求设备厂家出具相关测试数值证明，无误后方可开展接车工作。

案例 7 300T 型 ATP 设备因 C2CU 模块底层软件运算错误导致输出常用制动

（一）故障概况

某日 15 时 31 分，G380 次列车（300T 型 ATP 设备）因 ATP 报 CTCS-2 级故障，输出常用制动停于镇江南站内Ⅱ道，换系重启后 15 时 46 分开车。

故障原因：C2CU（C2 级安全计算机）模块底层软件运算错误，导致 C2CU 与 ATPCU 连接断开并进入故障状态。

（二）分析处置

ATPCU LOG 数据：

26 24-06-18 15:30:21；148 FID：　stmm. cpp LID：　2350
TID:SMGM _ LogTask
005055011　ATP A 904AR1E3 STM in failure _ state.（C2CU 模块进入故障状态）
27 24-06-18 15:30:20；548 FID：　stmm. cpp LID：　3058
TID:SMGM _ LogTask
005054700　ATP A DD4AI000 STM in standby（CS，HS）_ failed. AS5940.
28 24-06-18 15:30:20；547 FID：　stmm. cpp LID：　1343
TID:SMGM _ LogTask
005054400　ATP A 584AR000 STM in CS state _ failed.
29 24-06-18 15:30:19；953 FID：　stmm. cpp LID：　2884
TID:SMGM _ LogTask
005054104　ATP A DC4AR0E1 STM connection _ is lost.（C2CU 模块连接丢失）
30 24-06-18 15:30:19；951 FID：　stmm. cpp LID：　5305
TID:SMGM _ LogTask
005053816　ATP A BC4AR000 STM connection _ closed.（C2CU 模块连接断开）

C2CU LOG 数据：
26 24-06-18 15:31:27；032 FID：bs _ main. cpp LID：　262
TID:t _ startup
TBSW　3. 8 _ 2nd _ build（Oct　9 2008）：Initialised and started
27 24-06-18 15:30:16；531 FID:spl _ common _ c LID：　870
TID:vTask100
005051359　STM2 A -99 SPL _ AB _ ERROR：A=-99 B=-1121 C [0:0]（C2CU 模块底层运算错误）

SDP 数据：
164 24-06-18 15:31:28；997 FID:sm _ b _ psa. cpp LID：　741
TID:SMGM _ LogTask
005051424　PM S　SMB0304 Unit is in failure state during running STM2（C2CU 模块进入故障状态）
165 24-06-18 15:31:28；995 FID:spl _ common _ c LID：　870
TID:SMGM _ LogTask
005051359　STM2 A　-99（C2CU 模块底层软件运算错误）

（三）问题研判

1. 软件安全风险认知不足。现场对于日常软件更新、更换设备重装软件等工作存在的安全风险认知不足，仅核对数据版本，对于相关功能检查不到位。

2. 对于新装软件缺乏针对性的测试手段。日常软件更新后，相关测试仍停留于上电试验，未针对软件变更内容进行针对性的测试、检查。

（四）防范措施

1. 加强软件管理。电务要进一步规范软件换装、烧写等工作管理，针对每版软件的变更内容要制定针对性的测试和检查方案，必要时可增减添乘验证要求。

2. 做好软件升级盯控。对于各车载设备厂家人员在升级作业中的行为要进一步规范，一是要使用经验证良好的转储装置和电脑；二是对作业人员的作业行为要提出要求，规范作业。

案例 8　200C 型 ATP 设备因线缆插头异常导致触发制动无法缓解

（一）故障概况

某日，D6611 次列车（200C 型 ATP 设备）行至北京东站—双桥下行场间下行线 K9＋109 处（0.6‰下坡），司机反映 ATP 故障列车起非常，7 时 35 分停，8 时 05 分司机请求救援，经处理后，司机反映可以返回北京东站；9 时 06 分司机取消救援，9 时 14 分区间开车，9 时 25 分到达北京东站，FD6612 次北京东站 9 时 31 分开，9 时 40 分到达北京站，更换车底后 10 时 17 分开。

故障原因：X31 插头内部存在缩针现象导致接触不良。

（二）分析处置

7 时 38 分，北京动车检测工区值班人员接动车所通知“07 时 34 分，D6611 次运行至北京东站—双桥下行场间，司机报告触发制动无法缓解”。立即向车间报告此情况，并联系随车机师询问具体情况，机师反馈 C2 级转 C0 级后触发制动停车，重启未恢复。

车间、工区处置人员出发赶往双桥站，8 时 30 分，处置人员到达故障地点并从重联的 CRH5A-5118 动车组上车，车上人员反馈已申请救援，准备返回北京东站乘降旅客。

11 时 47 分，CRH5A-5135 动车组入北京动车所。北京东动车车载设备车间人员、北京动车检测工区人员会同设备厂家及动车所人员上车检查设备，检查 ATP、LKJ 设备外观良好，灯位显示正确。下载车载设备数据会同厂家技术人员进行分析。

CRH5A-5135-01 端数据分析如下：

（1）查看 LKJ 数据：5 月 14 日，D6611 次列车，7 时 33 分 08 秒，LKJ 记录 ATP 控制等级由 C2 级转 C0 级，如图 6-2-10 所示。

序号	时间	记录名称	均缸2	均缸1	其它	转速	缸压	管压	牵制	前后	零位	限速	速度	信号	信号机或车站	距离	里程
627	07:32:58	ATP限速变化	0	0	96,107	0	0	0	中	前	零	107	96	绿灯	通过91	435	0008.500
628	07:32:58	ATP目标限速	0	0	0	0	0	0	中	前	零	107	96	绿灯	通过91	435	0008.500
629	07:32:59	ATP限速变化	0	0	96,105	0	0	0	中	前	零	105	96	绿灯	通过91	404	0008.531
630	07:32:59	ATP目标限速	0	0	0	0	0	0	中	前	零	105	96	绿灯	通过91	404	0008.531
631	07:33:08	ATP限速变化	0	0	95,0	0	0	0	中	前	零	0	95	绿灯	通过91	185	0008.750
632	07:33:08	ATP目标限速	0	0	0	0	0	0	中	前	零	0	95	绿灯	通过91	185	0008.750
633	07:33:08	ATP控制等级	0	0	CTCS0	0	0	0	中	前	零	0	95	绿灯	通过91	185	0008.750
634	07:33:08	ATP控制模式	0	0	未知	0	0	0	中	前	零	0	95	绿灯	通过91	185	0008.750
635	07:33:08	ATP目标距离	0	0	0.0	0	0	0	中	前	零	0	95	绿灯	通过91	185	0008.750
636	07:33:08	ATP紧急变化	0	0	动作	0	0	0	中	前	零	0	95	绿灯	通过91	181	0008.754
637	07:33:08	ATP常用变化	0	0	常用7动作	0	0	0	中	前	零	0	95	绿灯	通过91	181	0008.754
638	07:33:08	ATP控制结束	0	0		0	0	0	中	前	零	0	95	绿灯	通过91	174	0008.761
639	07:33:08	限速变化	0	0		0	0	0	中	前	零	105	95	绿灯	通过91	171	0008.764
640	07:33:08	紧急制动信息	0	0	紧急启动	0	0	0	中	前	零	105	95	绿灯	通过91	171	0008.764
641	07:33:09	EMU管压	0	0	85bar	0	0	0	中	前	零	105	95	绿灯	通过91	161	0008.774
642	07:33:09	ATP应答器信息	0	0	634,1283	0	0	0	中	前	零	105	95	绿灯	通过91	158	0008.777
643	07:33:09	EMU管压	0	0	74bar	0	0	0	中	前	零	105	95	绿灯	通过91	156	0008.779
644	07:33:09	EMU空气制动力	0	0	12.3kN	0	0	0	中	前	零	105	95	绿灯	通过91	150	0008.785
645	07:33:09	EMU管压	0	0	59bar	0	0	0	中	前	零	105	95	绿灯	通过91	145	0008.790
646	07:33:09	EMU空气制动力	0	0	21.3kN	0	0	0	中	前	零	105	95	绿灯	通过91	142	0008.793
647	07:33:10	速度变化	0	0		0	0	0	中	前	零	105	93	绿灯	通过91	134	0008.801

图 6-2-10　LKJ 数据

（2）查看 ATP 数据：5 月 14 日，D6611 次列车，7 时 33 分 07 秒，ATP 记录 C2 等级完全监控模式转入 C0 等级，如图 6-2-11 所示。

时间	周期	模式	上电编号	信息
2021-05-14 06:42:16	16855	上电	005	————
2021-05-14 06:42:53	17107	上电	005	[173] 紧急制动测试
2021-05-14 06:42:57	17131	上电	005	[175] 紧急制动测试正常
2021-05-14 06:42:58	17137	上电	005	[173] 紧急制动测试
2021-05-14 06:43:01	17159	上电	005	[175] 紧急制动测试正常
2021-05-14 06:43:02	17163	SB	005	[206] 进入待机模式
2021-05-14 06:48:29	19347	PS	005	[200] 进入部分监控模式
2021-05-14 07:24:29	33747	FS	005	[204] 进入完全监控模式
2021-05-14 07:32:27	36929	FS	005	[221] CTCS-0级转换预告
2021-05-14 07:33:07	37195	LKJ	005	[213] 进入CTCS-0级（确认时间：07:33:10）
2021-05-14 07:33:07	37195	LKJ	005	[213] 进入CTCS-0级

时间	周期	输入状态变化	输出状态变化	ES1 A 奉沈测试	ES2 A 隔离	ES3 A MSB 回读	ES4 A 反向	ES5 A DEF1 回读	ES6 A DEF2 回读	ES7 A EB1 回读	ES8 A 列车 EB 回读	ES9 A LKJ 制动回读	ES10 A KDI 回读	ES11 A LKJ ON2 回读	ES12 A LKJ ON1 回读	ES13 A EB2 回读	ES14 A 气常用回读	E1 A 一级 SB 回读	E2 A 四级 SB 回读	E3 A ATP LKJ SB 切换	E4 A 牵引位	E5 A 中立位	E6 A 制动位
2021-05-14 07:29:10	35620	真	假	假	真	假	真	假	假	假	假	假	假	真	真	假	假	假	假	假	真	假	假
2021-05-14 07:29:41	35824	真	假	假	真	假	真	假	假	假	假	假	假	真	真	假	假	假	假	假	假	真	假
2021-05-14 07:30:34	36176	真	假	假	真	假	真	假	假	假	假	假	假	真	真	假	假	假	假	假	假	假	假
2021-05-14 07:30:34	36177	真	假	假	真	假	真	假	假	假	假	假	假	真	真	假	假	假	假	假	真	假	假
2021-05-14 07:30:49	36280	真	假	假	真	假	真	假	假	假	假	假	假	真	真	假	假	假	假	假	假	真	假
2021-05-14 07:32:18	36873	真	假	假	真	假	真	假	假	假	假	假	假	真	真	假	假	假	假	假	真	假	假
2021-05-14 07:32:45	37053	真	假	假	真	假	真	假	假	假	假	假	假	真	真	假	假	假	假	假	假	真	假
2021-05-14 07:33:07	37195	假	真	假	真	假	真	假	假	假	假	假	假	真	真	假	假	假	假	假	假	真	假
2021-05-14 07:33:07	37196	假	真	假	真	假	真	假	假	假	假	假	假	真	真	假	假	假	假	假	假	真	假
2021-05-14 07:33:07	37199	真	假	假	真	假	真	假	假	假	假	假	假	假	假	假	假	假	假	假	假	真	假
2021-05-14 07:33:07	37200	真	假	假	真	真	真	假	假	真	真	假	真	假	假	真	假	真	真	真	假	真	假
2021-05-14 07:33:08	37202	真	假	假	真	真	真	假	假	真	真	假	真	假	假	真	真	真	真	真	假	真	假
2021-05-14 07:33:20	37284	真	假	假	真	真	真	假	假	真	真	假	真	假	假	真	真	真	真	真	假	假	真

图 6-2-11　ATP 数据分析

查看 ATP 记录 227 包数据，转入 C0 等级后，7 时 33 分 07 秒制动回读 ES8 为 1（车辆紧急制动状态有输出反馈）、ES9 为 0（LKJ 制动无输出）。说明 ATP 检测到车辆处于紧急制动状态，且 LKJ 未输出制动指令。

ATP、LKJ 数据中均无硬件故障报警信息。

对数据进行分析后，初步判断该故障为 X31 接头或机柜 TB 端子故障（该部分串联在车辆安全回路中）。随后对 X31 插头及机柜 TB 端子进行检查，发现 X31 插头内部存在缩针现象（图 6-2-12）。经组织对 CRH5A-5135-01 端设备进行更换后，试验正常。

图 6-2-12　X31 插头内部缩针

（三）问题研判

1. 结合部信息沟通滞后。应急联系机制执行不畅，故障发生后无法第一时间全面掌握故障详细信息，影响了对设备故障点的判断，导致故障延时较长。对 110 应急电话的使用情况流于形式，没能及时掌握“电务 110 应急电话”设备运用质量，没能与对口机务针对应急处置工作形成有效机制。

2. 职工日常技术业务培训覆盖面不全，结合部故障处理能力不足，对结合部设备的检验测试手段掌握不细，缺乏结合部故障点判断和规律性排查能力，故障处理过度依赖厂家，自主维护意识不足。

（四）防范措施

1. 加强日常与机务的协调，利用每日动车所一体化会议时机掌握设备运行状态，与机务建立故障信息沟通机制，充分发挥“电务110应急电话”作用，值班人员接到机务人员反馈的信息后，立即组织进行分析处理，解决设备故障隐患，保证动车组运用质量，减少故障延时。

2. 加强职工技术业务培训，聘请厂家技术人员进行专题教学，提高自主检验测试能力，提高日常设备故障处理能力，规范故障处理作业流程。对返厂修的设备做好跟踪，准确掌握设备故障真正原因，梳理设备故障规律，针对设备惯性故障制定行之有效的卡控措施。

3. 认真吸取教训，全面排查设备隐患。针对动车组X31插头及机柜TB端子进行专项普查，及时更换隐患配件。充分利用专项整治，针对设备隐患制定整治措施，规范整治作业标准，提高设备质量。

第七章　联锁、列控中心、CTC 设备故障处理方法及典型案例

联锁、列控中心、CTC 设备是铁路最为重要的铁路室内信号设备，是现代化行车的“大脑”和“中枢”。其中联锁负责确保车站行车与调车安全，通过信号、道岔和进路的相互制约，提高作业效率，降低劳动强度。列控中心负责整合信号、通信与电气化设备，实时掌握车辆状态，传输铁路信息，精准控制列车行驶，保障运输安全与效率。CTC 实现行车调度员的远程集中控制与监视，统一调度指挥，通过全局计划编制与调整，确保列车安全高效运行，是铁路安全高效运行的核心保障。本章主要介绍联锁、列控中心、CTC 设备典型故障的分析及处理方法。

第一节　故障处理基本方法

一、联锁故障处理方法

（一）EI32-JD 型计算机联锁设备故障处理

1. 驱动采集接口电路开路故障

（1）以信号开放时采集不到信号机的 XJ 接点为例

故障现象：办理进路后，控制台白光带，信号复示器红灯。

故障判断：在维修机查看该 XJ 曾吸起，判断 XJ 接点信息采集不到。

XJ 接点采集电路故障处理流程如图 7-1-1 所示。

（2）以道岔 SJ 驱动电路故障为例

故障现象：排列 X 至ⅠG 接车进路，进路不能选出，始、终端按钮闪数秒后灭。

故障分析：进路未选出，也就是开放信号的联锁条件不满足，检查发现某道岔未动作到定位；查看继电器状态，DCJ 吸起，SJ 未吸起，1DQJ 未动作；调看电务维修机驱动信息状态表或继电器变化窗口，驱采机已将 SJ 驱动命令输出，但其未吸起。

故障判断：该道岔 SJ 不励磁，SJ 驱动电路故障（注：故障查找应在办理操作时进行测量）。

SJ 驱动电路故障处理流程如图 7-1-2 所示。

（3）以采集短路（驱采不一致导致的双系交替重启）为例

故障现象：行车室计算机联锁显示器显示全站红白光带交替闪烁，Ⅰ、Ⅱ系联锁机不停倒机，同时显示Ⅰ、Ⅱ系联锁机报警。

故障判断：该现象说明计算机联锁设备Ⅰ、Ⅱ系都死机，原因为驱动和采集到的信息不一致。如联锁机没有对某继电器送出驱动电源，采集机却采到了该继电器的吸起状态，如 SJ、LXJ、DXJ、YXJ 等继电器前接点采集线上混入了接口正电源。此时可以通过电务维修机得到详细的故障信息提示，如道岔的 SJ 室外混线、列信的 LXJ 室外混线等，再按流程图逐段排查确定故障点，可通过甩线法来处理。

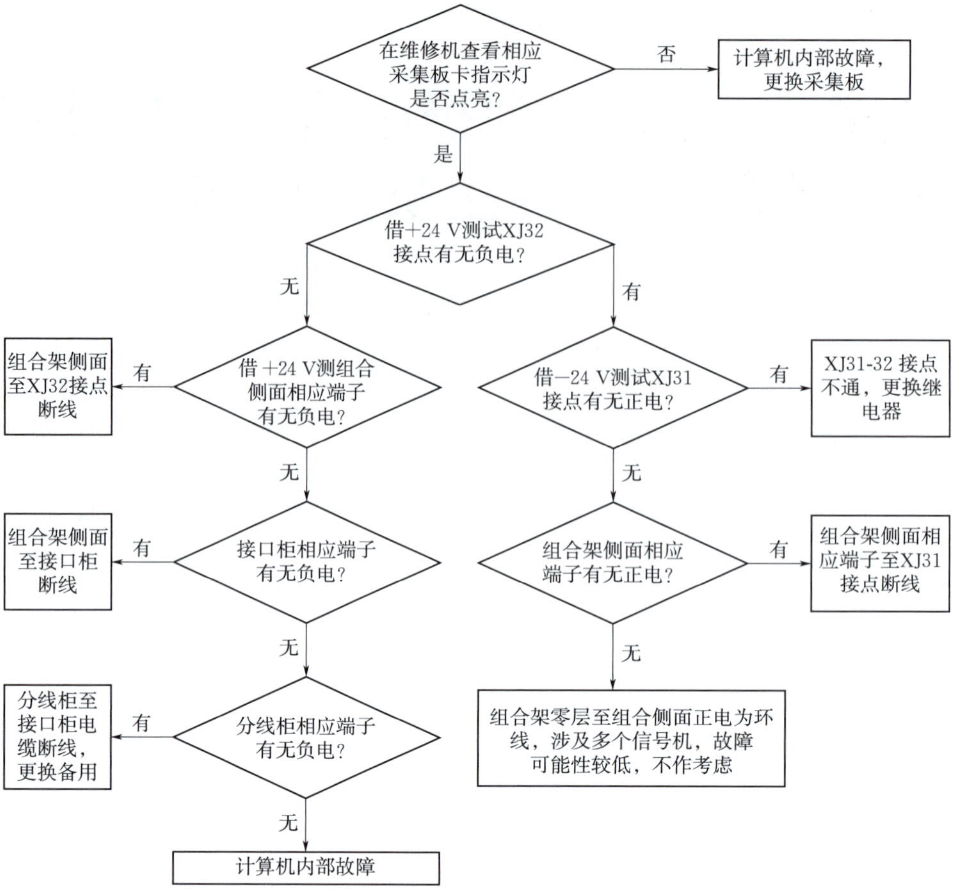

图 7-1-1　XJ 接点采集电路故障处理流程

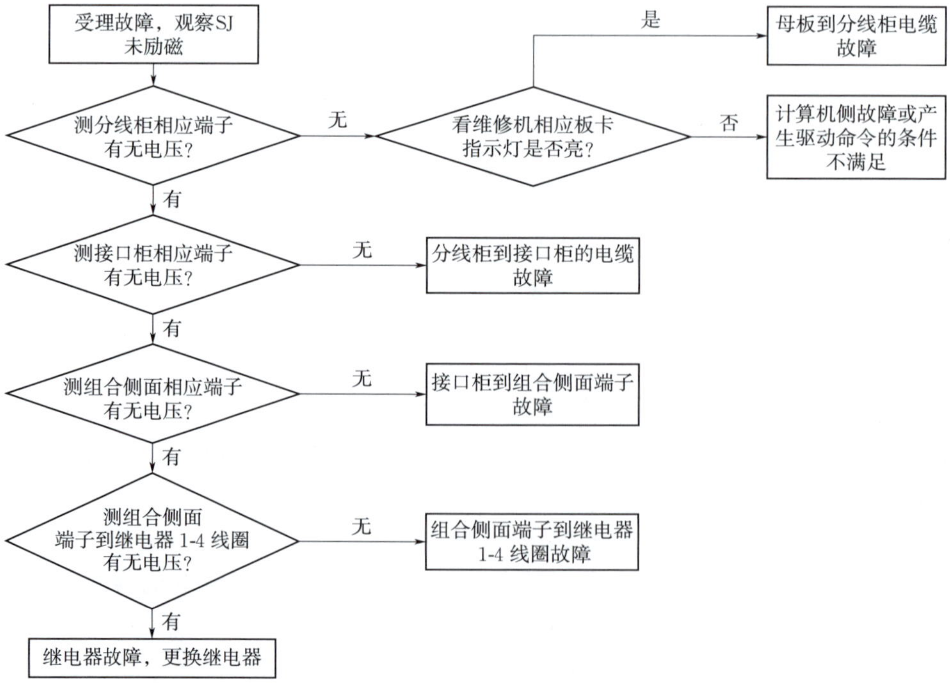

图 7-1-2　SJ 驱动电路故障处理流程

驱采不一致导致的双系交替重启故障处理流程如图 7-1-3 所示。

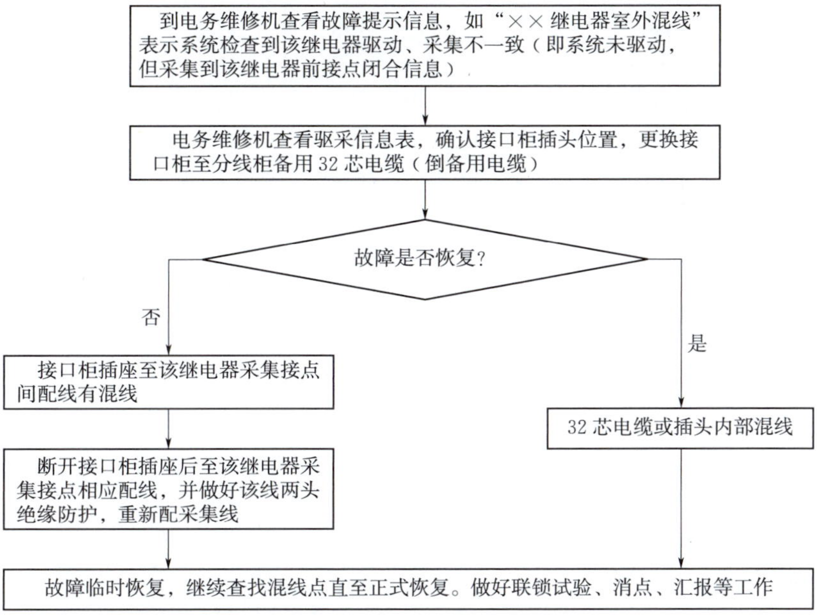

图 7-1-3　驱采不一致导致的双系交替重启故障处理流程

2. 驱采机故障处理流程（图 7-1-4）

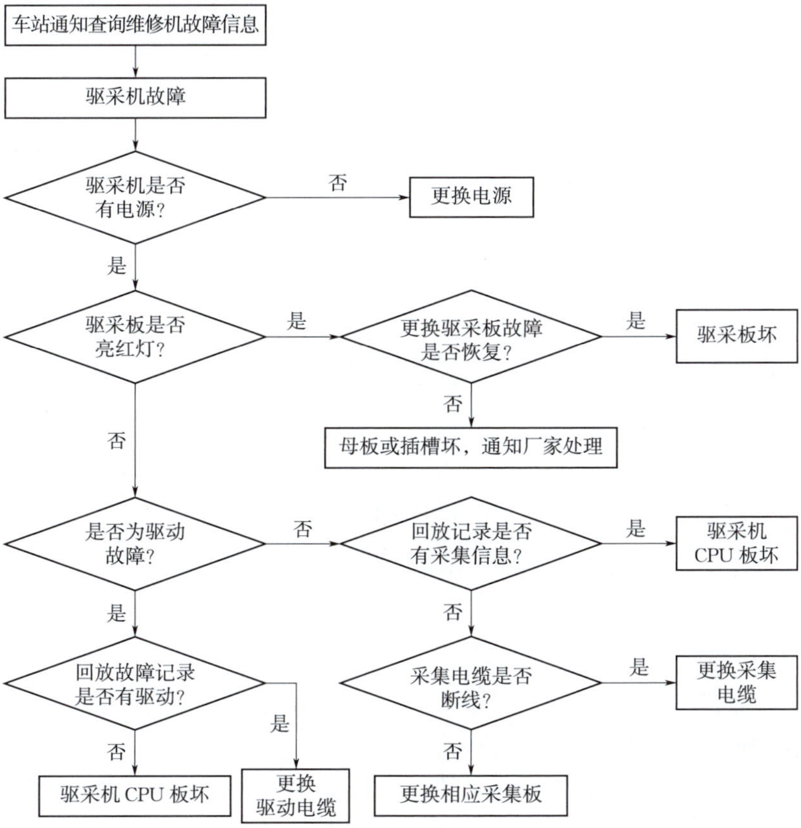

图 7-1-4　驱采机故障处理流程

3. 显示设备故障处理流程（图 7-1-5）

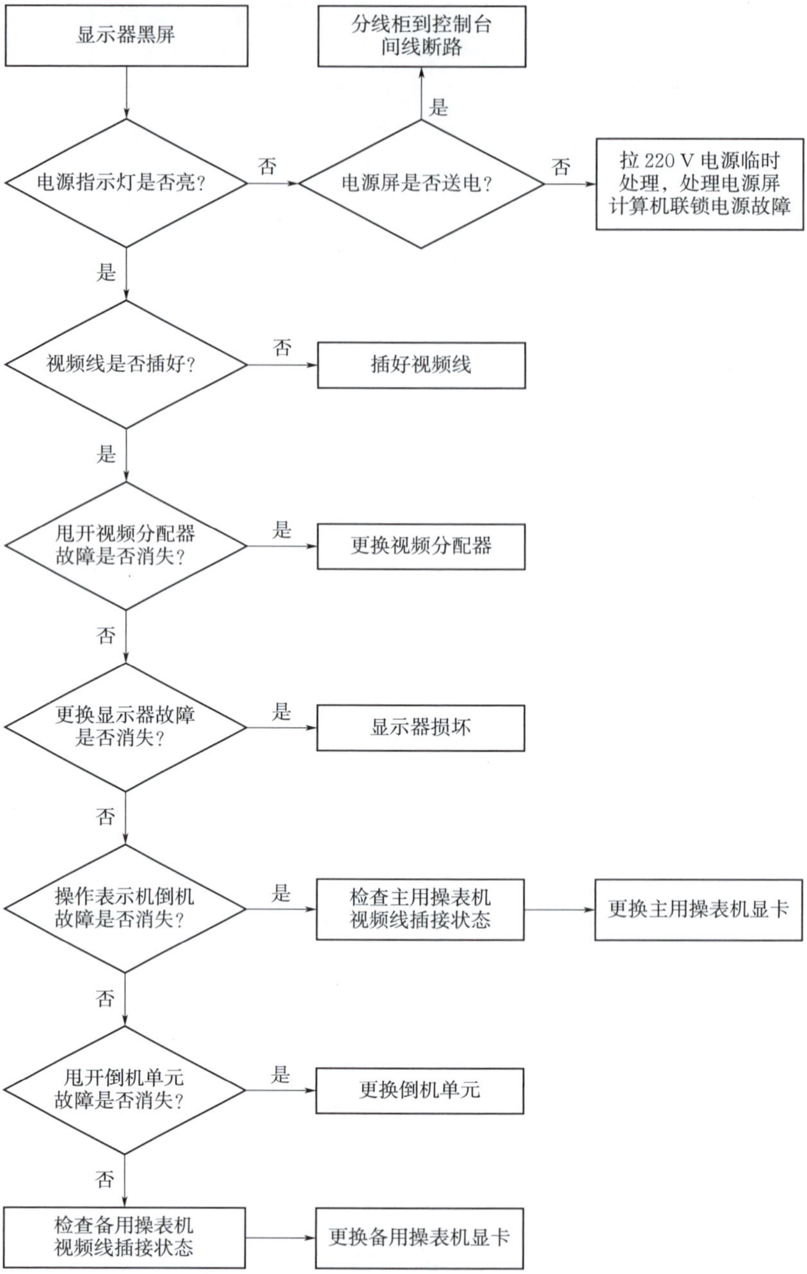

图 7-1-5 显示设备故障处理流程

（二）DS6-K5B/DS6-11 型计算机联锁设备故障处理

1. 采集电路故障

判断采集电路故障主要查看相应的继电器状态是否与意图一致，如一致，则故障点在室外，如不一致，则故障点在室内。若故障点在室内，对照联锁机采集码位表，查看相应的维修机信息位，如确实与继电器状态一致，则说明是计算机联锁设备故障。若信息位与继电器状态不一致，则说明故障发生在采集板与接口继电器电路之间。此时在联锁机接口架处相应的位置测量电压，判断是哪一根线的连接有故障。

2. 驱动电路故障

判断驱动电路故障主要查看相应的继电器位置是否与要求的一致，如一致，则故障点为室外，如不一致，则故障点在室内。对照维修机信息表，查看相应的信息位，如灯已点亮，而继电器无驱动，说明驱动的条件电源没有。

二、列控中心故障处理方法

（一）列控中心设备常见故障分析及处理

1. 列控中心设备故障

判断处理故障时应充分利用列控中心维护终端的系统视图、报警信息内容、查询项目等功能。

在系统视图的系统状态显示中，可以看到当前列控中心主控单元（ICU）分别为主系或备系的情况、A系和B系的运行情况、机柜各模块运行状态。

列控中心与外设连接状态：包括列控中心与CTC、TC（轨道电路通信接口）、计算机联锁（CBI）、临时限速服务器（TSRS）、地面电子单元（LEU）的连接状态，列控中心与管辖中继站以及相邻列控中心的连接状态，绿色表示通信正常，红色为对应通信故障，灰色代表无信息。

机柜各个模块状态：绿色代表与ICU正常通信，红色表示故障，灰色表示无信息（或是占位空板）。

维护终端在接收到报警事件（及其他一些需实时提示的事件）的数据时，会实时予以提示。报警窗口的内容包括级别、报警时间、恢复时间、描述。其中级别分为一级、二级、三级报警，红色表示一级，深黄色表示二级，淡黄色表示三级报警，绿色代表报警已恢复。发生设备异常时，可利用报警信息的详细内容进行迅速定位，缩小故障范围。

2. 列控中心主机故障

Ⅰ系或Ⅱ系异常停机，天窗点内将故障机重新启动，进行正常恢复，查看列控维修机相关信息，对异常停机原因进行分析；如不能启动，在厂家的指导下处理。

备系与主系不同步，主控单元板上指示灯有相应的提示。检查维护终端信息，确认备系与主系存在通信异常、物理连接异常或设备异常情况时，天窗点内重新启动备系，若仍不同步，将列控双系重新启动。

主备系不能自动切换，在确认备系完好的情况下改为手动切换，由厂家技术人员排查不能自动切系的原因。

主机板（主控单元）故障灯亮，对故障板卡进行重启，如重启无效则立即更换板卡。

电源模块输出指示灯灭，检查主机单元是否断电，若电源模块故障，更换模块。

下载列控中心数据并发送至厂家技术人员，由厂家技术人员进行故障分析并出具故障分析报告。

3. 采集电路故障

处理采集电路故障先确认是否为全站采集电路故障，若全站采集电路故障则故障部位大致如下。

（1）列控中心采集电路电源LZ24（正电）模块输出故障，排查采集电路电源模块及采集电路电源模块至接口柜的配线。

（2）列控中心采集电路电源LZ24（负电）模块输出故障，排查采集电路电源模块及采集电路电源模块至扩展柜采集机笼的配线。

（3）列控中心机笼电源模块输出故障，排查机笼电源模块及机笼电源模块至驱采机笼的配线。

（4）采集电路、机笼电源模块输入故障，排查列控中心底部空开及空开至顶部采集、机笼电源模块的配线。

若为单路采集电路故障，则借用LZ24（负电）按照采集电路由远及近向列控中心方向测试查找，故障部位大致如下。

（1）继电器接点故障；

（2）电器接点至组合侧面端子内部配线不良；

（3）组合侧面端子至接口柜配线不良；

（4）接口柜接口板插接不良；

（5）接口柜至列控中心扩展柜间电缆断线；

（6）列控中心扩展柜接口板插接不良；

（7）列控中心采集机笼内部不良；

（8）采集板不良。

4. 驱动电路故障

处理驱动电路故障首先确认是否为全站驱动电路故障，若全站驱动电路故障则故障部位大致如下。

（1）列控中心扩展柜机笼电源模块输出故障，排查机笼电源模块及机笼电源模块至驱采机笼配线。

（2）列控机笼电源模块输出故障，排查采集机笼或机笼电源模块至采集机笼配线。

（3）驱动、机笼电源模块输入故障，排查列控中心底部空开及空开至顶部驱动、机笼电源模块的配线。

若为单路驱动电路故障，则按照驱动电路由近及远向继电器方向测试查找（也可在断电情况下利用电阻挡进行查找），故障部位大致如下。

（1）驱动板故障或插接不良；

（2）列控中心驱动机笼内部不良；

（3）驱采机笼背部接口板插接不良；

（4）驱采机笼背部接口板至接口柜间断线；

（5）接口柜接口板插接不良；

（6）接口柜接口板至组合侧面断线；

（7）组合侧面至继电器内部配线不良；

（8）继电器不良。

5. TSRS、站间列控中心通信故障

当列控中心主机检测到和TSRS、其他列控中心设备通信故障时，应同时检查列控中心和TSRS、其他列控中心设备工作状态，如果均工作正常，然后检查列控中心的网络通信板和TSRS通信板、其他列控中心设备的网络通信板工作状态是否正常，包括电源供电、工作状态指示灯，排除设备硬件的问题。

检查设备连线是否连接牢固，排除接线的问题。

利用网络测试软件测试通道质量，通道衰耗大于－20 dbm时，通知通信工区配合处理。

检查安全数据网交换机是否工作正常，必要时在厂家指导下热重启交换机。

重启列控中心主机接口板，切换或复位列控中心。如故障不能马上恢复，及时联系生产厂家，在厂家的指导下处理。

6. 电源故障

当单个电源模块故障时，由于列控中心负载全部采用双电源模块并联模式，所以不影响设备的正常工作。列控中心模块的工作状态未纳入维护终端报警范围内，因此在巡视时要加强电源模块的巡检，发现状态异常时及时组织更换。

三、CTC设备故障处理方法

（一）CTC设备故障处理

1. 车务终端故障

出现1台车务终端显示器黑屏、灰屏、花屏等故障时，可采用人工重启车务终端或切换主备机，更换故障设备。

（1）黑屏、花屏故障

查看电源指示，排除电源故障；更换备用显示器，排除显示器故障；检查网线或更换备用网线，排除网线不良故障；检查或更换网线防雷，排除其接触不良或故障；检查长线驱动器，重启或更换长线驱动器，排除长线驱动器不良故障；检查或更换双机切换器，排除双机切换器故障；检查车务终端，重启车务终端，排除车务终端不良故障；应用软件故障时，退出应用程序重新启动或重启车务终端后再启动应用程序。

如果故障仍不能排除，将故障情况上报，并在设备厂家提供技术支持的基础上进行处理。

（2）鼠标、键盘故障

出现鼠标、键盘故障时，检查鼠标、键盘接触是否良好；检查更换备用器材，排除鼠标、键盘故障；检查网线或更换备用网线，排除网线不良故障；检查或更换网线防雷排除其接触不良或故障；检查长线驱动器，重启或更换长线驱动器，排除长线驱动器不良故障；检查车务终端，重启车务终端，排除车务终端不良故障。

2. 自律机故障

出现车务终端灰屏或信息停滞时，检查车务终端、自律机的时钟同步；检查自律机，查看自律机板件上是否有报警，切换、重启自律机，排除自律机CPU板故障。

如果故障仍不能排除，将故障情况上报，并在设备厂家提供技术支持的基础上进行处理。

3. 站机通道故障

（1）与联锁或列控通信中断

如果电务维护终端存在与联锁或列控中心的报警提示，请检查数据线、协转、光隔或更换自律机通信板，并根据情况重启自律机。

（2）与车务终端通信中断

检查车务终端网卡、交换机及网线，查看接触是否良好，并根据情况重启车务终端。

（3）与自律机通信中断

检查网线、交换机或更换自律机CPU板，并根据情况重启自律机。如果故障仍不能排除，将故障情况上报，并在设备厂家提供技术支持的基础上进行处理。

4. 网络通道故障

（1）对邻站或中心通道故障

①网络通道设备故障

登录路由器，参看路由器端口状态，检查各网络设备连线或重启、更换路由器等通道设备。

如发生一个环网内所有用户均无法正常通信或大面积网速过慢时，可判断为环网故障，首先顺序检查各站点路由器是否正常，如发现某台路由器有异常，则按照单台路由器故障处理；然后检查网内是否存在路由环路振荡，观察告警记录是否有异常流量的端口、是否有存在冲突的 router id，或 trace route 现路由径路是否异常。可以先将异常用户端口或异常设备连接端口 shut down，以临时解决故障，然后再到现场处理具体设备故障。

②防火墙故障

通过 ping 测试确认防火墙故障时，应立即甩开防火墙保持系统通信畅通，并通知有关技术人员对防火墙进行软硬件检测和故障排查，修复后恢复其网内工作。

③通道质量监督故障

通过 ping 测试确认通道质量监督故障时，应立即关闭通道质量监督电源，确保通信系统畅通，并在天窗点对通道质量监督进行检测和故障排查，修复后恢复其网内工作。

如果故障仍不能排除，将故障情况上报，并在设备厂家提供技术支持的基础上进行处理。

（2）大通道故障

如果判断为通信大通道故障，联系通信，并配合处理。同时值班人员利用网管系统．做好进一步测试分析。

（二）CTC 车站设备处理

1. 车站 CTC 设备故障

（1）CTC 设备故障，应先转为非常站控，再进行后续故障处理。

（2）根据故障情况，确定设备是否具备 TDCS 功能。

2. 出现大面积网络拥堵或中断故障

（1）停用环网内的列车占用丢失报警功能，避免大面积误报警对行车人员的干扰。

（2）通过 ping 或 trace route 等方式，确定故障具体发生的点位，然后甩开引起故障的具体点，按照故障处置流程逐步进行恢复。

第二节　典型案例

案例 1　软件程序版本差异造成 CTC 车务终端蓝屏

（一）故障概况

某日 5 时 02 分，霸州站 CTC 车务终端系统主备机蓝屏，6 时 13 分经电务处理后恢复，影响霸州站接收阶段计划及报点功能。

故障原因：霸州站 CTC 为 2009 年上线版本软件，固安站、文安站为 2022 年 9 月上线的 CTC3.0 软件。霸州站与邻站使用的 TDCS/CTC 软件程序版本存在差异，通过调取后台数据，结合霸州站 CTC 显示回放及日志分析，霸州站 CTC 车务终端在收到两个邻站的区间封锁的数据信息后，不能正确解析数据包，经过一定时间的积累后，引起车务终端缓存文件堆积，程序异常退出，导致车务终端蓝屏。

（二）分析处置

信号工区接到故障信息后，立即向车间、段调度汇报。在霸州站进行天窗作业的电务处置人员立即返回车站进行应急处置。

处置人员查看运转室及机械室显示，检查机械室CTC机柜各表示灯显示正常，电务维护终端、自律机A、自律机B程序异常停止工作。

随后，处置人员对CTC设备进行了重启，重启后观察，故障现象未恢复，车务终端系统主备机依旧蓝屏。

5时32分，处置人员联系厂家技术支持人员，厂家远程登录霸州站CTC进行分析，发现霸州站的相邻站固安站和文安站分别于4时50分和5时01分设置了区间封锁（图7-2-1）。

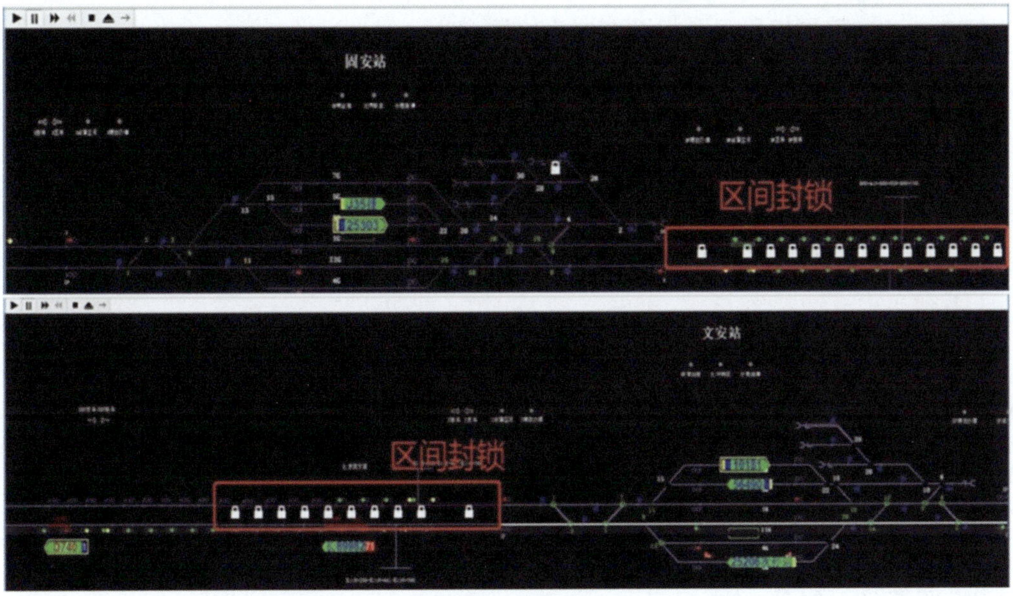

图7-2-1　霸州站相邻两站均设置区间封锁

4时50分、5时02分，霸州站日志记录：霸州车务终端收到0x03逻辑表示信息，未能正确解析（图7-2-2）。0x03逻辑表示信息为区间封锁、股道封锁信息。

```
04:50:36> [通信模块]: 接收 逻辑表示信息0x03 DEBUG 错误! Files:D:\TDCS3\lib\comm\CommSvr.cpp, Line:8913
04:50:36> [通信模块]: 接收 逻辑表示信息0x03 DEBUG 错误! Files:D:\TDCS3\lib\comm\CommSvr.cpp, Line:8913
04:50:36> [通信模块]: 接收 逻辑表示信息0x03 DEBUG 错误! Files:D:\TDCS3\lib\comm\CommSvr.cpp, Line:8913
```

```
05:02:01> [通信模块]: 接收 逻辑表示信息0x03 DEBUG 错误! Files:D:\TDCS3\lib\comm\CommSvr.cpp, Line:8913
05:02:01> [通信模块]: 接收 逻辑表示信息0x03 DEBUG 错误! Files:D:\TDCS3\lib\comm\CommSvr.cpp, Line:8913
05:02:01> [通信模块]: 接收 逻辑表示信息0x03 DEBUG 错误! Files:D:\TDCS3\lib\comm\CommSvr.cpp, Line:8913
```

图7-2-2　霸州站车务终端未能解析0x03信息

结合显示回放及日志分析，固安站于4时50分设置区间封锁后，霸州站CTC车务终端收到固安站表示信息日志记录存在异常，车务终端运行正常；文安站于5时01分设置区间封锁后，霸州站车务终端收到文安站表示信息日志记录存在异常；5时02分，霸州站CTC车务终端程序异常退出，显示蓝屏。随后，厂家技术人员屏蔽霸州站车务终端不能正常处理的数据信息，清除缓存文件，重启车务终端后，故障恢复。

（三）问题研判

1. 应急处置组织协调存在差距。涉及 TDCS/CTC 设备的故障，按照流程处置的同时，应及时联系设备厂家技术人员，便于快速处置和压缩延时。

2. 安全风险研判不到位，未能识别相邻站 TDCS/CTC 软件程序版本存在差异的安全风险。

3. 对特殊场景下的新旧 CTC 软件版本适配性认知不到位，未研判出该安全风险，未提前采取防范措施加以解决。

（四）防范措施

1. 要点升级霸州站 CTC 软件，彻底解决隐患。

2. 组织对其他 TDCS/CTC 软件程序版本存在差异的车站，按霸州站的处置方案进行预防性处置。

3. 组织设备厂家对 CTC3.0 车站同类隐患进行排查。

案例 2　RBC 底层应用平台问题造成系统重启

（一）故障概况

某日 18 时 50 分，CTC 显示平泉北站、承德县北站与 RBC 通信中断报警、与 CBI 通信局部故障报警；承德南站与 RBC、CBI 通信局部故障报警；安匠站与 CBI 局部通信故障报警。18 时 57 分通信故障恢复。影响 G983 次和 G941 次列车降级。

故障原因：因庞巴迪公司（以下简称庞巴迪）底层应用平台 NCR＃2275 问题导致京沈 RBC3-Ⅰ系重启。

（二）分析处置

1. G983 次列车日志

18 时 55 分 55 秒，RBC3-Ⅰ系向 G983 次列车发送最后一条消息 M24 通常消息，T-TRAIN＝468527。

18 时 55 分 57 秒，RBC3-Ⅰ系收到最后一条列车发送消息 M136 位置报告，NID _ LRBG＝10000913，G939（557811），T-TRAIN＝526847，之后Ⅰ系重启。

RBC3-Ⅰ系日志如图 7-2-3 所示。

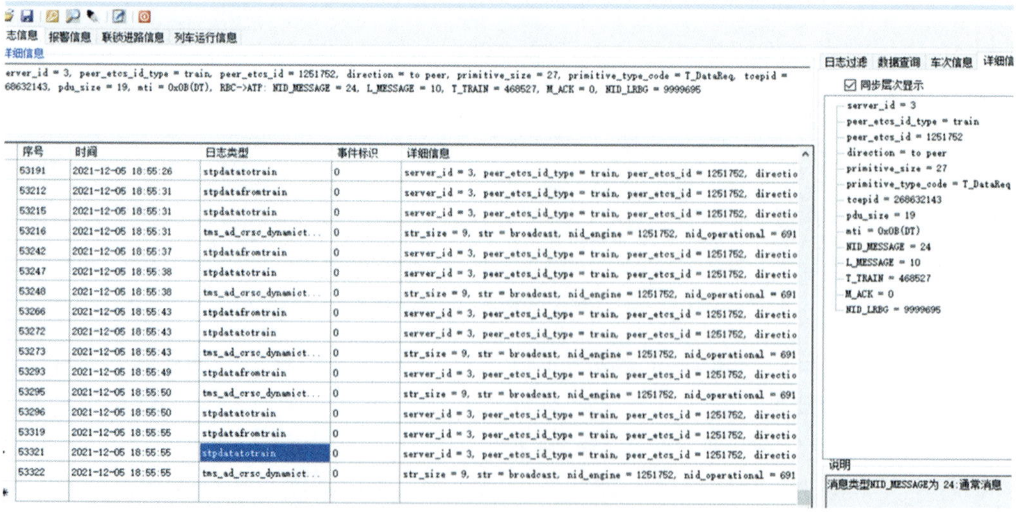

图 7-2-3　RBC3-Ⅰ系日志

18 时 55 分 57 秒，RBC3-Ⅱ系开始记录日志。

18 时 55 分 58 秒，RBC3-Ⅱ系未能正常切换为主系功能，无法向列车发送行车许可（此问题原因需分析底层平台代码方可得知，底层平台厂家庞巴迪未对 RBC 厂家给予有效答复）。

18 时 56 分 01 秒，RBC3-Ⅱ系收到来自 G983 次列车第一条发送的消息 M136 位置报告，此时列车为 C3 完全模式。

18 时 56 分 02 秒，RBC3 与 G983 次列车断开连接，列车降为 C2 级模式。

18 时 56 分 10 秒，RBC3-Ⅱ与 G983 次列车连接；后续出现多次中断和连接情况，直至 19 时 14 分 51 秒与 G983 次连接。

以上分析出 18 时 56 分 02 秒至 19 时 14 分 51 秒，G983 次列车以 C2 级模式运行，与故障信息提及的时间轮廓相符。

RBC3-Ⅱ系日志如图 7-2-4 所示。

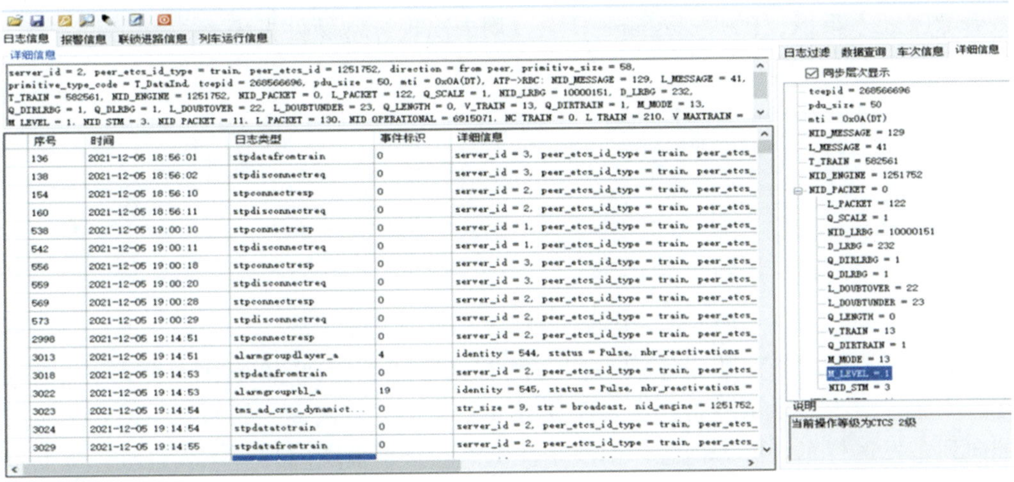

图 7-2-4　RBC3-Ⅱ系日志

2. 双系 eventlog 数据

18 时 55 分 57 秒，RBC3-Ⅰ系退出主系，Ⅱ系判断与Ⅰ系（原主系）通信断开后，Ⅱ系由热备降为冷备。

18 时 55 分 58 秒，RBC3-Ⅱ系判断Ⅰ系退出后，Ⅱ系未能正常切换为主系功能，将忽略与管辖范围内的设备通信。

19 时 02 分 21 秒，RBC3-Ⅱ系提示主系状态已确认（Ⅰ系重启完成转为备系），RBC3-Ⅱ系（升为主系）开始恢复与外界设备的连接。

RBC3-Ⅱ系转主系后未找到备系而报警，如图 7-2-5 所示。

时间	等级	组名	事件标识	信息
2021-12-05 18:55:58	C	basicsystem_a	1	Switching to online.
2021-12-05 18:55:58	B	basicsystem_a	9	The online machine needs confirmation before sending Movement Authority to the trains.

时间	等级	组名	事件标识	信息
2021-12-05 19:02:21	B	basicsystem_a	10	Confirmation procedure has been performed on the online machine.
2021-12-05 19:02:22	D	rim_a	1	Connection to the RBC JSRBC2 established.
2021-12-05 19:02:22	C	il_ad_crsc_a	12	The connection to BJJJSTSRS is established.
2021-12-05 19:02:24	D	rim_a	1	Connection to the RBC JSRBC4 established.
2021-12-05 19:02:24	B	basicsystem_a	2	No contact with standby.
2021-12-05 19:02:29	C	il_ad_crsc_a	12	The connection to ILOCKPQBZ is established.

图 7-2-5　RBC3-Ⅱ系转主系后未找到备系而报警

据此分析出 RBC3-Ⅰ系重启期间，RBC3 没有提供 C3 服务。

3. 分析 RBC3-Ⅰ系退出原因

查看 RBC3-Ⅰ系 A、B 机重启日志 cbr. log，均没有出现类似“PANICinModule：.......”字样，推断重启与主机应用程序无关。

RBC3-Ⅰ系 A、B 机重启日志 cbr. log 如图 7-2-6 所示。

```
../etc/StpKeyFile OK
synchronizerA: activated at time 1637605197:691264
starting A
UtilA: activated at time 1637605197:694889
Abort trap (core dumped)

../etc/StpKeyFile OK
synchronizerB: activated at time 1637605197:691264
starting B
UtilB: activated at time 1637605197:694889
./start.sh: line 58:  2156 Aborted                (core dumped) rt -sr -p3 -- pollmonitor -p4001 -s30000 -t450 fspb
```

图 7-2-6　RBC3-Ⅰ系 A、B 机重启日志 cbr. log

查看 RBC3-Ⅰ系 A、B 机 message 日志，均未出现异常硬件报警。

RBC3-Ⅰ系 A、B 机 message 日志如图 7-2-7 所示。

```
Dec  5 18:53:25 fspal channeldA: Sun Dec  5 18:53:25.89345 channeldA External signal 15
Dec  5 18:53:25 fspal dualdA: Sun Dec  5 18:53:25.89346 dualdA External signal 15
Dec  5 18:53:25 fspal synchronizerA: Sun Dec  5 18:53:25.89343 Synchronizer External signal 15
Dec  5 18:53:25 fspal pollmonitor: Sun Dec  5 18:53:25.893443: just sent 'exit' to udp peer
Dec  5 18:53:25 fspal pollmonitor: Sun Dec  5 18:53:25.893676: received signal:15 - exiting
Dec  5 18:53:25 fspal pollmonitor: pollmonitor: Sun Dec  5 18:53:25.893699 - exit() called
Dec  5 18:53:25 fspal RFSPA: panic at line 343 in module @(#)Module: monitor.c panic in monitor enabled %version
Dec  5 18:53:25 fspal RFSPA: Sun Dec  5 18:53:25.89372 RFSPA Internal panic
Dec  5 18:53:27 fspal kernel: pid 1118 (pollmonitor), uid 0: exited on signal 6 (core dumped)
Dec  5 18:53:27 fspal root: stop fspa at Sun Dec  5 18:53:27 CST 2021
```

图 7-2-7　RBC3-I 系 A、B 机 message 日志

原理分析：京沈 RBC3-Ⅰ系重启原因为既有庞巴迪 NCR＃2275 平台问题。Ⅰ系重启，Ⅱ系在升主后，由于Ⅱ系从冷备升主，需要对Ⅱ系点击确认按键。Ⅱ系升主但未按压按键期间不能向列车发送行车许可等信息，引发京沈 RBC3 管辖范围内列车无线超时。待Ⅰ系重启完成，RBC3 恢复双系运行后，Ⅱ系设备恢复正常控车。

（三）问题研判

1. 对于国外设备、软件存在的缺陷缺乏有效的完善手段，需要加快推进国内自主化设备替代工作。

2. 现场对于此类问题的报警分析和应急处置方法掌握不到位，问题发生后不能准确判断问题原因，对于设备重启后是否可以安全运用掌握不清。

（四）防范措施

1. 目前国铁集团已经组织编制了全路统一的 RBC 维护终端标准，后续可通过对维护终端进行自主化替换，实现报警的语音提示功能。维护人员应加强对信号集中监测中联锁设备的声光报警盯控，发现异常及时进行分析和处置。

2. 该类故障较为偶发且恢复过程中无须人工干预，发生后设备能在短时间内自动恢复。遇设备出现此类故障时，第一时间进行汇报并安排人员盯控，在 RBC 设备恢复正常后，立即对设备工作状态进行检查和确认，组织设备厂家下载数据并分析原因。

案例 3　CRC 校验不通过造成远程 LEU 发送默认报文

（一）故障概况

某日 10 时 13 分，G8902 次动车组运行至北京南站至北京站间上行线 K4＋100 处，司

机反映 ATP（300T 型）显示默认报文，不影响运行；北京站 10 时 17 分到，折返开 0075 次动车组；10 时 48 分，0075 次动车组（北京站至天津动车所）运行至北京站内京沪下行正线 K3+600 处，司机反映 ATP（300T 型）显示默认报文，并转 C2 部分监控模式限速 45 km/h 运行，10 时 51 分转入 C2 完全监控模式恢复正常运行。

故障原因：因 LEU 通道无法通过 CRC 校验，造成 TCC 下发至 LEU13 的报文无法发送至应答器，因此列车通过该应答器时接收 LEU 默认报文。

（二）分析处置

通过监测分析查看列控中心故障时报警记录及设备状态，如图 7-2-8、图 7-2-9 所示。

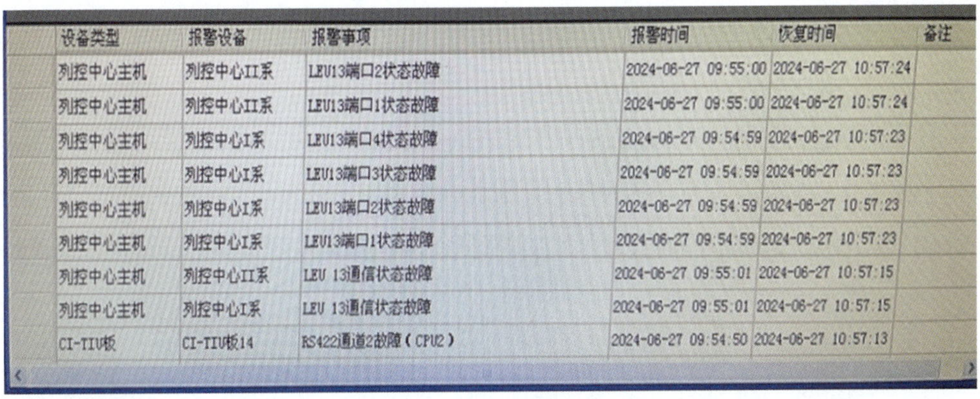

设备类型	报警设备	报警事项	报警时间	恢复时间	备注
列控中心主机	列控中心II系	LEU13端口2状态故障	2024-06-27 09:55:00	2024-06-27 10:57:24	
列控中心主机	列控中心II系	LEU13端口1状态故障	2024-06-27 09:55:00	2024-06-27 10:57:24	
列控中心主机	列控中心I系	LEU13端口4状态故障	2024-06-27 09:54:59	2024-06-27 10:57:23	
列控中心主机	列控中心I系	LEU13端口3状态故障	2024-06-27 09:54:59	2024-06-27 10:57:23	
列控中心主机	列控中心I系	LEU13端口2状态故障	2024-06-27 09:54:59	2024-06-27 10:57:23	
列控中心主机	列控中心I系	LEU13端口1状态故障	2024-06-27 09:54:59	2024-06-27 10:57:23	
列控中心主机	列控中心II系	LEU 13通信状态故障	2024-06-27 09:55:01	2024-06-27 10:57:15	
列控中心主机	列控中心I系	LEU 13通信状态故障	2024-06-27 09:55:01	2024-06-27 10:57:15	
CI-TIU板	CI-TIU板14	RS422通道2故障（CPU2）	2024-06-27 09:54:50	2024-06-27 10:57:13	

图 7-2-8　列控中心报警记录

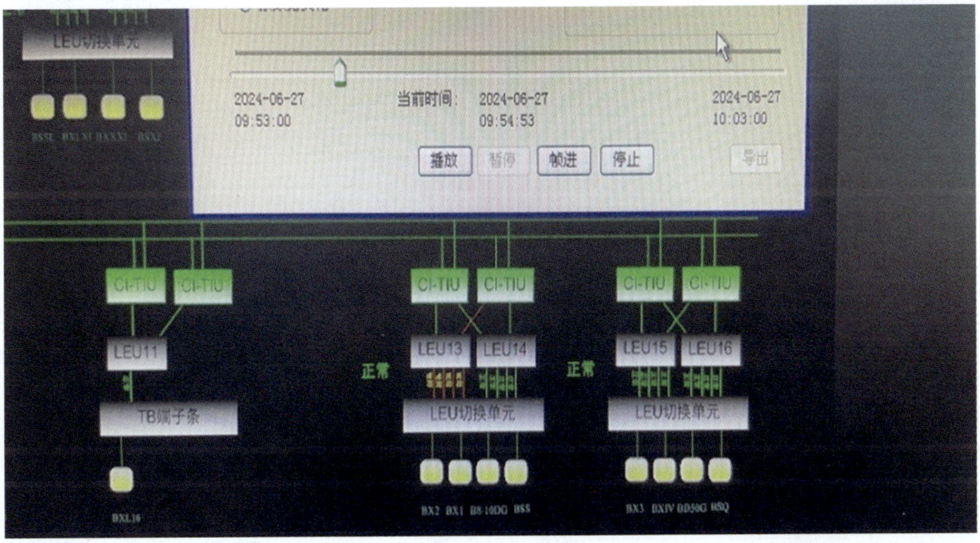

图 7-2-9　列控中心故障时设备状态

数据记录：LEU13 通信状态故障，CI-TIU 板 14 的 RS-422 通道 2 故障（CPU2），LEU13 端口 1、端口 2、端口 3、端口 4 状态故障，同时司机反应 ATP 收到 LEU 默认报文，如图 7-2-10 所示。

查看 LEU 与 TCC 的通信记录，如图 7-2-11 所示。13 时 45 分 27 秒，LEU13 报 CRC 校验错误；14 时 47 分 30 秒后，LEU13 不再报 CRC 校验错误。LEU 与 TCC 之间通信异常记录的时间间隔与列控维护终端报警信息的报警时间和恢复时间的间隔一致。

报警设备类型	报警设备	报警时间/恢复时间	报警事项	报警状态
CI-TIU板	CI-TIU板14	2024-06-27 09:54:50	RS422通道2故障（CPU2）	报警
列控中心主机	列控中心I系	2024-06-27 09:54:53	LEU13端口1状态故障	报警
列控中心主机	列控中心I系	2024-06-27 09:54:53	LEU13端口2状态故障	报警
列控中心主机	列控中心I系	2024-06-27 09:54:53	LEU13端口3状态故障	报警
列控中心主机	列控中心I系	2024-06-27 09:54:53	LEU13端口4状态故障	报警
列控中心主机	列控中心II系	2024-06-27 09:54:54	LEU13端口1状态故障	报警
列控中心主机	列控中心II系	2024-06-27 09:54:54	LEU13端口2状态故障	报警
列控中心主机	列控中心II系	2024-06-27 09:54:54	LEU13端口3状态故障	报警
列控中心主机	列控中心II系	2024-06-27 09:54:54	LEU13端口4状态故障	报警
列控中心主机	列控中心I系	2024-06-27 09:55:01	LEU 13通信状态故障	报警
列控中心主机	列控中心II系	2024-06-27 09:55:01	LEU 13通信状态故障	报警
CI-TIU板	CI-TIU板14	2024-06-27 10:57:13	RS422通道2故障（CPU2）	恢复
列控中心主机	列控中心I系	2024-06-27 10:57:15	LEU 13通信状态故障	恢复
列控中心主机	列控中心II系	2024-06-27 10:57:15	LEU 13通信状态故障	恢复
列控中心主机	列控中心I系	2024-06-27 10:57:23	LEU13端口1状态故障	恢复
列控中心主机	列控中心I系	2024-06-27 10:57:23	LEU13端口2状态故障	恢复
列控中心主机	列控中心I系	2024-06-27 10:57:23	LEU13端口3状态故障	恢复
列控中心主机	列控中心I系	2024-06-27 10:57:23	LEU13端口4状态故障	恢复
列控中心主机	列控中心II系	2024-06-27 10:57:24	LEU13端口1状态故障	恢复
列控中心主机	列控中心II系	2024-06-27 10:57:24	LEU13端口2状态故障	恢复
列控中心主机	列控中心II系	2024-06-27 10:57:24	LEU13端口3状态故障	恢复
列控中心主机	列控中心II系	2024-06-27 10:57:24	LEU13端口4状态故障	恢复

图 7-2-10　报警数据

```
00000E5F| 00000000 | 1B43512D| 20/12/1972-04-46-48|44D974C4 24 444444|    0403   |NO Activity on Serial link A and NO Activity on Serial link B
00000E60| 00000000 | 1B435138| 20/12/1972-04-46-51|44D974C4 24 444444|    0402   |NO Activity on Serial link A and Activity on Serial link B
00000E61| 00000000 | 1B435139| 20/12/1972-04-46-51|44D974C4 24 444444|    0400   |Activity on Serial link A and Activity on Serial link B
00000E62| 00000000 | 1B438658| 20/12/1972-05-33-16|44D974C4 24 444444|    0402   |NO Activity on Serial link A and Activity on Serial link B
00000E63| 00000000 | 1B43865A| 20/12/1972-05-33-16|44D974C4 24 444444|    0403   |NO Activity on Serial link A and NO Activity on Serial link B
00000E64| 00000000 | 1B4386A3| 20/12/1972-05-33-31|44D974C4 24 444444|    0402   |NO Activity on Serial link A and Activity on Serial link B
00000E65| 00000000 | 1B4386A4| 20/12/1972-05-33-31|44D974C4 24 444444|    0400   |Activity on Serial link A and Activity on Serial link B
00000E66| 00000000 | 20268FC2| 02/07/1973-13-45-27|44D974C4 24 444444|    0031   |Bad functional (16-bits) CRC received in FSFB2 frame
00000E67| 00000000 | 2026D61D| 02/07/1973-14-46-56|44D974C4 24 444444|    0031   |Bad functional (16-bits) CRC received in FSFB2 frame
00000E68| 00000000 | 2026D6C6| 02/07/1973-14-47-30|44D974C4 24 444444|    0031   |Bad functional (16-bits) CRC received in FSFB2 frame
 cycle counter reset
00000E69| 00000000 | 00000000| 01/01/1970-00-00-00|00000000 00 000000|    0007   |TEST_AND_INITIALISATION_MODE to NOMINAL_MODE_4
00000E6A| 00000000 | 00000000| 01/01/1970-00-00-00|44D974C4 24 444444|    0400   |Activity on Serial link A and Activity on Serial link B
00000E6B| 00000000 | 00000001| 01/01/1970-00-00-00|44D974C4 24 444444|    0403   |NO Activity on Serial link A and NO Activity on Serial link B
00000E6C| 00000000 | 00000809| 01/01/1970-00-07-01|44D974C4 24 444444|    0401   |Activity on Serial link A and NO Activity on Serial link B
```

图 7-2-11　LEU 与 TCC 通信记录

此 LEU13 为冗余型远程 LEU，LEU 与列控中心实现通信需经由通信路径：列控中心机柜主机单元→通信接口单元（CI-TIU 板）→列控中心机柜光电转换器→通信光纤→远程 LEU 机柜光电转换器→LEU。通信接口示意如图 7-2-12 所示。

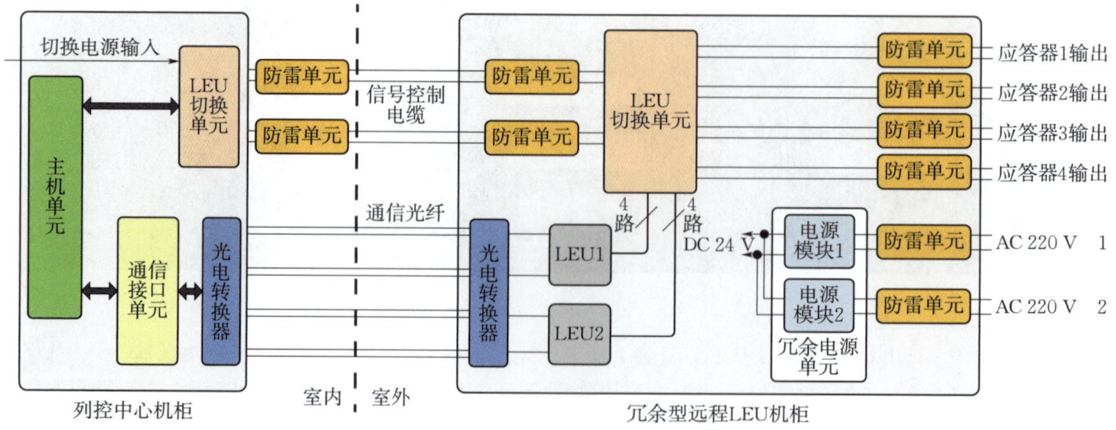

图 7-2-12　通信接口示意

（三）问题研判

1. 列控设备故障应急预想不全面，关键设备应急处置操作模糊不清，缺乏对于现场的有效指导。

2. 厂家和电务对于列控软件问题缺乏有效的分析研判，不能提前发现软件存在的缺陷问题。

（四）防范措施

1. 针对列控中心、RBC、临时限速服务器、LEU 等列控设备故障，应通过调阅列控中心报警数据，分析判断故障原因、处所，提高故障处置效率。

2. 针对 CRC 校验不通过后 LEU 不能自动切换至备机问题，列控中心可通过软件优化进行解决，督促厂家尽快完善软件，并强化软件管理。

案例 4　显示放大转换器不良造成信号操纵终端黑屏

（一）故障概况

某日 21 时 41 分，龙家营站信号操纵终端黑屏；21 时 45 分，龙家营站全站着红光带，22 时 15 分经电务处理后恢复。

故障原因：连接前台显示器的显示放大转换器内部故障，断路器断开造成前台显示器黑屏。处置人员故障点判断不准确，盲目在计算机联锁柜进行 A 倒 B 操作，在 B 机未工作时又进行了计算机联锁Ⅰ系倒Ⅱ系操作，造成全站着红光带。

（二）分析处置

接故障通知，处理人员到运转室确认故障现象，发现信号操纵终端显示器黑屏，复示屏显示正常。处理人员开关显示器电源开关未能恢复，于 21 时 43 分登记“信号操纵终端显示器黑屏故障暂时不能恢复，使用复示屏开放信号”后到机械室进行处理。

21 时 44 分，处理人员进入机械室进行操表机倒机操作，在 A 机倒 B 机时又进行联锁机倒系操作后龙家营全站着红光带。开关量信息如图 7-2-13 所示。

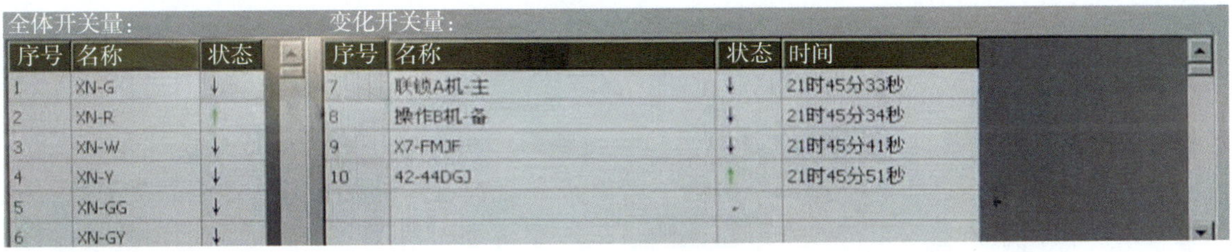
全体开关量：

序号	名称	状态
1	XN-G	↓
2	XN-R	↑
3	XN-W	↓
4	XN-Y	↓
5	XN-GG	↓
6	XN-GY	↓

变化开关量：

序号	名称	状态	时间
7	联锁A机-主	↓	21时45分33秒
8	操作B机-备	↓	21时45分34秒
9	X7-FMJF	↓	21时45分41秒
10	42-44DGJ	↑	21时45分51秒

图 7-2-13　开关量信息

处理人员于 21 时 46 分登记“信号操纵终端复示器显示全站红光带故障暂时不能恢复，全站信号设备停用”后与厂家联系，在厂家指导下进行联锁机重启，21 时 50 分红光带消失，处理人员返回运转室。解锁白光带正常后，处理人员登记“信号操纵终端复示器显示全站红光带故障恢复，经检查设备正常，交付使用”。处理人员继续检查发现控制台后部显示放大转换器 1 A 断路器打落且不能闭合。在车间的指挥下，处理人员甩开显示放大转换器直连显示器后前台显示器恢复正常显示，于 22 时 15 分登记“信号操纵终端显示器黑屏故障经修复后恢复正常，试验良好，交付使用”。

（三）问题研判

1. 故障信息汇报不及时。信号值班人员接车站值班员故障通知后未能及时通知段调度及车间值班人员，自行进入机械室进行故障处理，造成段技术人员未能及时进行应急指挥处理。

2. 故障范围判断不准确。显示屏黑屏故障的原因为显示放大转接器不良，不影响开放信号、排列进路等正常使用。但由于处理人员故障原因判断不准确，在进行操表机倒机操作时又进行联锁机倒系操作，造成全站红光带影响设备正常使用。

3. 运统 46 登记停用范围不准确。应急处置人员在登记操纵终端显示器黑屏的影响范围时过于保守，未将处理过程中的特殊情况进行风险研判并全面考虑，造成故障处理时发生全站红光带后升级了影响。

（四）防范措施

1. 将故障原因及情况通知到现场车间及班组，组织人员吸取故障教训，严格落实故障信息及时汇报制度，加强典型故障案例的学习，确保同类现象故障能够准确判断及处理。

2. 做好运统 46 登记的培训工作，研判特殊故障影响范围，准确登记停用相关设备。

3. 进行联锁机切换试验时必须在维护终端确认备系工作状态正常，具备升级为主用系的条件。

案例 5 核心交换机切换异常造成 CTC 连接中断

（一）故障概况

某日 2 时 40 分，京广高速一台、京广高速二台、京沪高速铁路台 CTC 灰屏，网络连接中断，同时北京局高速铁路各台（石太客专除外）与邻台信息无法交互，4 时 05 分经电务处理后恢复，未影响列车。3 时 01 分，阳大台 CTC 灰屏，网络连接中断，经电务处理后 4 时 20 分恢复，未影响行车。3 时 26 分，德州东石济场和陵县线路所车站 CTC 灰屏，4 时 15 分经电务处理后恢复，未影响行车。4 时 33 分，京哈高速铁路 CTC 显示“平泉北站与 CTC 通信局部故障”，4 时 43 分经电务处理后恢复，未影响行车。

故障原因：核心交换机系统出现异常，导致核心交换机 A 故障，承载业务未自动切换至核心交换机 B。

（二）分析处置

2 时 40 分，运调车间驻调联络员接到调度员通知“京广高速铁路一台、二台、京沪高速铁路 CTC 灰屏”；2 时 40 分，天津西高速场反映自律机程序与中心连接时断时连。

接到通知后，运调车间立即组织网管工区值班人员查看客专安奈特终端，发现京广高速铁路 TSR1 接口服务器等京沪、京广高速铁路车站设备和机房服务器大面积网络连接中断，启动应急预案，通知厂家应急人员立即现场处理并向段调度汇报。

段调度接到故障信息后，立即启动故障应急处置预案，值班段长及高速科值班干部赶往局中心。

3 时 01 分，CTC 工区接阳大台通知 CTC 显示灰屏。

3 时 07 分，网管值班人员确认京广高速铁路、京沪高速铁路、阳大铁路各站中心前置服务器与现场中断，判断为核心层面设备出现故障。

3 时 00 分至 3 时 15 分，网管值班人员登录核心交换机查看报警日志发现核心交换机 A 与五层东北楼层配线间、七层西南楼层配线间交换机以及客专机房 K3、K4 列头交换机连接情况时断时连。同时查看机房服务器及核心网络设备硬件指示灯显示正常，无报警信息。

3 时 18 分，判断为核心交换机 A 故障。

3 时 20 分至 3 时 40 分，网管值班人员尝试拔插 K3 列与核心交换机 A 连接的光纤以强制业务信息流向核心交换机 B，故障未恢复。

3 时 26 分，CTC 工区接石济客专台通知德州东石济场和陵县线路所车站 CTC 灰屏。

3 时 40 分，厂家应急人员到达中心，应急处置人员与维保工程师查看核心交换机 A 日志并结合故障现象，4 时 05 分将核心交换机 A 重启，4 时 20 分各服务器、调度台终端等相继连接正常。

4 时 33 分，京哈高速调度台反映平泉北站与 CTC 通信局部故障，4 时 43 分远程重启平泉北站自律机恢复。

CTC 网络拓扑如图 7-2-14 所示。

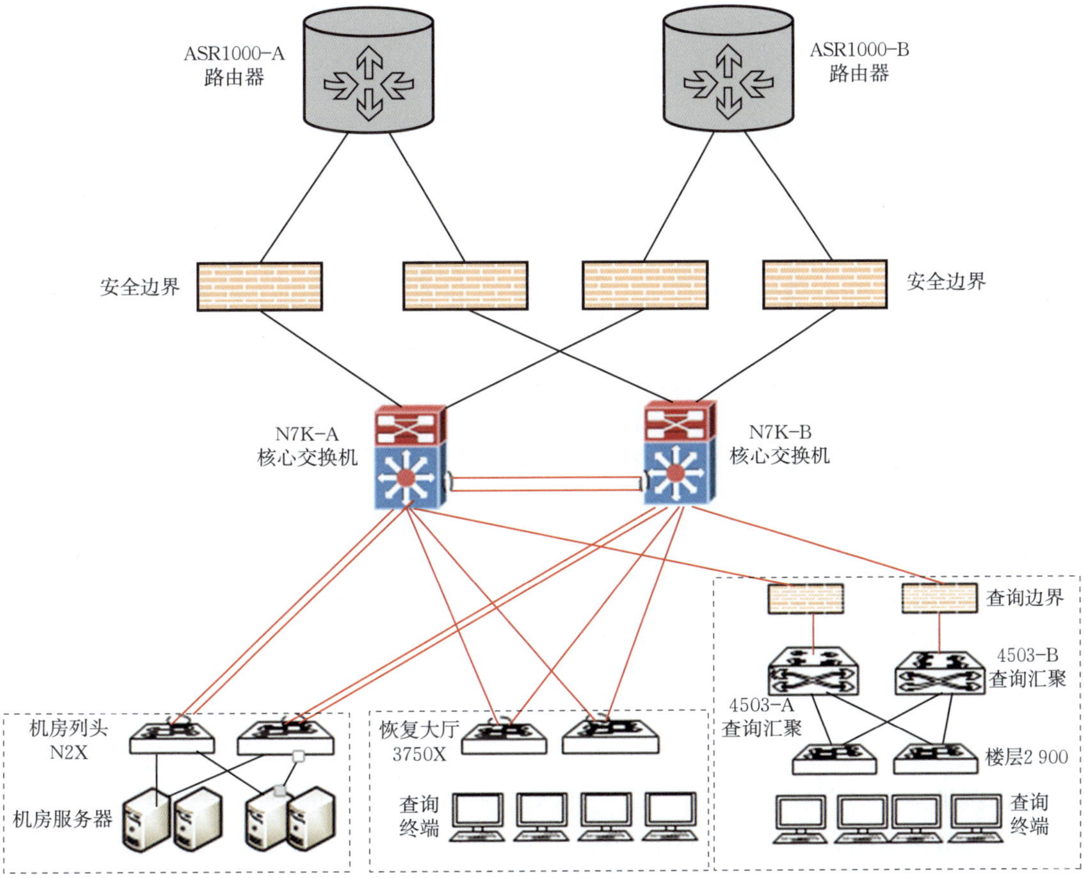

图 7-2-14 CTC 网络拓扑

经分析确认：

1. 核心交换机 A 上出现与 N7K-B 互连接口 arp 冲突的告警，告警地址为两台核心之间配置 HSRP 虚拟地址。由此基本判断为两台核心 N7K 之间互连出现问题，HSRP 协议无法正常同步，无法进行自动倒切。

2. 楼层交换机上有与 N7K-A 互连的接口闪断信息。判断 N7K-A 处于“假死”状态，无法转发流量。后续组织对核心交换机 A 机预防性更换引擎板、I/O 板和光模块，更换后设备运用正常。

（三）问题研判

1. 现场故障处置人员对核心交换机故障处理方法掌握薄弱，技术能力水平有限，在判断出故障点后，无法使用有效手段立即恢复设备使用。

2. 厂家应急人员响应不及时，故障发生后值班人员第一时间通知厂家人员到场，但厂家人员 1 h 后才到达现场协助处置，技术保障不到位。

（四）防范措施

1. 组织学习核心交换机工作原理，掌握核心交换机故障处理方法，提高相应应急处置能力。

2. 发生故障后通过多媒体手段，准确描述故障现象，进一步压减故障处置时间。

3. 定期进行核心交换机冗余切换试验，确保冗余设备运用状态良好。

案例 6 联锁采集板卡不良造成信号机不能正常开放

（一）故障概况

某日 6 时 52 分，北京动车段Ⅰ场 SⅠ36 出站信号机故障，7 时 04 分经电务处理恢复。

故障原因：动车段Ⅰ场室内联锁机柜 2Ⅰ系采集 L30 板卡不良。

（二）分析处置

6 时 53 分，动车段动上信号工区值班人员接到车站通知“SⅠ36 至北京南 A 线出发信号无法正常开放”，接到通知后，值班人员即赶往运转室确认故障现象并正确登记停用设备，随后立即通知动一工区值班人员，并向车间调度及段调度汇报。

车间接到通知后立即启动应急预案，出发前往现场组织故障处理。

段调度接到故障信息后，立即启动故障应急处置预案，通知值班段长及信号科、安全科值班干部到达调度指挥中心盯控指挥现场分析处理。

动一值班人员接到通知后对Ⅰ场室内设备进行查看，通过查看，发现室内联锁设备联锁机柜 2Ⅰ系采集板 L30 亮红灯，确认联锁机柜 2Ⅰ系 L30 采集板卡不良。7 时 01 分对Ⅰ系驱采进行复位重启，复位后板卡故障红灯报警恢复，试验开放信号正常，7 时 04 分销点。

（三）问题研判

1. 处置人员对联锁设备系统结构及故障处置方法掌握不足。

2. 职工培训未能与现场运用设备有机结合。

（四）防范措施

1. 工区加强室内设备巡视检查，认真观察联锁机柜各板卡指示灯的状态。

2. 联锁故障应结合维护终端进行故障定位，辅助进行应急处置。

案例 7 继电器接点不良造成信号机不能正常开放

（一）故障概况

某日 15 时 55 分，大红门站在办理 33211 次列车接车进路时，下行进站信号机不能开放，16 时 53 分经电务检查处理后恢复。

故障原因：FKJ（辅助开始继电器）第七组接点不良。

（二）分析处置

15 时 55 分，大红门站车站值班员电话通知大红门信号工区值班人员“下行进站信号机不能开放信号”。接到通知后，值班人员立即赶往运转室查看故障现象，并向工区工长汇报，同时通知车间调度及段调度。

工区处置人员赶到运转室后发现，在排列下行进站接车进路时，始端按钮着稳定灯光，终端按钮灭灯，进路未选出，控制台没有显示进路白光带。

工区处置人员在机械室内按照故障处理流程进行测试，并观察继电器动作情况。

16时30分，通过对6502电气集中联锁网络线进行查找，并通过排列列车、调车进路试验，同时观察下行进站信号机组合内各继电器动作状态、测试各继电器电压，发现在排列下行接车进路时，FKJ（辅助开始继电器）吸起，KJ（开始继电器）不吸起。经测试，KJ3-4线圈缺少KZ电源，该KZ电源经由FKJ第七组接点，判断FKJ不良，更换FKJ后开放信号试验良好，于16时53分销点恢复使用。

（三）问题研判

1. 班组故障处理人员对6502电气集中联锁工作原理不清楚，未能在控制台进行分段排路、反向排路、长调车排路、短调车排路的过程中缩小故障范围，致使需要多次反复排列进路试验，导致故障延时较长。

2. 应急指挥针对性不强，指挥中心处置人员未能持续与现场联系获取排查进度并给予针对性支持指挥。

（四）防范措施

1. 对于超期使用的故障修继电器，日常要做好外观检查，对内部触点变形产生明显的凹坑、凸包、磨损及电弧烧蚀、触点氧化、触点熔焊的继电器，及时进行更换。

2. 掌握6502电气集中联锁的选择组、执行组各继电器间的逻辑关系式和动作时序，结合控制台按钮指示灯的状态及进路光带显示，缩小故障范围，准确查找处置。

第八章　电源设备故障处理方法及典型案例

铁路信号设备均需通过电源屏供电，目前我国电源屏种类主要有继电联锁电源屏、计算机联锁电源屏、驼峰电源屏、25 Hz 电源屏、区间电源屏、交流电动转辙机电源屏等，能确保铁路信号设备获得稳定、纯净的电源。本章主要结合电源屏典型故障案例，介绍各种情况下故障分析及处理方法。

第一节　故障处理基本方法

一、普通电源屏故障处理流程

普通电源屏故障处理流程如图 8-1-1 所示。

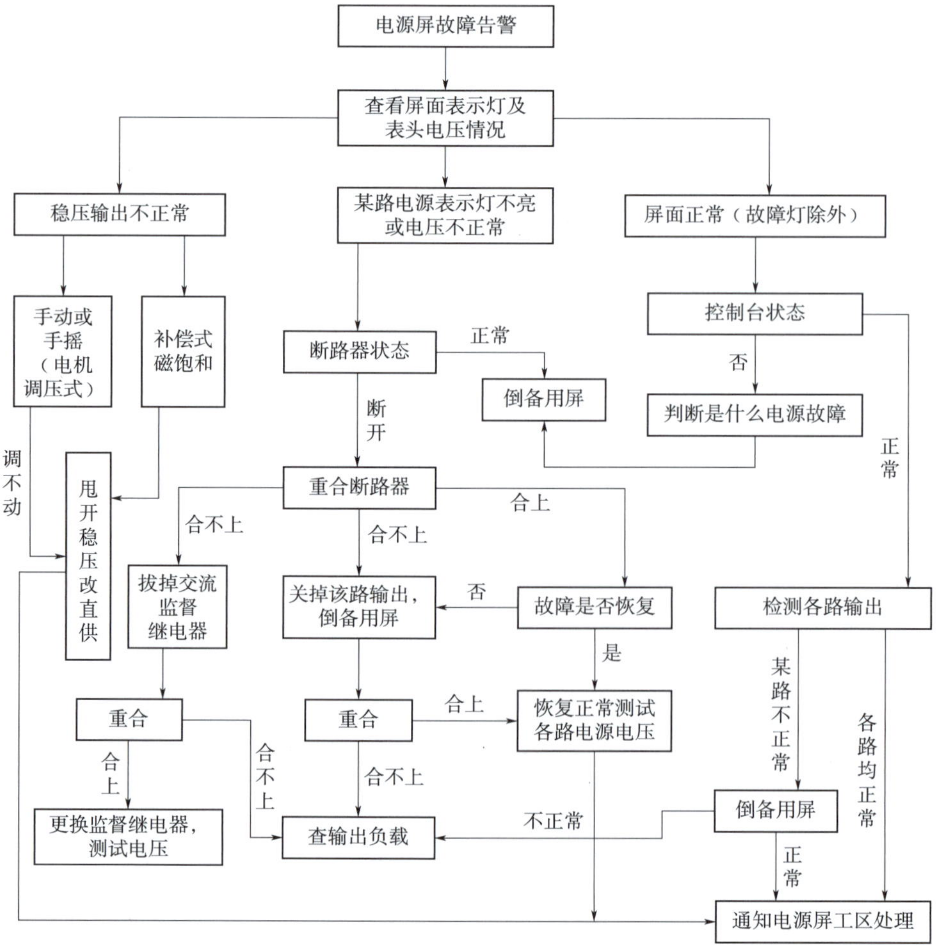

图 8-1-1　普通电源屏故障处理流程

二、智能电源屏故障处理流程

智能电源屏故障处理流程如图 8-1-2 所示。

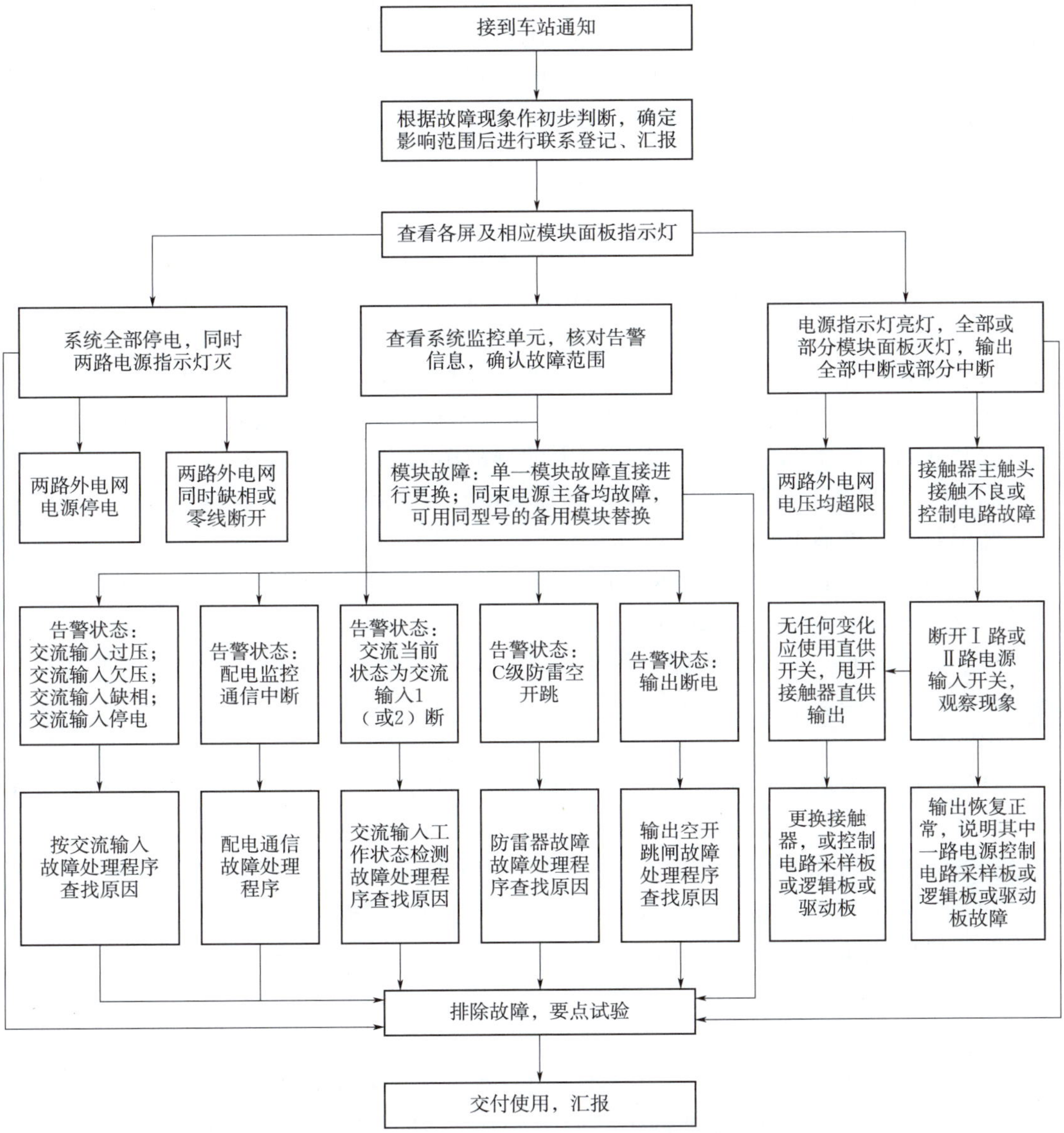

图 8-1-2　智能电源屏故障处理流程

第二节　典型案例

案例 1　电源屏 J3 交流接触器不良故障

（一）故障概况

某日 16 时 57 分，讲武城站区间 4673、4684、4685、4697、4700、4738、4735、4749、

4754、4766 通过信号机灭灯，4754AG、4754BG、4766G 轨道电路区段着红光带，逻辑检查报警，17 时 30 分经电务处理恢复后销记开通。

故障原因：讲武城站外电网Ⅰ路输入电源瞬间断电，导致区间电源屏 J3 交流接触器在电源屏Ⅰ、Ⅱ路输入切换过程中有落下、吸起的过程；在此过程中 J3 交流接触器发生卡滞，造成 M13、M14（区间方向Ⅱ、区间稳压备用Ⅰ、区间稳压备用Ⅱ、区间信号Ⅰ、区间信号Ⅱ、区间信号Ⅲ、区间信号Ⅳ电源）无输出，在手动切换至直供方式供电过程中，电源屏断电重启后，J3 交流接触器恢复正常，故障恢复。故障原因为电源屏 J3 交流接触器动作卡滞。

（二）分析处置

经信号集中监测回放发现：16 时 54 分 10 秒至 16 时 54 分 15 秒讲武城站外电网Ⅰ路输入 A 相电压由 232 V 瞬间降至 102 V；Ⅰ路输入 B 相电压由 230 V 瞬间降至 97 V；Ⅰ路输入 C 相电压由 229 V 瞬间降至 86 V；同一时间与讲武城站相邻的磁县站、柏庄站、邯南二场、邯南一场、邯郸站外电网Ⅰ路输入 A、B、C 相电压均出现瞬间不同程度的突降。

讲武城站电务值班人员赶到机械室后，经检查发现区间电源屏由故障前使用的Ⅰ路电源自动切换至Ⅱ路电源供电，同时发现区间电源屏故障报警：Ⅰ路输入 A 相、B 相、C 相断电；区间方向Ⅱ、区间稳压备用Ⅰ、区间稳压备用Ⅱ、区间信号Ⅰ、区间信号Ⅱ、区间信号Ⅲ、区间信号Ⅳ支路输出故障。

电务应急人员将Ⅱ路电源切换至Ⅰ路电源供电后，故障未能恢复。随后将区间电源屏手动切换至直供方式供电后，故障恢复。

电源屏原理说明：J3 交流接触器发生卡滞，会导致 M13、M14（区间方向Ⅱ、区间稳压备用Ⅰ、区间稳压备用Ⅱ、区间信号Ⅰ、区间信号Ⅱ、区间信号Ⅲ、区间信号Ⅳ电源）无输出（图 8-2-1）。

红灯转移触发逻辑检查报警原理：本区段发送通道内串有前方区段 DJF 前接点、GJ 前接点并联条件，当前方区段着红光带时（GJ 落下），若红灯灭灯（DJF 落下），切断本区段的发送通道，致使本区段 GJ 落下，改点红灯，实现红灯转移。由于断电前 4738G 有列车占用，4738 通过信号机点亮红灯，断电后 4738 信号机灭灯，故其后方区段 4754BG、4754AG 轨道电路区段红光带，4754 通过信号机应点红灯，由于红灯无法点亮，故后方相邻区段 4766G 轨道电路区段红光带。

（三）问题研判

1. 电源屏器材源头质量不高。按照铁路信号维护规则相关标准，电源屏大修周期为 15 年，该电源屏上道使用 6 年就发生故障，暴露了电源屏厂家器材源头质量、工艺不高。

2. 电源屏应急处置技能不高。针对电源屏器材模块引发的设备故障，应急处置人员不能快速判断，并迅速做好应急处置。

（四）防范措施

1. 利用垂直天窗对 M13、M14 模块转换 J3 交流接触器进行更换，并定期做好电源屏切换试验，发现电源屏切换不良的，立即组织进行处理，及时消除设备隐患。

2. 组织现场车间班组学习掌握电源屏故障应急处置流程，提高电源屏故障的分析判断和应急处置能力。

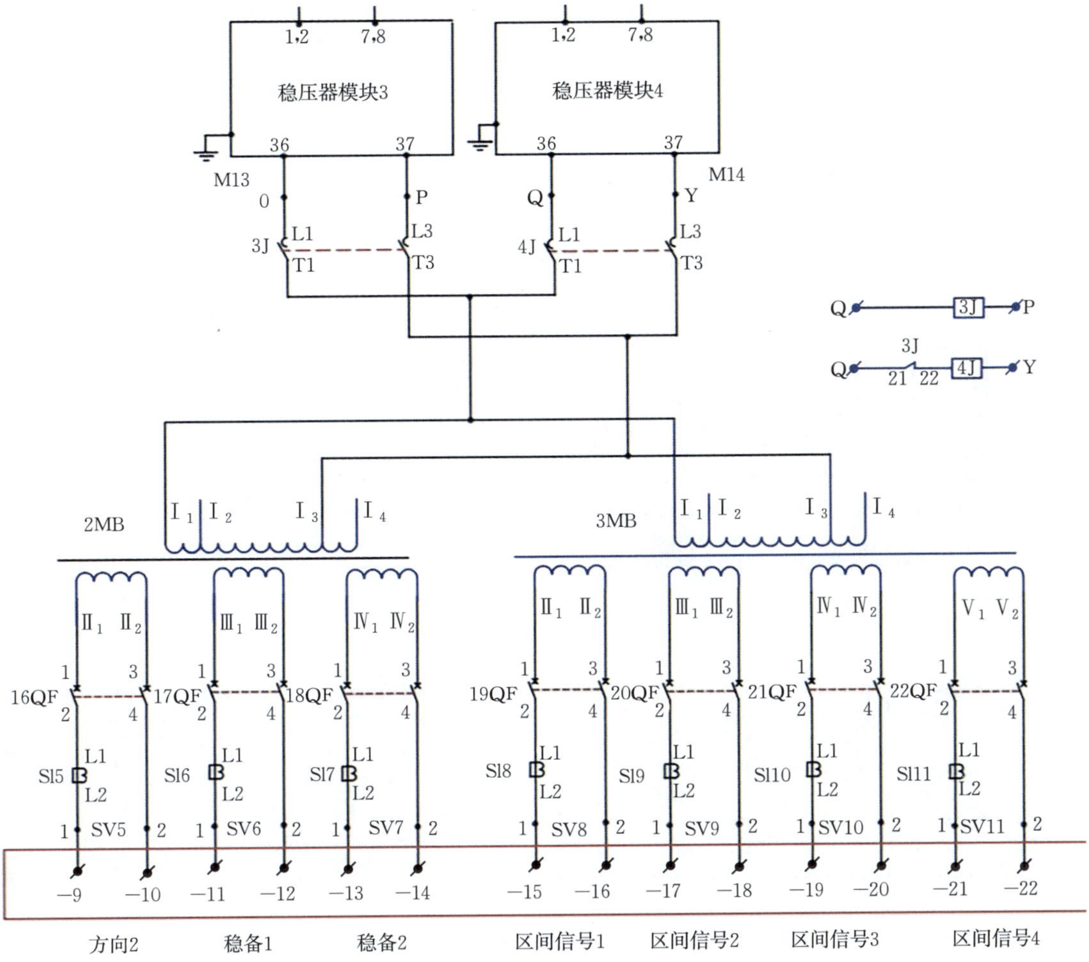

图 8-2-1　电源屏 J3 交流接触器电路示意

案例 2　轨道送电电缆混线造成站内轨道智能电源屏模块保护

（一）故障概况

某日 0 时 35 分，京哈线唐山北站 1094DG 轨道电路区段着红光带。0 时 45 分轨道电路多轨道电路区段着红光带，1 时 01 分唐山北东咽喉轨道电路区段着红光带。2 时 14 分经电务处理恢复。

故障原因：信号楼至室外 G8 方向盒（HF7）电缆四根芯线线间绝缘不良，1094DG 及共用一束送电电源的多个轨道电路区段因混线而着红光带；SGJZ220/SGJF220 电源混线进而影响轨道智能电源屏模块工作，模块自我保护后导致整个东咽喉轨道电路区段着红光带。

（二）分析处置

接故障通知，唐山北站值班人员到运转室确认故障现象，登记停用设备后电话通知段调度及车间。

故障处理人员测量 1094DG 分线盘受电端电缆端电压为 0 V，初步判断为室外故障，立即申请故障临时抢修点。0 时 45 分处理人员到达现场后刚测量 1094DG 轨道送电端无发送电压，此时室内通知 1096-1102DG、D158G、D160G、1106-1108DG、1104DG、1100/1110G 轨道电路区段着红光带。此时故障处理人员判断故障点应该在室内。1 时 01 分室内通知唐山北站东咽喉全部轨道电路区段着红光带。

车间干部发现轨道智能电源屏报警，查看 4 条报警信息分别显示为：

1. 0 时 57 分 06 秒轨道电源 3 输出断，如图 8-2-2 所示；

2. 0 时 57 分 15 秒 DHXD-SC2-4 模块保护，如图 8-2-3 所示；

3. 0 时 57 分 15 秒 DHXD-SC2-3 工作故障，如图 8-2-4 所示；

4. 0 时 57 分 29 秒 DHXD-SC2-3 模块保护，如图 8-2-5 所示。

图 8-2-2 轨道智能电源屏报警信息 1

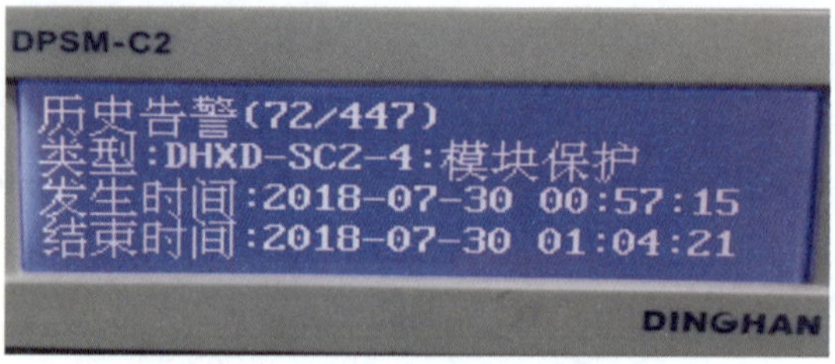

图 8-2-3 轨道智能电源屏报警信息 2

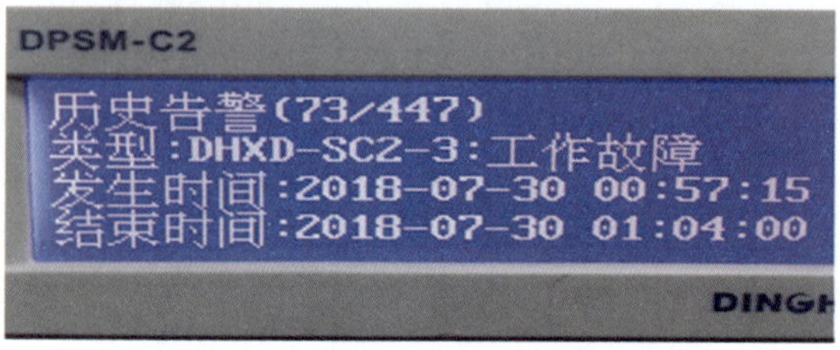

图 8-2-4 轨道智能电源屏报警信息 3

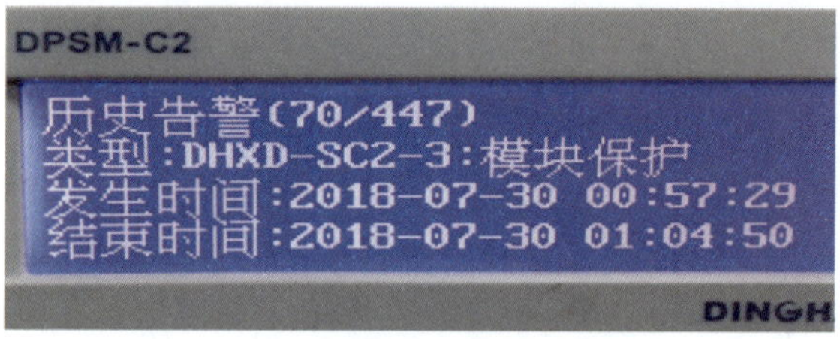

图 8-2-5 轨道智能电源屏报警信息 4

1 时 15 分，处理人员试验断开室内轨道送电端断路器后，轨道智能电路屏报警恢复，再次闭合断路器，轨道智能电路屏再次报警。经图纸查看分析，确定报警模块为 GH8 的 6 个轨道电路区段供电模块。1 时 31 分处理人员甩开信号楼至室外 G8 方向盒（HF7）的长度为 495 m 的 28B 备用 12 芯电缆的 IP-1、IP-2、IP-3、IP-4 四根芯线后轨道智能电源屏不再报警，电源模块恢复正常使用，除第一、第二次发生的红光带外，东咽喉轨道电路区段均恢复正常。

处理人员立即组织对分线盘送电端电缆进行摇测，发现信号楼至室外 G8 方向盒（HF7）的长度为 495 m 的 28B 备用 12 芯电缆的 IP-1、IP-2、IP-3、IP-4 四根芯线线间绝缘为 0 MΩ。确认了故障点，处理人员立即组织室内外核对备用芯线并倒接备用电缆。1 时 52 分 1094DG 临时恢复，经联锁试验后于 1 时 54 分销记；2 时 10 分 1096-1102DG、D158G、D160G、1106-1108DG、1104DG、1100/1110G 轨道电路区段临时恢复，经联锁试验后于 2 时 14 分销记。

（三）问题研判

1. 该故障为轨道电路送电端电缆短路后影响轨道智能电源屏模块工作，因故障现象分次、逐步显现，分段甩线排查电缆混线点，导致故障延时较长。

2. 处理人员缺乏轨道智能电源屏故障处置经验，不能依靠报警信息快速判断故障点。

3. 贯通电缆明示不到位，倒换贯通电缆延误时间。

（四）防范措施

1. 加强日常技术学习，重点学习电路原理、故障应急处置流程等关键环节，提升干部职工技术业务水平。

2. 利用实训设施，针对电源屏故障、电缆混线故障进行模拟演练，提高干部职工分析判断和处置能力。

3. 做好贯通电缆的核对及测试工作，贯通电缆从室内分线盘贯通到现场终端盒，标识贯通电缆分线盘端子号及箱盒端子号，发生电缆故障时利用贯通电缆快速倒接。

案例 3　区间电源屏整流器短路造成 QKZ/QKF 无电源输出

（一）故障概况

某日 0 时 20 分，津山线茶淀站上下行接近及离去区段着红光带，区间信号机灭灯。1 时 13 分经电务处理后恢复并销点。

故障原因：区间电源屏 B 屏内 B 相整流器被击穿形成短路，造成 K9 断路器被打落不能闭合，QKZ/QKF 电源无输出。

（二）分析处置

接故障通知，电务值班人员立即赶往达运转室确认故障现象，登记停用设备后上报段调度及车间。

经信号集中监测查看，发现该站二级报警对话框中，电源 QKZ/QKF 于 0 时 22 分 09 秒有断电报警。查看 QKZ/QKF 日测试曲线，发现该电源于 0 时 22 分 07 秒由正常的 22.8 V 降至 1 V，立即通知驻站值台人员查看区间电源屏情况。QKZ/QKF 日测试曲线如图 8-2-6 所示。

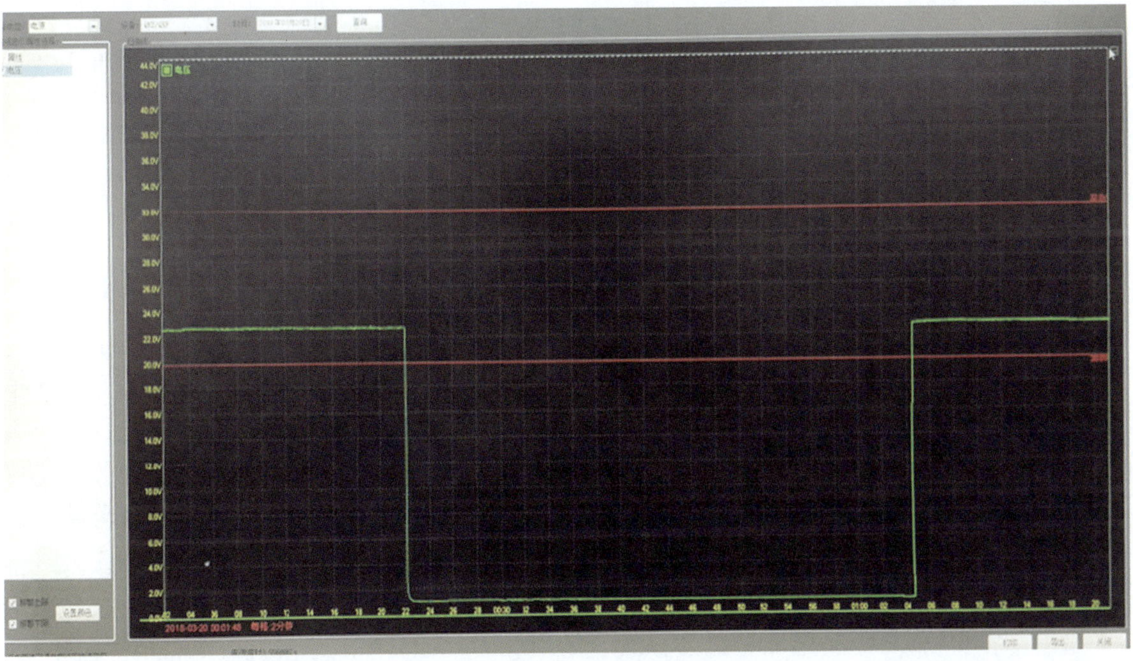

图 8-2-6　QKZ/QKF 日测试曲线

处置人员于 0 时 32 分进入信号机械室，发现区间电源屏响铃报警。手动测试 QKZ/QKF 电源无输出。查看区间电源屏内部状态，发现一个 50 A 的 K9 断路器在打落状态并且不能闭合。在几次操作均不能恢复的情况下，指挥人员怀疑屏外设备有短路现象，再次闭合或损坏既有设备，所以要求处置人员到运转室盯控控制台状态，等待车间及段故障处理人员到后继续查找隐患。

0 时 48 分，车间处理人员赶到信号机械室。0 时 55 分，车间处理人员组织甩开屏外设备进行确认。甩开屏外设备后依然不能闭合 K9 断路器，确认为屏内故障。检修车间干部在确认屏外设备无问题后，远程指挥现场进行 B 屏倒 A 屏作业。1 时 04 分电源屏恢复正常供电，控制台故障现象消失。处理人员对设备进行试验良好后通知室内于 1 时 13 分销点完毕。

1 时 30 分，段故障处理人员到达茶淀站。检修车间对 B 屏内部设备进一步检测，发现 B 相整流器不良，呈击穿状态，确认了故障原因。

（三）问题研判

1. 职工的应急处置能力有待提高。在发现断路器不能闭合并怀疑短路问题后没有进一步进行甩线确定故障点在屏内或屏外，应急处置能力还有待提高。

2. 现场的倒屏作业指南缺乏实用性。现场确定需要进行倒屏处理后，处置人员不能依照倒屏作业指南快速进行处置，还需要专业技术人员进行遥控指挥。

（四）防范措施

1. 做好职工应急处置能力的培训，提高现场人员对断线、短路故障查找能力，故障发生后能有手段及能力逐步排查及处理。

2. 检修车间专业技术人员对现场电源屏的倒路、倒屏的作业流程，操作方法进行修改完善，发生电源屏故障后远程指导现场进行相关操作，缩短故障延时。

案例 4　站内电源屏 25 Hz 电源模块不良造成全站轨道电路区段红光带

（一）故障概况

某日 6 时 29 分，大满庄站内 4DG 及下行一离去、ⅡAG 及上行一离去轨道电路区段着红光带，7 时 06 分经电务处理后恢复。

故障原因：因大满庄电源屏站内 25 Hz 轨道电源模块 M11 特性不良，造成全站轨道电路红光带，瞬间恢复后触发区间逻辑检查功能报警，导致区间 S1LQG、X1LQG 及站内 4DG、ⅡAG 轨道电路区段着红光带。

（二）分析处置

6 时 30 分，大满庄工区值班人员接车站值班员通知“大满庄站内 4DG 及下行一离去，ⅡAG 及上行一离去轨道电路区段着红光带”，接通知后立即向段调度及车间进行汇报。

6 时 32 分，副段长接通知后在调度指挥中心指挥，并组织段及相关车间值班干部赶赴现场进行处理。

6 时 33 分，值班人员到达运转室，通过控制台检查发现 X、XⅠ、S、SⅡ信号机关闭，站内 4DG、ⅡAG 轨道电路区段着红光带，区间 S1LQG、X1LQG 两分区逻辑检查报警。

同时另一名值班人员赶赴机械室检查发现电源屏 B 屏故障报警灯亮，站内 25 Hz 模块 M11 报警。

6 时 39 分，经车站值班员对 4DG、ⅡAG、S1LQG、X1LQG 人工解锁后，故障恢复。

6 时 40 分，经信号集中监测回放发现：6 时 27 分 48 秒，全站轨道电路区段着红光带；6 时 28 分 22 秒，全站除 4DG、ⅡAG 外其他轨道电路区段恢复，并触发 S1LQG、X1LQG 区间逻辑检查功能报警，如图 8-2-7 所示。

7 时 06 分，电务销点销记。

（三）问题研判

1. 故障信息汇报不及时。故障发生后，沧州车间大满庄工区值班人员只是将故障信息

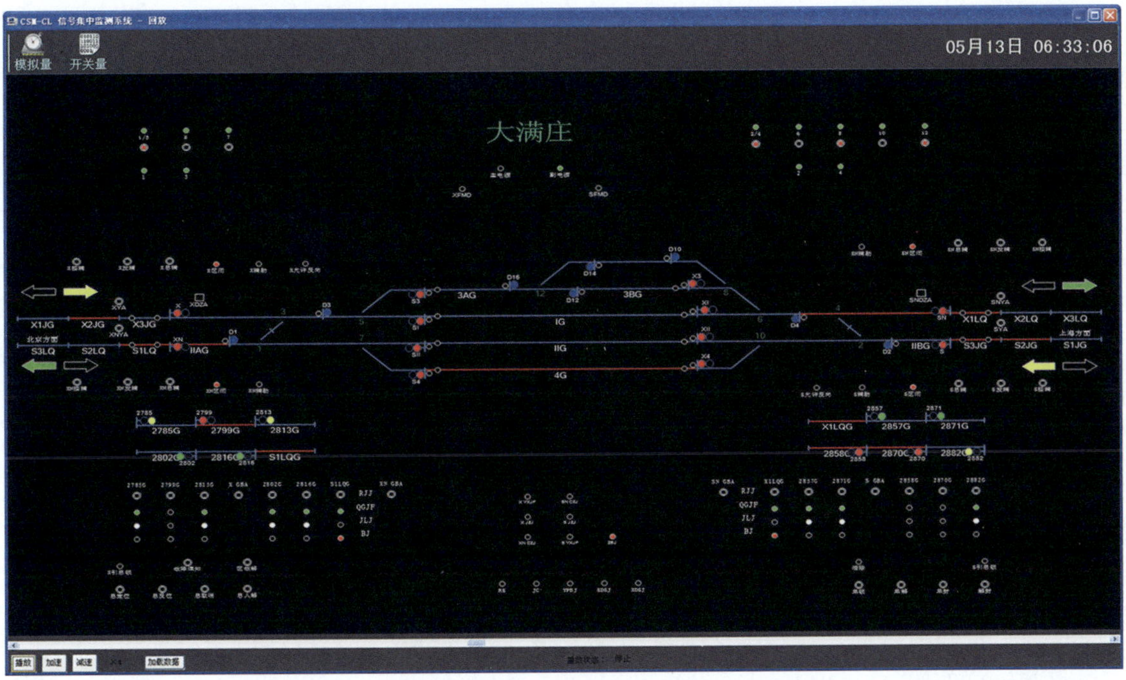

图 8-2-7　S1LQG、X1LQG 区间逻辑检查功能报警

向车间进行汇报，未在第一时间上报段调度，造成段调度在接到电务部调度通知后才得知故障信息，导致应急处置工作整体被动。

2. 应急处置不到位。一是车间、工区在得到故障信息后对故障原因分析判断不到位，只是简单查看信号集中监测曲线就臆测是由于外电网电源电压波动，电源屏瞬间断电造成轨道电路区段遗留红光带，未能进一步通过观察控制台现象及室内电源屏设备状态分析故障原因。二是段调度在故障发生后对故障原因分析判断不及时，缺乏对现场应急处置工作掌控指导。

3. 故障停用登记不规范。故障发生后，一是工区值班人员未能及时正确登记停用设备，违反《铁路电务安全规则》第 36 条第二款“电务设备发生故障时，应首先在‘行车设备检查登记簿’内登记停用相关设备，经车站值班员（列车调度员）签认同意后，方可进行处理”的规定。二是工区在未对故障原因进行认真分析的情况下错误销记为因电力电源波动、电源屏瞬间断电造成设备故障，反映出工区人员行车安全意识不强，段调度、车间也未能对故障登记情况进行把关，安全管控作用缺失。

4. 专业管理不到位。故障发生后，安全科、技术科重视程度不足，未能在第一时间对故障原因及应急处置过程中存在的问题进行深入细致调查分析，安全敏感意识不强。

（四）防范措施

1. 增强安全信息敏感意识。一是对发生的问题要高度重视、及时上手，加强问题分析，切实防控安全风险，并且要多渠道、多方面给予现场支持。二是严格执行信息汇报制度，第一时间将安全信息向段调度进行汇报，并做到信息畅通。三是故障发生后要及时组织相关部门进行调查分析，从多角度、深层次的分析问题产生的原因并制定合理有效的防控措施。

2. 强化故障应急处理能力。强化干部职工对于各类安全信息的应急处置能力，真正做到故障后，能够准确判断、快速处理。

3. 严格落实故障登销记制度。明确故障登销记相关要求，发生故障后，工区人员要严格落实故障登销记制度，做到及时正确登记停用设备。

4. 强化职工技术业务的培训。加强故障处理能力的技术培训，从故障处理实际出发，突出实用性和操控性，细化各种故障发生时的具体处理方法，切实提高职工处理故障的能力。

案例 5 防雷开关箱错接零线造成电源屏工作异常

（一）故障概况

某日 10 时 50 分，徐水站 CTC 信号操作终端主副电源报警，11 时 01 分报警自动恢复。

故障原因：徐水站机械室防雷开关箱内Ⅱ路输入电源的零线未接至备用零线端子板，供电作业断开Ⅰ路输入电源的零线后，导致处于工作状态的Ⅱ路电源零线缺失，致使Ⅱ路电源异常，转为 UPS 供电，CTC 信号操作台出现主、副电源报警。

（二）分析处置

10 时 50 分，信号工区人员接到故障信息，立即向车间和段调度汇报，前往运转室确认故障现象。

应急人员赶到机械室查看，发现电源屏 B 屏Ⅰ、Ⅱ路电源工作灯均在灭灯状态，电源屏已自动倒接 UPS 电源供电。

随后在电源防雷开关箱测试Ⅰ、Ⅱ路电源电压，发现Ⅰ路电源 A、B、C 三相电源相电压均为 0 V，Ⅱ路电源 A 相 145.6 V、B 相 280.7 V、C 相 309.8 V（图 8-2-8、图 8-2-9），判断为外电网Ⅰ路电源停电，Ⅱ路电源存在问题。

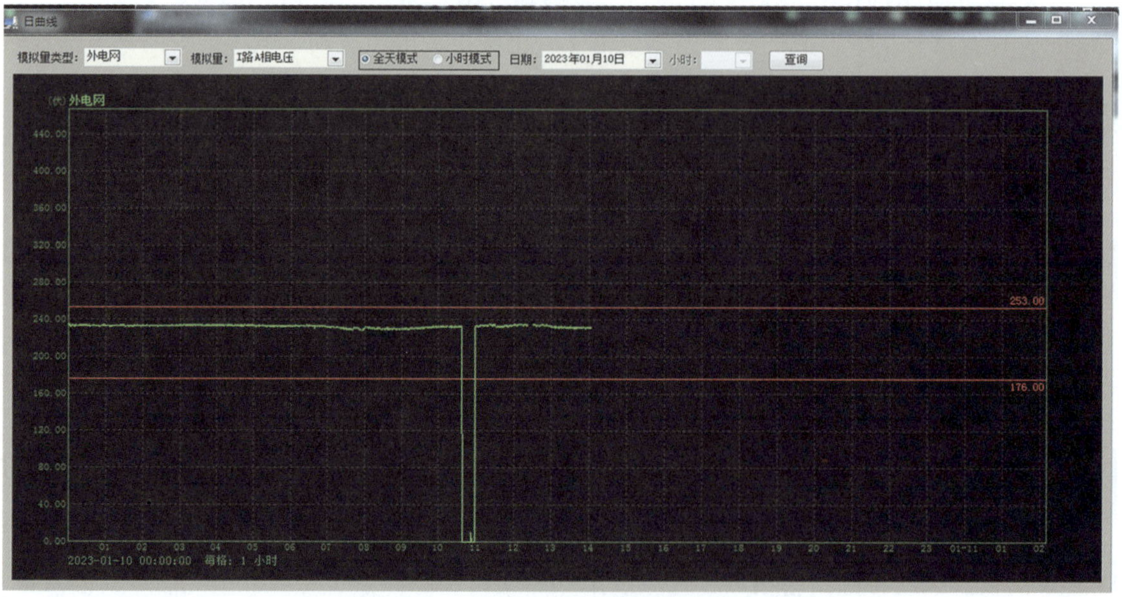

图 8-2-8 外电网Ⅰ路电源 A 相电压曲线

电务立即通知正在信号工区院内电力箱处作业的供电作业人员，供电作业人员恢复Ⅰ路供电后，10 时 59 分Ⅰ路电源、Ⅱ路电源电压均恢复正常。

后续现场调查分析发现，徐水站信号机械室电源防雷箱内Ⅱ路电源引入零线直接连接在防雷地线端子排上，而没有接在备用零线端子排上（图 8-2-10）。调阅电源屏配线图，Ⅰ路

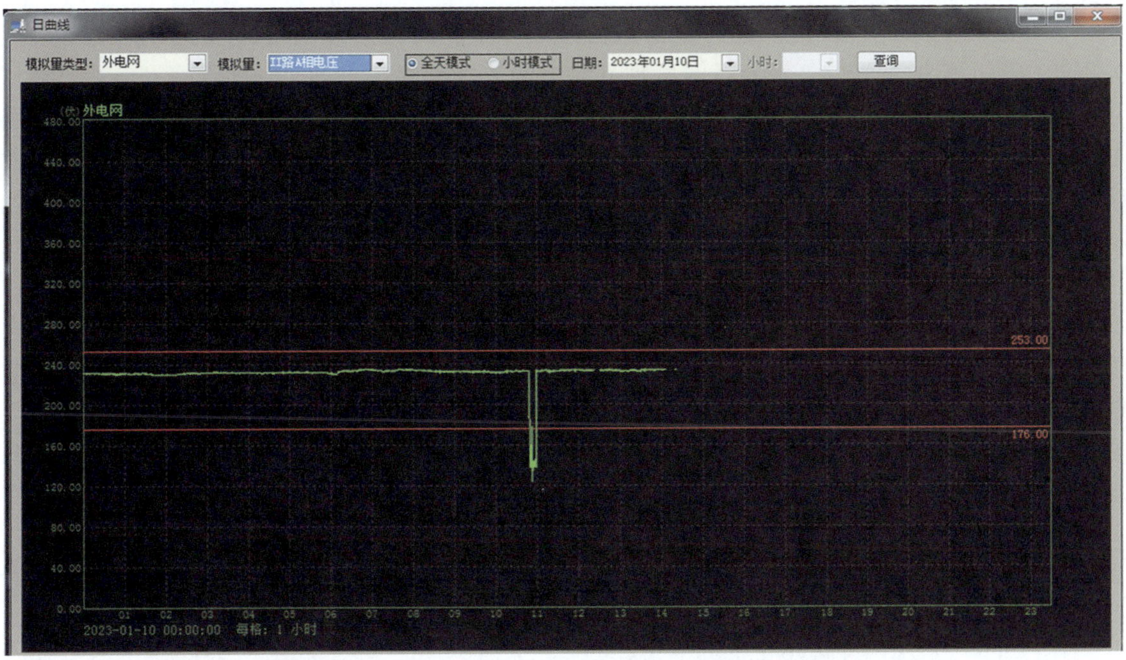

图 8-2-9　外电网Ⅱ路电源 A 相电压曲线

电源和Ⅱ路电源的零线都连接至 D1-4 端子上，供电作业将Ⅰ路电源零线断开，同时造成Ⅱ路电源零线不通。

后续会同供电，利用垂直天窗停电，将电源防雷开关箱内Ⅱ路电源引入零线倒接至备用零线端子排上，消除设备隐患。

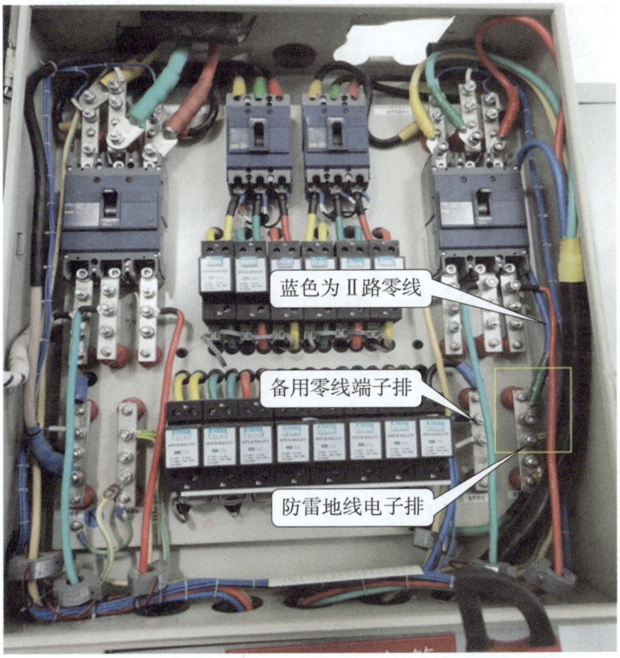

图 8-2-10　电源防雷箱内Ⅱ路电源零线接错

（三）问题研判

1. 施工配合不到位。此问题为施工遗留问题，暴露出施工开通时，现场对施工质量把关不严，施工监护不到位，没有及时发现Ⅱ路电源零线错接。

2. 设备检查不到位。徐水站电源防雷开关箱开通前后组织过多次平推检查，由于对供电电源端子使用的原理不掌握，对防雷开关箱的检查只是停留在检查各种螺丝是否紧固、配线是否磨卡、防雷元件状态是否良好等方面，导致未能及时发现电源防雷箱内Ⅱ路电源零线配线异常问题。

（四）防范措施

1. 认真吸取故障教训，对管内各站电源防雷开关箱进行一次全面平推检查，检查重点为供电引入零线的连接及设备地线的连接方式，排查是否存在类似现象，发现问题立即组织整改。

2. 结合站场设备大修改造施工，狠抓设备源头质量，加强标准学习，弄懂设备原理，严格落实监护要求，强化克缺整治，确保设备开通后不留隐患。

案例6　电力外网输入电源波动造成区间电源屏工作异常

（一）故障概况

某日9时53分，京哈线三平站上下行第一、第二、第三接近轨道电路区段，第一、第二、第三离去轨道电路区段着红光带，经电务处理后10时18分恢复。

故障原因：因电力Ⅰ路停电，Ⅱ路供电电压波动，造成三平站区间电源屏工作异常，区间继电器电压短时间下降至4 V后影响区间轨道继电器失磁落下，区间轨道电路区段短时间着红光带，恢复后使区间逻辑检查电路报警。

（二）分析处置

接故障通知，信号值班人员立即赶往运转室确认故障现象，发现三平站上下行第三接近及第三离去4个轨道电路区段着红光带，其余区段已经恢复正常，但是区间逻辑检查报警。处理人员登记停用设备，然后通知段调度及车间。

经信号集中监测回放查看，发现三平站于9时53分34秒上下行第一、第二、第三接近轨道电路区段，第一、第二、第三离去轨道电路区段着红光带；9时53分41秒上下行第三接近及第三离去轨道电路区段着红光带，其余轨道电路区段恢复正常，区间逻辑检查报警。

查看信号集中监测信息显示电力提供的Ⅰ路外网输入电压A相、B相、C相在9时30分至11时16分由正常的226 V降为0 V，与前日供电停电通知吻合。电务已于22日凌晨利用天窗将电源倒换至Ⅱ路使用。

查看Ⅱ路外网输入电压A相在9时53分13秒至10时28分21秒由正常的225 V降至169 V，B相在9时53分18秒至10时28分21秒由正常的227 V升高至264 V，C相在9时53分14秒至10时28分21秒由正常的231 V升高至261 V。Ⅱ路外电网A相、B相、C相相电压曲线如图8-2-11～图8-2-13所示。

查看信号集中监测曲线，发现区间继电器电压在9时53分27秒至9时53分31秒时由24.8 V电压降至4.0 V。区间继电器电压曲线如图8-2-14所示。

确定为电力电源Ⅰ路停电后Ⅱ路电源波动造成区间继电器电压突降引发故障，调度立即通知现场组织解锁区间逻辑检查报警。经现场操作，控制台逻辑检查报警恢复，区间轨道全部恢复正常。处理人员复核控制台状态正常后，于10时18分登记销记。

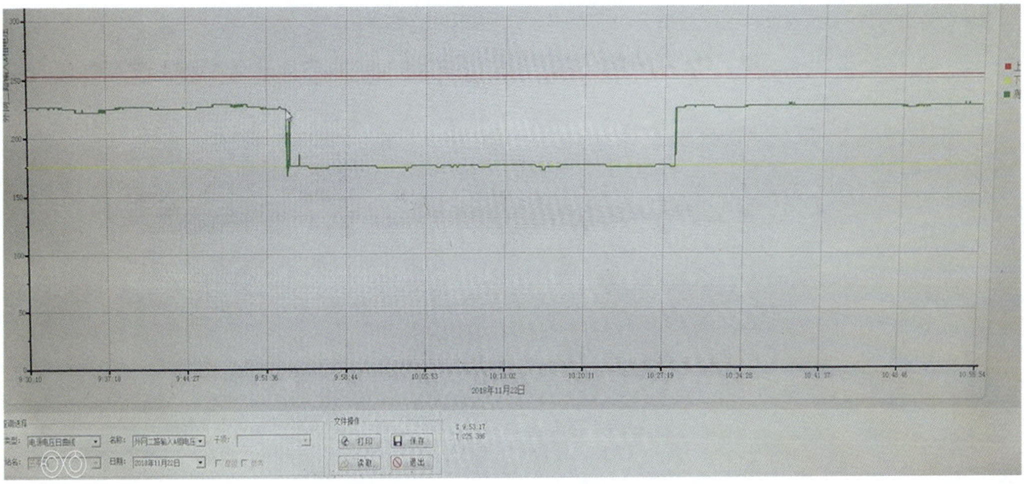

图 8-2-11　二路外电网 A 相电压曲线

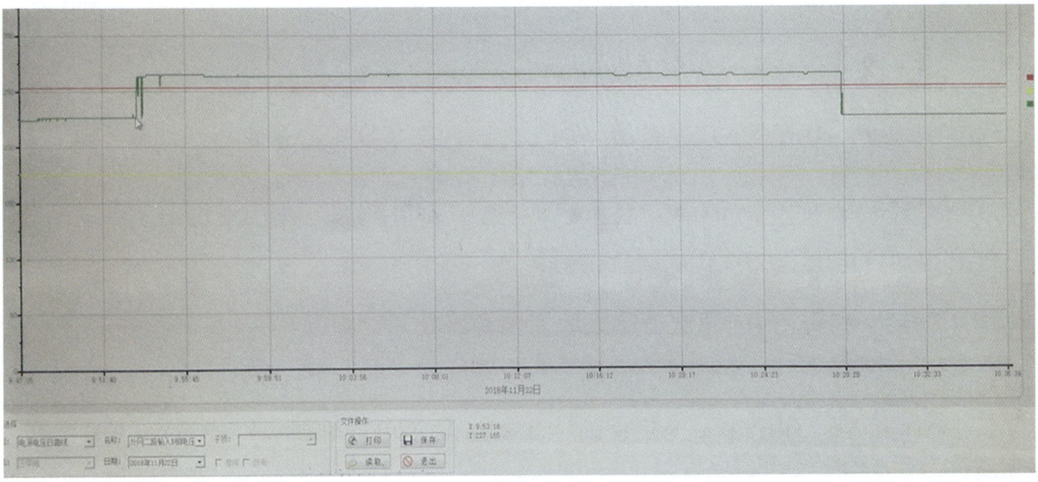

图 8-2-12　二路外电网 B 相电压曲线

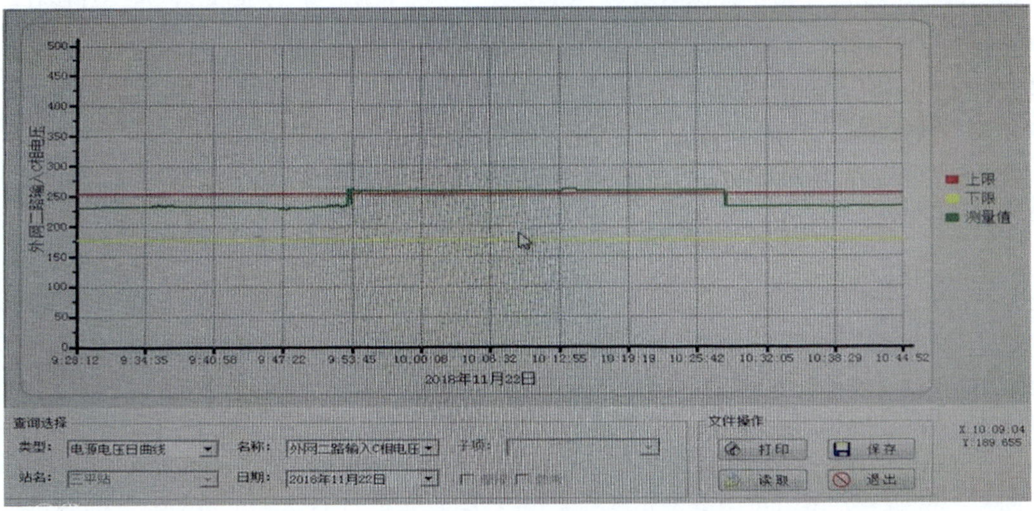

图 8-2-13　二路外电网 C 相电压曲线

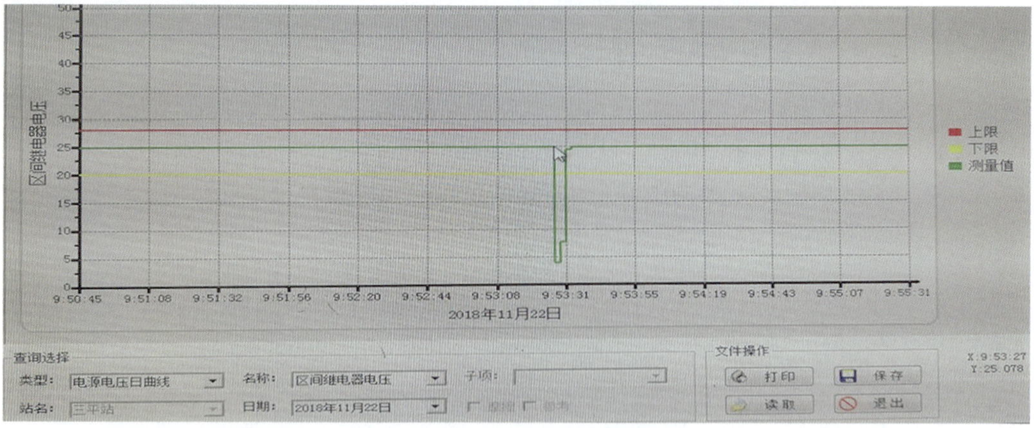

图 8-2-14　区间继电器电压曲线

（三）问题研判

1. 应急处置不果断。发现控制台区间逻辑检查报警且区间设备正常应及时进行解锁。

2. 日常与供电沟通不畅，不能全面了解供电作业相关风险。

（四）防范措施

1. 做好外电网断电故障的应急处置培训工作。调度指挥中心及现场车间以本次故障为案例做好复杂环境下的应急演练工作，使各级在故障处理时配合顺畅、执行到位、指挥有效。

2. 专业科室及现场车间班组要积极做好与电力联系沟通工作，掌握电力停电计划，认真执行配合电力停电有关文件要求，提前做好倒路工作。

案例 7　电力外网输入电源波动造成区间电源屏断路器断开

（一）故障概况

某日 18 时 41 分，唐山东站至狼窝铺站 2847G 轨道电路区段着红光带；19 时 27 分经电务处理后恢复。

故障原因：18 时 40 分至 41 分，当地持续雷电，狼窝铺至滦县东间电力电源一路倒二路。狼窝铺站 PDQ-U1 型区间综合电源屏输入侧 K5-20A 液压断路器断开，造成狼窝铺至唐山东下行站联无电压，2847G 轨道电路区段无功出电压，致使唐山东 2847G 轨道电路区段着红光带。

（二）分析处置

18 时 42 分接故障通知，信号值班人员立即赶到运转室确认故障现象，并向车间、段调度进行汇报。

经信号集中监测曲线查看 2847G 轨道电路区段无功出电压，判断 2847G 轨道电路区段发送器故障或发送器无对应工作条件。2847G 轨道电路区段功出电压曲线如图 8-2-15 所示。

由于当时为雷雨天气，因此先检查了本区段的电源断路器，发现无问题；又因为 2847G 为狼窝铺站站联区段，其中站联电路中有给 2847G 编码电路使用的站联条件，测试狼窝铺站送过来的站联条件电压为 0 V，判断为站联电路问题。站联电压曲线如图 8-2-16 所示。

联系狼窝铺信号工区值班人员查找处理，通过室内查找发现狼窝铺机械室内 PDQ-U1 型区间综合电源屏对唐山东间站联电源无输出，检查发现电源屏 K5-20A 液压断路器断开。手动闭合后故障恢复。

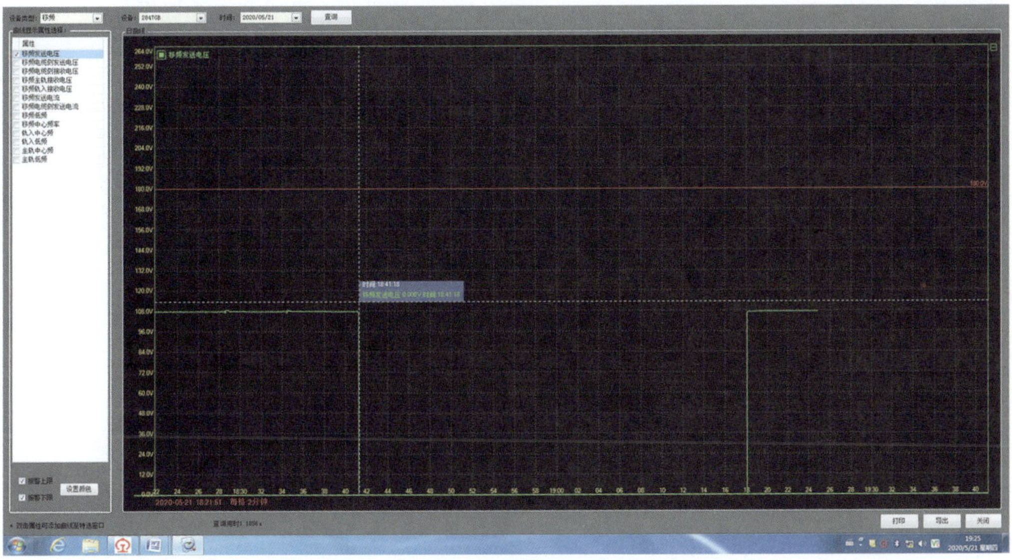

图 8-2-15　2847G 轨道电路区段功出电压曲线

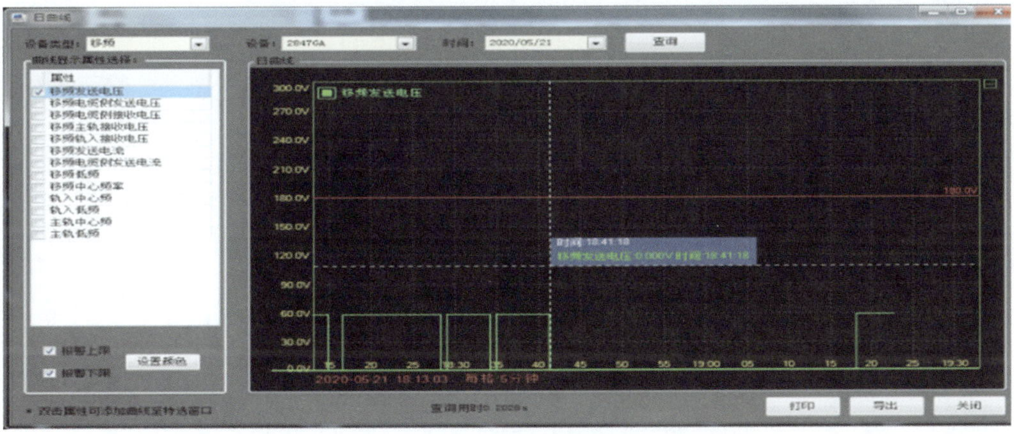

图 8-2-16　站联电压曲线

2847G 的 HU 码编码电路中串接 2859G 的 1DJF 和 GJF2 继电器的接点，当 1DJF 和 GJF2 全部落下后，编码电路完全断开，无低频条件造成发送器不工作，轨道电路区段着红光带。

2859G 的 1DJ 和 GJ 均由狼窝铺站经站联电路送过来，在无站联电源 XQZ、XQF 后，两继电器落下，造成 2847G 编码条件不全。

（三）问题研判

1. 雷雨天气风险研判不到位，雨中信号机械室未安排专人值守。

2. 设备工作原理掌握不清楚，涉及邻站问题不能准确判断处理。

（四）防范措施

1. 雷雨天气，信号机械室安排专人雨中值守，做好室内设备巡视检查盯控，发现各类报警信息立即排查处置。

2. 通过天窗点实操演练、现场对照示范讲解等方式，组织班组值班人员熟悉掌握电源屏故障的应急处置流程，缩短故障处置时间。